21世纪国民经济管理学系列教材

投入产出分析

Input-Output Analysis

（第三版）

刘起运 陈 璋 苏汝劼 编著

中国人民大学出版社
·北京·

作者简介

刘起运　中国人民大学国民经济管理系前主任，教授、博士生导师，曾担任中国投入产出学会常务副理事长。长期从事国民经济学、数量经济学、投入产出分析等领域的教学和研究工作，主要研究专长是国民经济管理和宏观经济理论研究中的应用经济数量分析方法与模型。著（编）有《经济系统规划方法和模型》《宏观经济预测与规划》《宏观经济系统的投入产出分析》《投入产出分析》《数量经济学》等专著和教材多部。

陈　璋　中国人民大学应用经济学院教授、博士生导师；兼任中国投入产出学会常务副理事长，第一、二、三届“中国经济理论创新奖”评审专家。主要研究领域为经济学方法论、中国宏观经济分析、投入产出分析等。著（编）有《中国宏观经济理论方法论问题研究》《西方经济理论与实证方法论》《西方经济学方法论研究》《生产力不平衡结构下宏观经济调控方法论问题研究》等专著和教材十余部。

苏汝劼　中国人民大学应用经济学院副教授。主要研究领域为中国宏观经济调控理论与实践、宏观经济模型与分析、投入产出方法等。著（编）有《中国经济周期波动研究》《国民经济核算概论》《经济控制论》等专著和教材多部。

内容简介

由中国人民大学刘起运、陈璋、苏汝劼三位学者联合编著的《投入产出分析》，是一部系统阐述投入产出分析的概念、原理、方法和应用的教材。本书的编写建立在中国人民大学国民经济管理系多年来在投入产出分析领域的丰富教学经验和理论研究成果的基础上。全书具有两个方面的鲜明特色：一是吸收了不同版本的投入产出分析教材的优点，注重基本原理的介绍，概念准确且深入浅出，内容通俗易懂；二是较好地将投入产出分析方法与中国实践结合起来，教材中的实物型投入产出表、部门与企业投入产出表与模型、投入产出技术在经济系统分析和政策模拟分析中的应用等内容，都是对中国投入产出实践的反映。

总　序

2001 年，教育部组织了第二次全国高校重点学科点评议活动，有九所设立有国民经济学博士点的院校参与了竞评。最终，三所院校胜出，中国人民大学位居其中。这是中国人民大学继 1988 年第一次重点学科点评议之后蝉联此殊荣，但是那一次是以老的专业名称“国民经济计划与管理”竞评的。于是，我们就萌发了出版代表最近几年来中国人民大学国民经济学教学与科研水平的丛书的最初动机。

目前，国内高校的国民经济学专业仍面临着一种尴尬的局面。这种尴尬局面是由几方面原因造成的。

首先，从国际学术界看，国民经济学与经济学是一回事，在国内学科划分中却把它归入了应用经济学中。众所周知，经济学的最初正式称谓是政治经济学，侧重于对社会经济活动中的生产关系以及国家在社会经济活动中作用的探讨。以后由于经济科学的日渐成熟，许多在政治经济学中探讨的命题被分解到经济科学的各个分支学科中，经济科学已经发展成群，经济学本身则日益抽象为一般性的研究资源配置和经济运行现象的学科，从而也就获得了现在的这个称谓。然而，这只是盎格鲁-撒克逊与美利坚世界的经济学形成过程，在德国以及在斯堪的纳维亚半岛国家，习惯采用“国民经济学”这一称谓。

与卡尔·马克思同一国度、同一时代的弗里德里希·李斯特（Friedrich List）的德文版《政治经济学的国民体系》在 1841 年首次出版，之后法文版和英文版相继出版。书中他批评了源于英国的政治经济学构筑的理论体系，认为这是充满个人主义和世界主义的思想体系，却忽略了国家。他认为，不同的国家处于不同的发展阶段，因此需要不同类型的经济学说。[①] 李斯特虽然没有直接创建以国民经济学命名的理论体系，但是他所用的国民体系（national system）概念将国民经济（national economy）概念连在了一起。以后德国

---

① 伊特韦尔，米尔盖特，纽曼. 新帕尔格雷夫经济学大辞典：第 3 卷. 北京：经济科学出版社，1992：640-642.

及斯堪的纳维亚半岛国家的经济学家们，如威廉·罗雪尔、肯特·维克塞尔等差不多都写过以国民经济学冠名的研究著述。一百年过后，德国弗赖堡大学教授瓦尔特·欧肯于 1940 年出版了《国民经济学基础》。该书产生了巨大反响，被翻译为多种语言文本。书中他把经济科学划分成了两个部分：国民经济学和企业经济学。国民经济学的研究对象由两个经济问题构成："有关在其中进行经济活动的那些形式的问题和有关每天在各种给定的形式中运行的经济过程的问题。这些主要问题的不同结构赋予国民经济学以它的性质。"① 在书中他反复强调要从日常经验出发去分析作为形态的经济过程，国民经济学的目的就是"建立一个形态学的和理论的体系，它能够包括一切经济生活，不管经济生活如何发展；它能够像一张网一样捕捉住不断变化的经济的实际形态。有了这个形态体系，现代的各种问题也就有可能充分利用过去的理论成就"②。据此，他也主张国民经济学不能与企业经济学分割开来，这种分割只有在研究问题的特殊性时才是合理的，国民经济学和企业经济学所研究的问题同属于一个经济形态的整体。

20 世纪后半叶，经济学逐渐变成了三个板块：微观经济学、宏观经济学和国际经济学。这三个部分本身并没有理论与应用之分，但相对于其他经济学分支学科而言，这三个板块则是原理性的，其他分支学科都是应用性的。应当说，国民经济学与企业经济学并不能简单套用宏观经济学与微观经济学的划分方法加以理解。按照德国及斯堪的纳维亚半岛国家的经济学传统，国民经济学的内容涵盖了经济过程的宏观层面与微观层面，且绝不是应用性的。然而我国教育主管部门在 1998 年进行研究生学科专业设置调整时，用国民经济学替代了以前的国民经济计划与管理，并把国民经济学划入应用经济学门类中。实际上，原来从事国民经济管理（本科专业）和国民经济计划与管理（研究生专业）的高校教员们是带着国民经济学这个外壳发展应用性学科的。这种中外之间学科划分的差异形成了学术对外交流上的尴尬。

其次，中国早期的国民经济学走了一段独特的路。1998 年国民经济学正式成为官方认定的高校研究生专业，但这并不意味着此前中国的国民经济学是一片空白。1986 年，厦门大学钱伯海教授出版了上下卷的《国民经济学》，开了先河。此书作为高校文科教材于 1992 年修订。钱伯海教授认为："国民经济学是以国民经济为整体，把政治经济学与宏观经济学结合起来，既研究生产力，又研究生产关系，既研究国民经济运行质的规定性，又研究其量的规定性的一门综合性学科。"③ 按照他的设想，国民经济学还与其他三门经济学连为整体，即企业经济学、国民经济统计学和企业经济统计学。企业经济学是政治经济学与微观经济学的结合，而国民经济统计学和企业经济统计学是统计学分别与国民经济学和企业经济学结合形成的。不难看出，钱伯海教授是试图实现两个结合：马克思主义的政治经济学理论与现代西方经济学理论相结合，经济理论分析与经济数量分析相结合。同时，这种结合了政治经济学和宏观经济学知识的国民经济学，很难区分出是理论经济学，还是应用经济学。

① 欧肯．国民经济学基础．北京：商务印书馆，1995：289.

② 同①5.

③ 钱伯海．国民经济学．北京：中国经济出版社，1992：1.

差不多在同一时间，国内一些高校还开设了国民经济管理学专业。1986 年辽宁大学在全国率先更名开设了国民经济管理本科专业。北京大学厉以宁教授、辽宁大学张今声教授等编写了在全国有一定影响的《国民经济管理学》教材。虽然国民经济管理学与国民经济学在名称上的稍许差别并不反映两者内容上的实质差别，但还是为后来设立国民经济学专业奠定了一定的学科基础。

在我国经济体制尚未转向社会主义市场经济体制的时候，国内许多学者已经开始努力将反映市场经济运行特征的理论吸收到自己的研究领域中来，并设计了自己的理论体系。随着社会主义市场经济体制在我国的扎根，也随着国外市场经济理论体系大量完整的引入，人们对过去提出的一些独创体系可能就会有全新的认识。瓦尔特·欧肯的著作是 1995 年首次翻译过来的，由此人们才了解到关于国民经济学与企业经济学的划分显然在半个世纪前就有了。而国民经济显然不能与宏观经济画等号，同样，企业经济也不能与微观经济画等号。应当说，对于一个封闭型经济来说，宏观与微观的划分尽管是相对的，然而逻辑上是清楚的，层次内容是完整的。宏观经济指的就是经济运行的总量现象，如国民经济核算问题，国民收入的决定和分配问题，投资、消费和进出口规模问题等。国民经济则包罗万象，比宏观经济宽泛得多。它涉及全部的宏观经济，也包括被称为中观经济的产业经济和区域经济，甚至包括已形成群体现象的厂商行为和消费者行为。微观经济指的就是经济运行的个量现象，如单个的企业经济、农户经济、家庭经济、个体经济等等。它作为个量现象不进入宏观经济分析的视野，但是它可以作为群体现象进入国民经济分析的视野。显然，将经济运行分成国民经济和企业经济两极，从逻辑上看有残缺，从内容上看不完整。1998 年研究生专业目录调整时，还把以前的投资经济划归到国民经济学，以至于有的院校开办的国民经济学是加上括弧的投资经济。现代经济中，投资经济同样也包罗万象，既包括固定资产投资行为，也包括证券、金融投资行为。国民经济学当然也讨论投资总量问题，但显然只是将其作为一个话题。

因此，尽管国民经济学在我国已经被正式确立为一门经济学科，但是它与其他经济学科所牵涉到的方方面面问题并没有被梳理清楚，形成了与其他学科分工不明确的尴尬局面。

中国人民大学的国民经济学学科是由原来的国民经济计划学科转变过来的。国民经济计划学科创建于 1950 年，当时是由苏联计划专家布列也夫讲授给中国人民大学的教员，再由中国人民大学教员根据中国实践编写出教材。中国人民大学的钟契夫等教员在 20 世纪 50 年代中期出版了中国第一部《国民经济计划学》教材，这一教材一直沿用到 80 年代初，被全国各高校广泛采用。80 年代中期，李震中教授主编了内容更为详细的《计划经济学》教材，引领国民经济计划学科的学术水平到达历史巅峰。

然而，中国市场取向的经济改革实践终止了国民经济计划学的学术战略发展前景，中国人民大学的教员不得不实行战略性的学术转移，由国民经济计划转向国民经济管理。1992 年中国人民大学的国民经济计划本科专业更名为国民经济管理专业，1994 年以后陆续出版了自编的《国民经济管理学》《经济预测与数量分析方法》《社会发展的宏观管理》《市场与价格管理》《工商行政管理》等教材。到今天，中国人民大学的国民经济学科形成了自己的某些学术特色：注重应用性，强调宏观管理，融合各个学科知识。当然，由于中国人民大学的国民经济学还是一种转型性的学科，学科建设进程还没有终结，这些特色还会有一些变化。也正因为此，中国人民大学专业教员在与全国同行进行面对面交流时，或许会各自操着使对方费解的学术语言。其实，这也是目前全国所有的从事国民经济学教学与研究的教师都会遇到的一个尴尬局面：尽管大家是同行，但在交流时却缺少行话。

至今，中国人民大学的国民经济学科专业依然是在全国七所保留了该专业本科设置的院校中发展得最完整的，形成了从本科生到博士生的正规人才培养层次，同时吸收博士后和外国留学生的格局。因此，我们有责任来明确国民经济学的规范与发展方向，尽早结束目前的学科发展尴尬局面。这就形成了我们编辑出版中国人民大学版本的“21 世纪国民经济管理学系列教材”的最终动机。

国民经济是由社会再生产的各个环节、各个要素和各个产业部门有机结成的整体，研究这个整体的运行规律并提出和解决运行中出现的问题是国民经济学的主要任务，但国民经济学是以马克思主义经济理论为基础，并融合了现代经济学有关市场经济运行规律的认识和方法而形成的一门应用性经济学。与其他应用经济学如财政学、金融学、产业经济学、区域经济学等学科相比，这个学科的特色如下：

（1）宏观性。尽管经济总量以经济个量为基础，但是前者不是后者的简单相加。经济总量始终应当是国民经济学关注的问题，经济个量不是国民经济学要研究的重点。

（2）综合性。宏观或次于宏观管理方面的问题有很多，但应当把综合性的问题作为研究重点，如研究各个宏观经济政策应该如何协调，而不是仅仅研究财政政策应该如何，货币政策应该如何。再如研究产业结构，关注的应当是各个相互联系着的产业之间的协调优化问题，而不是仅仅关注单个产业如何发展的问题。

（3）战略性。国民经济范围十分广泛，不能事事都研究，只有那些具有战略性的问题，才应当进入学科的视线。不能把研究视野放得过宽，兼收并蓄。经济运行过程中的战术问题属于其他技术性强的学科研究的对象。以此而论，国民经济学要培养的人才规格应是全国各行各业的社会经济战略家。

（4）对策性。国民经济学中展开理论分析是必要的，但是把注意力只集中在理论分析上不是这个学科的特色。其特色是针对重大社会经济问题提出重大对策，解决重大实际问题。因此搞过于玄妙的理论或模型不是国民经济学作为应用性学科的主旨。

（5）前瞻性。做出的对策建议都需要有预测性和预见性，加强对社会经济发展重大问题的预测、预警，符合该专业的特色。运用现代数学方法对社会经济运行做出预测、预警是国民经济学要着重研究的内容。

经过多年不断探索和教学实践总结，大体上可以看出，中国人民大学的国民经济学学科建设与发展应逐步朝以下七个方向聚拢：

（1）战略与规划。这继承了国民经济计划专业的基本内核。现在着重突出社会主义市场经济中的国家战略和规划基础理论研究，开展国家中长期发展战略与规划涉及的重大项目课题的研究，如可持续发展战略、西部大开发战略、小康战略和现代化战略等。

（2）宏观调控与政策。这个方向研究国民经济运行中政府随机干预的机制和政策配合问题。可以借鉴西方发达市场经济中政府调控的成熟理论与经验，但是要结合中国改革开放实际提出符合国情的调控主张。同时深入研究各个宏观经济政策和调控手段的组合与协同问题。此外，以市场监管为内容的工商行政管理也属于宏观调控概念。

(3) 投入产出与经济预测。投入产出模型是国民经济计划工作的重要工具，中国人民大学一直保持了这方面的特色和学术优势。市场经济下投入产出分析被充分吸收到国民经济核算体系中，因而它仍然具有重要的学术价值和实践意义。同时宏观经济预测也是我们长期重视的学术方向，利用经济计量模型等方法对国民经济运行进行分析和预测，已经成为国民经济管理工作的有机组成部分。

(4) 产业结构与政策。从中国国情出发，宏观管理的一个主要内容是分析产业结构和制定产业政策。目前国内许多高校开设的产业经济学，多数是遵循西方产业组织理论的思路，属于微观经济学范畴。而纳入国民经济学研究视野的产业经济，是产业结构与产业政策，属于宏观的产业经济范畴。

(5) 区域经济发展。从中国国情出发，宏观管理另一个主要内容是区域经济发展。国民经济从空间上看是各个区域经济的结合。因此如果没有关于区域经济的内容，国民经济学是空洞的、一般的。尽管有专门的区域经济学研究区域经济发展，但国民经济学仍然要着重研究各个区域之间的社会经济协调问题。

(6) 国民经济核算。国民经济管理以国民经济核算为基本工具。按照传统的学科划分，国民经济核算被列为统计学的内容。但实际上，它更多地属于国民经济学的内容，统计学只是进行核算的工具和方法。传统的国民经济计划不包括国民经济核算，现在建立的国民经济学需要借鉴西方宏观经济学的理论经验，将国民经济核算直接引入国民经济学。今后从事国民经济管理和研究，没有国民经济核算的知识是无法胜任的。

(7) 社会发展及社会政策。从国家发展战略高度看，经济发展和社会发展成为两个侧重点。而且随着社会主义市场经济体制的逐步完善，国民经济管理重点将转向注意保持社会与经济的协调发展、可持续发展，并更加重视实现这一目标的手段及政策。始终从发展战略管理角度分析社会发展与经济发展相互适应和政策选择，成为国民经济学中方兴未艾的话题。这也是中国人民大学国民经济学的特色之一。

体现上述特色和围绕上述方向开展教学与科研，是中国人民大学国民经济学作为国家重点学科现在正在做并将继续做下去的事情。我们将通过这套书陆续推出反映中国人民大学特色的国民经济学教学与科研成果，并愿意与全国同行就学科建设的问题进行广泛对话和充分交流。

刘 瑞

2004 年 1 月

第三版前言

《投入产出分析》一书于2006年由中国人民大学出版社出版，2011年由原书的作者对教材进行了第一次修订。该教材在我校投入产出分析课程的教学中发挥了重要作用。然而，第二版出版至今已9个年头。这次，应中国人民大学出版社的提议，对教材进行再次修订。在此，对这次修订的主要内容做如下说明：

（1）教材修订的总的指导思想是教材总体结构与内容不做大的变动，只做局部修改调整。

（2）这本教材的编写很好地吸收借鉴了1987年由钟契夫主编、中国财政经济出版社出版的教材《投入产出分析》，而那本教材很重要的一个特点是把投入产出分析的原理与中国的实践很好地结合起来，记录并反映了很多我国实际开展投入产出工作的做法。这些特点也在本教材的编写过程中被部分地保留下来。然而，中国的投入产出分析在实践过程中也在不断变化，特别是1993年起我国逐步从MPS的核算体系过渡到SNA，一些概念和说法就显得有些过时。这次修订对其中比较突出的一些问题进行了修改。例如，上一版教材在介绍最终使用时，提到固定资产更新改造和大修、积累等概念，而在目前的投入产出表中，最终使用主要区分为消费、资本形成与出口。因此，我们对教材的相关内容阐述进行了修改。还例如，第二版教材第55页在对实物模型与价值模型进行比较时提出："除了能包括全部物质生产部门外，还可根据需要将一些非物质生产部门也包括进来。"实际上，在部门分类中做出物质生产部门与非物质生产部门的划分是我国1987年投入产出表编制过程中为协调MPS和SNA而做出的一种安排，在当时是实现SNA核算规则与我国统计实践相结合的一种创造性做法。然而，放在今天的投入产出框架下，这种说法就显得有些过时。当然，对于一些属于历史回顾的内容，为保持历史数据的原貌，不做修改。

（3）对个别章节安排进行了微调。例如，上一版教材在第三章介绍全国价值型投入产出模型时，第一节介绍了投入产出分析与国民核算体系。从教材内容的联系上看，从第二章介绍实物型投入产出表与实物型投入产出数学模型，过渡到第三章介绍价值型投入产出表与价值型投入产出数学模型，内容上有着很好的衔接，而且这两部分虽然涉及投入产出表，但主要目的是介绍投入产出原理，而非表的编制和数据，而投入产出分析与国民核算体系这部分内容是针对数据的。所以，在修订时我们觉得把这部分内容放到第四章“投入产出表的编制方法”中更为合适，并将节名改为“投入产出分析与国民账户体系”。

(4) 对全书的文字和公式错误进行了修改。

这次修订工作是由苏汝劼和夏明两位同志来完成的，具体分工是第一、二、三、五、六、九、十二章由夏明修订，第四、七、八、十、十一章由苏汝劼修订。

感谢中国人民大学出版社的支持和帮助！由于我们水平所限，教材中仍会有各种各样的问题乃至错误，恳请广大读者批评指正。

编　者

2020 年 1 月

第二版前言

中国投入产出学会威海会议显示，近几年我国投入产出分析取得了丰硕的研究成果，涌现出一大批中青年学者，学术队伍不断得以壮大。中国投入产出表编制与应用实践证明，要保证投入产出事业的健康发展，始终都应该有一本深入浅出、内容简练、结构稳定的教材做保障。投入产出分析引入我国的初期，有少量简易普及版本出版或散见于其他有关教材中，直至 1987 年中国财政经济出版社出版的《投入产出分析》（主编钟契夫、副主编陈锡康）问世，一本专用的投入产出分析教材才算定型，广为高校财经专业所用，这本教材曾获得教育部优秀教材一等奖。1993 年该书的修订版本，即《投入产出分析（修订本)》（主编钟契夫，副主编陈锡康、刘起运）出版，成为全国普遍使用的通用教材。其后由于种种原因该书未做过修订。编者于 2005 年 6 月始，在中国财政经济出版社出版的《投入产出分析（修订本)》的基础上，压缩精简，重新设计结构，编写出中国人民大学版《投入产出分析》即本教材第一版，2006 年 11 月正式出版。

中国人民大学版《投入产出分析》问世以来，深受广大读者的喜爱，被许多高校财经专业选作基本教材。为数不少的专业教师和读者来函畅谈他们使用本书的体会，给予教材很高的评价，同时也指出了教材中存在的问题，并提出了很好的修改建议。2010 年 9 月，中国人民大学出版社建议我们对教材进行修订，及时更新教材以适应教学和应用的需要。

这次教材修订的主要特点是：

（1）基本结构保持不变。书中章节名称、顺序安排均未变动，教材内容未有大段落的增加，重复繁冗之处做了删减。这次修订仍坚持以阐述投入产出分析基本原理为编写原则，以高校财经专业本科、专科生为使用对象，其中的少部分内容可作为研究生的参考资料。

（2）多处错误得以更正。在这里谨向大家致歉，修订中发现较为严重的错误，如第 30 页中的

“又 $\because (I-A) = B + I \quad \therefore B \approx I+A+A^2+\cdots+A^{k-1}$” 应改为

"又 $\because (I-A)^{-1}=B+I \quad \therefore B\approx A+A^2+\cdots+A^{k-1}$"。

另外，若干表中的数据有误，也做了相应的更正。

(3) 时间紧、任务重。仅三个月的时间，原设想将一些案例分析更新，但未来得及实施，留下些许遗憾。

参加修订工作的仍是第一版的三位作者以及有关研究生。具体分工是：刘起运第一、十二章，陈璋第二、三、五、六、九章，苏汝劼第四、七、八、十、十一章；最后由刘起运统改、定稿。

《投入产出分析（第二版）》得以出版，首先要感谢中国人民大学出版社的支持和帮助，同时也感谢参与修订工作的全体人员，以及对本教材提出很多建设性意见的同人和读者。由于我们水平所限以及时间紧迫，教材中仍可能有错误和问题，愿广大读者及时批评指正，力争将本教材锤炼成一本精品。

编　者

2011 年 2 月

目　录

第一章

导　言

第一节　投入产出分析的基本概念

一、什么是投入产出分析

投入产出分析是一种行之有效的经济数量分析方法。它的名称很多，其中“投入产出分析”是被大多数人所接受和使用时间最长的一种叫法。另外，在不同国家、不同时期还有各种称呼。例如，苏联将其称为“部门联系平衡法”，而日本叫作“产业联关”，其他国家也有叫作“投入产出技术”“投入产出方法”等。我国在引入该方法的初期曾采用过“部门联系平衡法”“投入产出法”的叫法，目前大多用“投入产出分析”。

投入产出分析就是同时将“投入”与“产出”放在一起进行分析的经济数量分析方法。因而，如何理解投入产出分析中的“投入”和“产出”，就成为初学者掌握这一方法的关键。所谓“投入”，指社会生产（包括物质生产和劳务活动）过程中对各种生产要素的消耗和使用，比如对物质产品的消耗、对劳动力的消耗和使用、对各种生产资源的耗用和接受各种生产性服务等。所谓“产出”，指的是社会生产的成果（包括物质产品和各种服务）被分配使用的去向，即物质产品的实物运动的方向或接受服务的对象，亦即回答产品或服务是被谁消耗和使用了的问题。

投入产出分析是一种现代的经济数量分析方法。之所以冠之以“现代”，是因为该方法使用了现代数学方法——高等代数和现代运算工具——电子计算机。在经济分析中引入了矩阵运算，从而彻底摆脱了初等数学的束缚，拓宽了分析的视野，增强了模型的表现力，为考察一个超大的经济系统提供了可行的途径。当代电子计算机的大容量、高速度的运算特征，为模型计算准备了硬件，使这一分析方法的实施成为了可能。

投入产出分析是把经济理论和数学方法结合得最为融洽的经济数量分析方法。如果一种经济数学模型，经济与数学是两张皮，那它必定是一个失败的、无效的模型方法。然而，对于投入产出模型来说，它的每一个字母都代表着特指的一项经济指标，每一个数学方程均表现一种经济数量关系，每一项数学推导也都反映经济关系的变换，它既不是一种空洞的经济理论，更不是一个单纯的数学方法，而是将二者有机地融合在一起，这使投入产出模型成为实现这一成功结合的典范。

投入产出分析是一种特定的经济数量分析方法。正如前述，这里的“投入产出”有着自己的特定含义，它与通常所讲的一般的“投入产出”并不相同。经济学和经济管理工作中经常谈到的“投入产出”指的是一种“投入产出观念”，是在讲一切经济活动都要注重经济效益，增强提高经济效益的意识。同时，一般的“投入产出”指的是计算经济效益的简易方法，即拿“产出”与“投入”做对比，“产出”就是劳动所得的成果，“投入”则是取得这些成果而付出的费用。这与投入产出分析中的“产出”“投入”是相近的，因此投入产出分析也能用来测算经济效益。但是，这仅是它的其中一个功能，且不是它的主要功能。由此可见，“一般投入产出”与“投入产出分析”相比，就经济效益观念、意识方面来说，前者比后者宽泛，若作为一种经济数量分析方法而言，则后者比前者具有更多的分析功能。对以上二者的对比，有助于正确理解投入产出分析的基本概念，明确该方法的应用范围，以便于在实际的经济分析中区分它与一般投入产出的不同，更好地发挥各自的作用。

二、投入产出分析的表现形式

投入产出分析是一种经济数学模型方法，其形式表现为投入产出模型。投入产出模型具有两种模型形式，其一是投入产出表，其二是投入产出数学模型，且二者之间密不可分，形成一个完整的模型体系。

投入产出表是应用投入产出分析的必备基础，是一个详尽反映经济系统要素间相互关系的数据资料库，具体形式如表 1－1 所示。

表 1－1　　投入产出表的一般表式

<table>
<tr><th colspan="2" rowspan="2">产出
投入</th><th colspan="4">中间产品</th><th colspan="3">最终产品</th><th rowspan="2">总产出</th></tr>
<tr><th>部门1</th><th>部门2</th><th>…</th><th>部门 n</th><th>消费</th><th>资本形成</th><th>出口</th></tr>
<tr><td rowspan="4">中间投入</td><td>部门1</td><td colspan="4" rowspan="4">Ⅰ</td><td colspan="3" rowspan="4">Ⅱ</td><td rowspan="4"></td></tr>
<tr><td>部门2</td></tr>
<tr><td>⋮</td></tr>
<tr><td>部门 n</td></tr>
<tr><td rowspan="3">初始投入</td><td>劳动者报酬</td><td colspan="4" rowspan="3">Ⅲ</td><td colspan="3" rowspan="3"></td><td rowspan="3"></td></tr>
<tr><td>折旧</td></tr>
<tr><td>营业盈余</td></tr>
<tr><td colspan="2">总投入</td><td colspan="4"></td><td colspan="3"></td><td></td></tr>
</table>

表 1-1 是一张表现经济系统各部门（产品）的投入来源与产出去向的平衡表。该表的主栏是投入栏，表的列向反映对各种投入要素的消耗和使用，即投入的来源；宾栏为产出栏，表的行向反映产品生产出来之后的分配使用去向，即产出的去向。其中主栏的中间投入与宾栏的中间产品纵横交错形成表的第Ⅰ象限，这是投入产出表的核心。由于中间投入项和中间产品项下均划分出 n 个部门（产品），就使第Ⅰ象限构成了宛如棋盘形式的表格，故人们也称投入产出表为棋盘式表。

表的主栏由中间投入向下延伸，将中间投入表现的物质形态投入要素扩展为更广的其他形态，如劳动力、固定资产等，即表的第Ⅰ象限向下延伸形成第Ⅲ象限；表的宾栏从中间产品向右扩充，使只反映本年生产中使用的中间产品拓宽至脱离该年生产过程的其他使用去向，如消费、资本形成、出口等，即表的第Ⅰ象限向右扩充构成第Ⅱ象限。整个投入产出表以第Ⅰ象限为中枢，将列向投入与行向产出交会在一起，借以描述经济系统各部门（产品）间的数量依存关系。

投入产出分析技术的另一形式是投入产出数学模型，它是在投入产出表的基础上建立起来的。所谓数学模型，指采用数学运算符号表达数量联系的一种方式，投入产出数学模型就是以投入产出表中各经济指标间的数量关系为依据，借用线性方程组的数学形式反映经济系统的投入与产出的关系。为此，必须定义并计算某种关键系数，才能把表的形式转换成数学模型。模型一旦建立，就可按照经济分析的需要开展各种运算，从而得出一系列计算结果，用来实证分析、预测、规划等。还会进一步派生出大量的富有经济内容的系数，它们对于经济系统分析和评价有着积极的、重要的意义。可见，投入产出数学模型在表现和揭示经济数量关系方面要比投入产出表更深刻、更全面。

三、投入产出分析的类型

投入产出模型按所采用的不同计量单位可划分为实物型和价值型，它们构成了投入产出分析的两种最基本的模型类型。这两种模型能够充分体现投入产出分析的基本原理，同时也是形成其他各式各样模型的原始基础。学习和掌握投入产出技术也必须从这里开始。

实物型投入产出模型（简称实物模型）使用的计量单位是产品的实物量单位，例如千克（公斤）、吨、米、千米（公里）、千瓦小时等。模型的内容包括实物型投入产出表（简称实物表）和实物型投入产出数学模型。模型能够具体描述实物产品在生产中的数量依存关系，简单、明了，其应用有着坚实的实体经济基础，模型计算与实际不会出现大的偏差，可操作性强，具有较高的应用价值。但是，由于实物量计量单位的局限性，实物模型在表达经济数量关系方面显得比较简单、形式单调，在表现领域方面也只限于物质产品，而不能反映全部的经济活动。

价值型投入产出模型（简称价值模型）使用的是价值量计量单位，如我国的人民币元、万元、亿元等。模型的内容包括价值型投入产出表（简称价值表）和价值型投入产出数学模型。采用价值量计量单位后使模型统一了计量单位，扩大了模型描述空间，增强了模型的表现力。价值模型可以反映包括物质的和非物质的、有形的和无形的、实体的和虚拟的全部经济活动，并将经济系统的实物运动（使用去向）与价值运动（消耗结构）有机地融为一体。因此，价值模型能够更全面、更系统地表现和揭示整个经济系统，它在表现经济结构、经济比例关系及经济联系等方面具有独特的作用。然而，该模型的弱点也来自于价值量计量单位，它在很大程度上受到价格变动的影响，在模型应用中要特别注意。

投入产出分析在经济研究和经济管理工作中有着相当广泛的应用。按照不同的研究主体、不同的建模情景、不同的研究任务，不断出现各式各样的投入产出模型。它们均是依据投入产出基本原理，在实物型或价值型这两个最原始模型的基础上，并结合相关领域的业务特点以及尚需完成的任务研制而成的。实际工作中较为常用的模型类型有：

（1）地区投入产出模型。通常的模型是以一国的国民经济为表现对象的全国模型，而地区模型则需要密切结合本地区的特点，如地区的调出、调入问题就必须考虑在内。由此可知，地区模型一般要比全国模型更复杂，但地区模型的主要任务是研究本地区内部的经济结构、经济发展等重大问题。

（2）地区间投入产出模型。模型的考察重点是若干地区之间的经济往来和经济联系。20 世纪 80 年代以来，随着全球经济一体化趋势的加强，世界各国越来越重视国际的经济联系，使地区间模型成为一大研究热点，涌现出许多数学形式的模型，较为成熟的有列系数模型、行系数模型、引力模型等。

（3）企业投入产出模型。这是我国应用投入产出技术的一大特色，早在 20 世纪 60 年代，中国科学院曾研制过“鞍钢”模型。它适用于规模大、产品种类多、内部结构复杂的超大型企业集团、公司集团、联合公司等。它主要研究企业内部联系、产品结构、产品价格、成本核算以及企业发展规划等重要问题。近些年我国已有许多应用成功的范例。

（4）部门投入产出模型。这里的部门通常是指生产性质相近产品的行业或产业。我国部门模型应用实践显示，其研究任务主要有两项：一是部门内部结构和产品联系，二是该部门与国民经济其他部门之间的关系及其所处地位、重要性。相应的模型是单一部门模型和嵌入式部门模型。

（5）投入产出动态模型。对于静态模型来说，它不包含时间因素，仅表现一个确定时段上的投入产出关系。动态模型则引入时间因素，用以反映随着时间变化的投入产出关系。

（6）投入产出优化模型。投入产出模型本身不具有择优功能，它必须与有关优化技术结合起来，以实现从若干投入产出平衡方案中选择一个最优方案来。能够与投入产出模型相结合的优化技术很多，其中最常用的是线性规划模型。

上述各种模型均为专项模型，在我国应用比较广泛。本书后面有关章节将有详细介绍。另外，投入产出分析虽然已成为一项成熟的应用技术，但在应用实践中它仍需进一步拓宽和发展，在方法论层面上需不断创新，推出新的模型类型。例如，具有我国特点的投入占用产出模型、投入产出对称数学模型、存量投入产出模型、二阶段投入产出模型等。

第二节　投入产出分析的产生和传播

一、投入产出分析的产生

投入产出分析是由美国经济学家列昂惕夫（W. Leontief）于 1936 年提出的。列昂惕夫1931年在美国着手研究投入产出表的编制工作，1932年开始收集资料，编制美国1919年的投入产出表。1936年8月，他在《经济学与统计评论》上发表了著名论文《美国经济体系中投入产出的数量关系》，这篇论文被后人公认为投入产出分析产生的标志。列昂惕夫于1941年出版专著《美国经济结构（1919—1929）》，正式公布了美国1919年和1929年投入产出表，又于1951年再版该书，增添了1939年投入产出表，更名为《美国经济结构（1919—1939）》。至1953年，他与另几位经济学家合作出版了《美国经济结构研究》，全面系统地论述了投入产出分析的原理。

列昂惕夫之所以能提出投入产出分析方法，是与他的个人经历和知识构成分不开的。列昂惕夫1906年出生于俄国，20世纪20年代在列宁格勒大学（今圣彼德堡国立大学）经济系学习，马克思主义经济理论曾对他产生过重要影响，其间也曾研究并参与过苏联的计划统计工作。正是在马克思再生产理论和苏联国民经济平衡表思想的指导下，他才能对社会总产品的内涵获得一个完整的认识，社会总产品中不能忽略转移价值部分，即作为物质消耗的劳动对象部分。也正是这一认识为他后来提出投入产出分析奠定了理论基础，因为所谓劳动对象部分就是投入产出表中的中间投入部分，它们是投入产出分析的价值转移中枢，是模型结构的核心。西方经济学是把社会总产品与增加值混为一谈，对中间产品不屑一顾的。可以设想，被这一思想所束缚的人是不会首先提出投入产出分析方法的。

列昂惕夫的投入产出表还受到苏联国民经济平衡表思想的影响。20世纪20年代苏联中央统计局编制了《1923—1924年国民经济平衡表》，这是一张包括众多产品的生产与分配的平衡表。此表的设计者们指出："国民经济各部门之间存在着连锁联系"。列昂惕夫曾参与设计这张平衡表并对其大加赞赏，"当我们把这张平衡表同一般的经济统计表相比时，例如同英美的国情调查表相比就会发现，其中原则上的新东西，是希冀利用数据不仅概括社会产品的生产，而且也用来概括社会产品的分配，以便通过这种途径获得以某种经济表形式表现出来的整个社会再生产过程的总体面貌"。这张国民经济平衡表实际上就是投入产出表的雏形。

另外，投入产出分析之所以产生于20世纪30年代，也是有其历史背景的。1929—1933年，资本主义世界发生了空前严重的、最具破坏性的一次大规模的经济危机。当时在经济理论界，一方面，出现了凯恩斯主义，主张通过政府干预来扩大有效需求，从而防止经济危机的发生；另一方面，有一些经济学家主张从数量关系上研究经济问题，从中找出经济运行和发展的合理界限来，以便预防经济危机的爆发。列昂惕夫就是其中的一员，他顺应时代的需要提出了投入产出分析。他指出，这一分析方法可以把"经济理论的空盒子"充填进相关的经验，以便使经济理论与经济事实紧密结合起来。大家熟知的线性规划模型也是产生于这一时代。列昂惕夫不仅是投入产出分析的创始人，而且之后还提出了一系列实际应用的投入产出模型，由于对经济科学的出色贡献，1973年他获得诺贝尔经济学奖。

二、投入产出分析在世界各国的传播

投入产出分析提出之初并未引起人们的关注。当然，早期主要是在美国利用由列昂惕夫所编制的系列投入产出表研究美国的经济结构问题，其应用该技术考察美国第二次世界大战后军火生产对整个经济的影响，得出一些有意义的结论，也引起不少人的兴趣。20世纪四五十年代，首先在美国、加拿大、英国、意大利等西方经济较发达的一些国家传播与应用，50年代末传入苏联和东欧国家，60年代初传进我国，之后陆续推广到东南亚、非洲、拉丁美洲等经济比较落后的发展中国家。据统计，目前全世界已有一百多个国家和地区编制了投入产出表。1950年，首届国际范围的投入产出研讨会在荷兰召开。在1986年日本札幌举行的第八届研讨会上决定成立国际投入产出协会（International Input-Output Association，IIOA）并出版专业期刊《经济系统研究》。随后，国际投入产出协会于1988年在奥地利维也纳注册成立，《经济系统研究》1989年正式出版发行。联合国经济和社会事务部于1968年公布了当时西方国家采用的国民经济核算体系（SNA），此后又出版了新的版本，均把投入产出表作为其中一个重要账户，成为统计核算的基本内容。

回顾投入产出分析的传播和推行历程，一个国家是否能接受和采用这一方法还与社会制度、意识形态及经济核算体制有密切关系。20世纪50年代末60年代初，一些东欧国家以及中、越、朝等国家，受苏联的影响，其统计制度都实行国民经济平衡表体系(MPS)①。按理说，以马克思主义为指导思想的这些国家应该很容易接纳投入产出分析(如上文所述)，但由于意识形态的划界以及极左思潮的影响，它们难以接受来自西方的东西。苏联很多经济学家对经济学中应用数学方法持完全否定的态度，批评西方国家在经济领域使用数学工具，称其为“庸俗经济学”或搞“数字游戏”。这种状况一直持续到50年代末才开始有所转变。1955年苏联中央统计局局长斯塔洛甫斯基从美国考察归来后，在1956年第三期《统计通报》上发表文章，介绍美国投入产出应用情况，谨慎指出“投入产出分析很有方法论的意义”②。1958年苏联翻译出版了列昂惕夫的代表作《美国经济结构（1919—1939）》。1960年召开一次全国性会议，研究、交流在经济和计划工作中应用数学方法，强调在经济领域使用数学方法的重要性。1960—1961年编制了苏联第一张1959年的投入产出表。此后，投入产出分析在苏联得到迅速发展，陆续被纳入计划和统计工作中。其他采用平衡表核算制度的国家大都经历了与苏联大体上相似的过程。

历经半个多世纪，投入产出分析在世界大多数国家传播和普及，目前仍在不断向纵深发展。这些发展主要表现在三个方面：

(1) 投入产出基本模型与世界各国自身国情相结合，构建富有各国特色的应用模型。各个国家的社会生产环境、经济结构、对外经济联系等方面都有很大差异，各国应用的具体模型已不再是一般的基本模型，与本国国情结合的过程，也是对投入产出分析的发展。

(2) 投入产出基本模型与各个不同的应用领域相结合，形成适合这一领域特点的具体模型。隔行如隔山，不同的专业领域都有各自的业务内容，模型应用过程就是投入产出基本原理与本专业相结合的过程。为此，有可能会对基本模型做较大的改造，同时也发展了

① MPS英文全称为“System of Balances of the National Economy”，也称国民经济平衡表体系。SNA英文全称为“System of National Accounts”。在SNA 2008中文版的译者说明中特别指出，遵照联合国相关机构要求，SNA改译为“国民账户体系”。我国1992年发布了基于SNA的试行方案，从1993年起我国放弃MPS模式，采用SNA模式指导核算体系的转换与改革。

② 特里加克娃，贝尔曼. 投入产出分析在苏联. 外国经济管理选择，1979 (5).

基本模型。

(3) 投入产出分析的自身理论与方法论的发展。这种性质的发展应当属于更深层面上的发展，这里不是简单地与一个国家或一个领域相结合的问题，而是要对大量的具体应用模型进行考察，加以总结概括，从中找出一般的规律性，而后对基本模型动手术，用以扩大投入产出分析的应用范围和增强模型的功能。

三、投入产出分析在我国的传播

投入产出分析在我国的推广虽然起步较晚，但是传播普及迅速，应用领域广泛，模型种类多样，参与人员众多，具有明显的中国特色。

20 世纪 50 年代末，由著名经济学家孙冶方、著名科学家钱学森倡导，在中国科学院成立投入产出专门研究小组。60 年代初，中科院数学所运筹室研究人员赴鞍山试编了鞍山钢铁联合企业的投入产出表。“文化大革命”期间研究工作几近中断。

我国第一张投入产出表是包括 61 种产品的 1973 年全国实物表，是在国家计委和统计局主持下于 1974—1976 年编制的，它标志我国正式引入投入产出分析。

20 世纪 70 年代末至整个 80 年代我国掀起了普及、推行、应用投入产出分析的高潮。“文化大革命”结束后百废待兴，国家开始转移到以经济建设为中心，人们解放思想，经济理论界也解除许多禁锢，客观上也亟须引入现代经济数量分析方法。其间，高等院校相关专业开设了投入产出课程，出版了多种版本的讲义、教材。从国家、各省区市、地区、部门到企业，编制出各级行政单位的投入产出表。从经济分析、预测、政策模拟到制定规划等各种任务，从价格计算、经济结构、劳动就业、人口教育到环境保护等各项内容，从静态、动态、地区间到优化等各种形式，各式各样的模型应用全面铺开。

关于国家表的编制情况是，由国家计委、国家统计局组织编制了 1981 年的含 146 种产品的实物表和包括 26 个部门的价值表，之后还编制了 1983 年的包括 22 个部门的价值表。由于当时仍采用 MPS 核算制度，以上两个表带有试编性质。1987 年 3 月，国务院办公厅发出关于进行全国投入产出调查的通知，由国家统计局负责编制 1987 年全国投入产出表，并原则上要求各省区市及计划单列市同步编表。同时明确规定，此后每 5 年编制一次，即逢 2、7 为编制投入产出表的年份，并且逢 0、5 为编制延长表的年份。此项工作标志着我国投入产出应用已进入规范化、制度化阶段。

地区表的编制工作发展很快。我国第一套地区级投入产出表是山西省 1979 年 88×88 种产品的实物表和 56×56 个部门的价值表，采用直接分解法历经 2 年编成。他们的编表方法和工作经验对其他地区具有示范和指导作用，乃至对全国表的编制也有重要的借鉴意义。之后，广东省使用间接推导法编制了 1980 年 153 种产品的实物表和 27 个部门的价值表。北京市首次采用 SNA 核算体系编制了 1985 年的 69 个部门的价值表。随后，黑龙江省、河南省、天津市、上海市、武汉市、邢台市、海伦县（今海伦市）等编制了本地区投入产出表。1987 年以后，除西藏自治区因种种条件不足未编表以外，全国绝大多数省区市都与国家表同步编制本地区投入产出表。其中有些省辖地区、市、县也参与了同步编表。至此，各级地区表与国家表构成了完整的编表体系以及区域表组合。

部门表和企业表是我国应用投入产出分析的一大特色。我国较早的部门表是化工系统的 1978 年 16×16 种产品的实物表，之后编制部门表的有船舶制造、有色金属、机械、能源、纺织、军工、农业等部门。值得提及的是，中国科学院系统科学研究所编制的农业投入产出表颇具特点，其建模方法具有创新意义，特别是后来以该模型为背景而提出的投入占用产出模型，引起国际同行专家的关注和赞赏。至于企业表，鞍钢在完成了 1964 年以金属物料平衡为主线的投入产出表后，还编制了 1977—1981 年的实物表和部分年份的价值表。国内编表较早且模型应用取得显著效果的企业主要有：上海高桥化工厂、天津自行车厂、北京第一棉纺织厂、徐州电化厂、河南铝厂、保定毛纺厂等。

投入产出分析在中国的广泛应用和实践，也促进了该分析技术在方法上的改进和在理论上的发展，形成自己应用的特色，同时也是对国际投入产出学术界所做出的贡献。其中突出表现在以下三个方面：

（1）成功设计和编制了有中国特色的投入产出表，编表方法之精细，工程规模之浩大，所用人力、物力、财力之多都是世界上罕见的。

（2）在投入产出理论和方法论研究方面，我国首次提出投入占用产出模型、投入产出对称数学模型，前者将经济存量引入模型，增强了模型表现力。

（3）我国企业模型、部门模型的应用工作相当活跃，大型企业集团公司、经济主管部门的应用范例之多，在其他国家是很少见的。

第三节　投入产出分析的科学基础

投入产出分析在半个多世纪里得到迅速发展和广泛应用，目前已成为常用的经济数量分析方法。这一方法为不同社会制度的国家所接受，为信奉不同经济理论的人所使用，它吸引人的魅力究竟是什么？这里实际上是在探讨投入产出分析赖以存在的科学基础是什么。另外，该方法在应用实践中仍需要向前发展，那么进一步拓展和创新的依据又是什么？要全面回答这一问题，就须具体展开分析投入产出技术的思想渊源、经济理论基础和方法论基础。

一、创立投入产出分析的思想渊源

从投入产出分析的产生过程可知，投入产出分析是在其创始人列昂惕夫汲取前人研究成果的基础上加以改进和发展而最终研制成功的。从投入产出表的内容、模型的形式以及列昂惕夫的个人经历等方面来考察和分析，我们认为创立投入产出分析的思想主要源自于两点：一是瓦尔拉斯（L. Walras，1834—1910）的全部均衡理论及其模型分析方法；二是马克思社会再生产理论以及苏联计划平衡表方法。

全部均衡理论亦称一般均衡理论，它与局部均衡理论相对立，瓦尔拉斯把边际效用分析从个别商品扩大到全部商品。该理论认为，种种经济活动都可以表现为数量关系，它们相互作用、相互影响，并在一定条件下达到均衡。该理论还认为所有商品的价格是同时在整个经济体系中由总的供求关系决定的，任何一种商品的供给、需求及价格都不是独立存在的，而是与其他商品相互作用的结果。当市场上所有商品的价格能够使所有商品的供求相等时，就会出现整体价格体系达到均衡状态，此时商品的价格称为均衡价格。这里采用了线性方程组的形式来表现商品价格、供给量、需求量间的数量关系，每一个方程都反映某一商品价格决定的函数关系，所有商品的价格、生产量、需求量以及参与市场活动的企业、企业主、居民个人的数量均为模型的变量，通过求解方程组来决定所有商品的均衡价格。

投入产出分析借用了这一思想。列昂惕夫在研究中指出："投入产出法是用新古典学派的全部均衡理论，对各种错综复杂的经济活动之间在数量上的相互依赖关系进行经验研究"①。他高度评价了全部均衡理论，认为"全部均衡理论的主要优点是它能够使我们考察高度复杂的纵横交叉的相互关系，这种交叉关系把任何局部的最初变动脉搏，传送到经济体系极远的角落"。投入产出分析无论是它的表式还是数学模型都很好地体现了这种思想。

考察投入产出分析与全部均衡理论的关系，就从总体上来把握一个复杂结构的经济系统来看，二者的思路是一致的，构架的形式是相近的，但是，它们在方法论的实质内容上有着明显的区别。也就是说，投入产出分析不是全部均衡理论的简单翻版，而是在借用其形式的基础上，对其进行了大刀阔斧的改造，充填了全新的内容，是对全部均衡理论的发展。

投入产出分析之所以能够成为一种具有可操作性的分析方法，就在于对全部均衡理论的彻底改造，这集中表现在：

（1）改变了模型研究任务。全部均衡理论模型是集中解决均衡价格的决定问题的，而投入产出分析是以供求平衡为前提条件，重点任务是分析产品（部门）结构和相互联系。

（2）简化了数学模型的形式。通过对产品的分类以及将同类企业归并为部门，大幅度削减变量和方程的个数，使其成为可以求解计算的应用模型。

（3）形成了完整的分析技术体系。该体系包括编制投入产出表、计算直接消耗系数、建立数学模型三大部分，其中直接消耗系数作为纽带将表和数学模型连接起来，构成一个有机的操作系统。

另外，在前面关于投入产出分析的产生中我们曾谈到两点，一是投入产出表中包含中间产品并赋予它在模型中的中枢作用，二是列昂惕夫曾参与苏联 20 世纪 20 年代国民经济平衡表的设计工作。据此，我们可以判断，创立投入产出分析的另一思想渊源应是马克思社会再生产理论和计划平衡表方法。

二、投入产出分析的经济理论基础

投入产出分析与其他经济数量分析方法或模型一样，均是经济理论内核与数学模型形式的有机融合体。经济数量分析必须以经济理论为前提，二者相辅相成，必须密切配合。一种模型要能客观反映经济中的数量依存关系，就必须对经济本身及其发展过程有一个科学的、正确的认识。投入产出分析应用的每一步，表的编制、系数的计算、数学模型的建立，都需要在正确的经济理论指导下进行。另外，这一分析技术的拓宽和发展，也必须有经济理论的支撑。以下我们结合投入产出模型的基本特征，说明该分析技术的理论基础应是社会再生产理论以及计划平衡表思想。

---

① 列昂惕夫．投入产出经济学．北京：商务印书馆，1980：142．

（一）投入产出分析总体框架借用了社会总产品的理论

有关社会总产品的理论是马克思再生产理论的重要组成部分，投入产出分析的总体设计就是以此为基础、为出发点的。怎样确定一个国家一年内产出的总产品，不同的经济理论有截然不同的理解。社会总产品与西方经济学中的总产品在界定上有重大区别。社会总产品是指产出产品的总和，其中包含生产过程中所消耗的生产资料。西方经济学认为，生产消耗部分属于重复计算，总产品应该是扣除这部分之后余下的部分。生产资料消耗部分亦即劳动对象，也就是投入产出表中的中间产品。产品总量中包括不包括中间产品部分，承认不承认中间产品在社会生产中的重要作用，是区别两个不同总量概念的分水岭。投入产出分析选择了社会总产品，并让中间产品在投入产出表及其数学模型中担当着重要的角色。可以设想，一种完全忽视中间产品存在的经济理论是不可能产生投入产出技术的。

（二）社会总产品的实物运动与价值运动的统一

根据马克思再生产原理，按照产品的使用价值可将社会总产品分为两大部类，即生产资料和消费资料，再按产品的价值又可划分为转移价值部分和新创造价值部分。投入产出分析就是依据这两种划分标准，并统一起来放在同一张投入产出表中。表的行向用来表现产品的使用价值，其中本年消耗使用的生产资料就属于中间产品，其余主要作为消费、投资或库存，被称为最终产品。表的列向则是反映产品的价值构成，其中作为本年消耗使用的生产资料就算作中间投入，这部分的价值是转移过来的价值，其余部分的价值就是新创造价值，或被称为初始投入。马克思关于商品二重性的原理，即商品同时具有使用价值和价值形态，在这里被统一起来了。当然，这里是从宏观角度观察社会总产品，行向按产品的使用性质划分并表现了产品的实物运动，列向区分为不同的价值形成过程且反映了产品的价值运动。

（三）两部类再生产公式就是二部门投入产出模型

如果社会总产品只划分为两个部类，即第一是生产资料生产部类 X_1，第二是消费资料生产部类 X_2。它们的价值构成均为三个组成部分，即转移价值 C，劳动力价值 V，剩余价值 M。两部类再生产公式则表述为：

$$C_1+V_1+M_1=X_1$$
$$C_2+V_2+M_2=X_2$$

如上所述，由于投入产出表同样是依据该原理设计的，即可用包含两个部门的投入产出表反映再生产公式的内容。从表的列向来看，是由两个部类的价值构成，C_1、C_2是转移价值处在中间投入栏内，V_1、V_2、M_1、M_2属于新创造价值放在初始投入栏中，总投入分别是 X_1、X_2。从表的行向来看，是反映两个部类产品的实物运动去向，其间必须进行如下交换后才能实现：

$$V_1+M_1=C_2$$

这表示用第一部类的生产资料去换取第二部类的消费资料，在实物形态上都得以实现。这样，反映在投入产出表中第一行：

$$C_1+C_2=X_1$$

其意义是 C_1、C_2 作为生产资料消耗应放在中间产品栏下，同一行在最终产品栏下为零，那么第一行合计总产出是 X_1。再看表的第二行：

$$V_1+M_1+V_2+M_2=X_2$$

对于只能作为生活消费的消费资料 V_1、M_1、V_2、M_2，应填入第二行的最终产品项下，而第二行的中间产品项下全为零，第二行的合计总产出是 X_2。由此可知，用二部门投入产出表就可充分再现两部类再生产公式。采用同样的方法，亦可用四部门投入产出表来表示四部类的扩大再生产公式。

三、投入产出分析的方法论基础

投入产出分析之所以能够成为一种被人们广泛使用的分析技术，还在于它拥有一个科学的方法论基础，即系统论的思想。系统论是研究一般系统的一种思想方法，或者是研究系统的方法论科学。有人把它与信息论、控制论一起称为亚哲学。它们低于哲学，但高于一些具体使用的方法和技术。它们概括了一般具体方法的规律性，是具体技术的总结和结晶，反过来又指导和统率这些方法和技术。

所谓系统，指由若干要素所组成，且相互作用和联系着，去共同完成特定功能的有机整体，它有可能又从属于一个更大的系统。由此可知，系统的一般属性表现为整体性、结构性、相互依存性、多级可分性等。当我们研究某一事物或客体时，就把研究对象视为系统，用系统的一般属性去考察和分析它，去揭示和认识它。投入产出分析在许多方面借用或体现了系统论思想。

（1）整体性。该方法将国民经济视为一个完整的经济系统，投入产出表和数学模型主要是通过诸如总投入、总产出等指标再现了国民经济系统整体。它们所描述的内容几乎囊括了一个国家的全部经济活动，比如社会生产、消费、投资等。模型具有明确的边界，以出口、进口反映国民经济系统内与系统外的经济往来。

（2）结构性。投入产出模型不仅包含总量，而且更主要的是表现结构。它的表和矩阵形式对结构有着很强的表现力。它与其他经济数学模型相比具有突出的结构性特征。这一模型最适合研究产品结构、部门结构、消费结构、投资结构、地区结构以及经济比例关系等重大经济结构性问题。

（3）相互依存性。主要是指系统内部要素相互之间的作用和联系，也包括系统内与外界的联系及依存关系。投入产出分析是将部门或产品视为系统的要素，一方面通过表中的数据分布以及数量关系明确记录要素间的作用与联系；另一方面还利用数学模型计算它们之间的直接联系、间接联系乃至完全联系。经济生活中相互联系、相互影响或具有连锁反应、波及效应的现象十分普遍，具有这类性质的问题都可以考虑采用这一分析方法。

（4）多级可分性。国民经济是一个复杂的大系统，单在行政区划上就有国家、省、市、县等多个等级。依据不同研究任务，也可从其他角度将它划分为大系统、中系统、小系统、子系统等。投入产出分析可以建立不同等级的模型，譬如，全国型、地区型、区域型、部门型、企业型等，用以表现相应等级的经济系统。由此构成大小不等的模型体系，也便于分析和处理整体与局部的关系。

总之，投入产出分析成功地把经济理论与数学方法融合在一起，为我们提供了观察和研究国民经济系统的有效工具。系统论思想作为一种科学方法论，是把经济理论分析与数量分析连接在一起的纽带和桥梁。系统论不仅是投入产出分析的方法论基础，同样也是指导数理经济学其他方法的思想武器。鉴于投入产出分析与系统论之间的密切关系，一方面，通过学习和应用投入产出方法，可以进一步树立、强化系统论观念；另一方面，系统论思想又帮助我们从方法论层面上开展创新性的工作，大力推进投入产出分析的发展，并加强它与其他方法的结合，以繁荣数量经济学，提高经济学的科学性。

第四节　市场经济为投入产出分析应用开拓更广阔的空间

改革开放以来，我国经济体制由原来高度集中的计划经济转向社会主义市场经济。在体制转轨和市场经济逐步完善的过渡时期，如何开展现代数量经济分析，怎样认识市场经济条件下投入产出模型应用的地位和作用，是一个应该引起重视的问题。

一、投入产出分析纯属一种技术方法

投入产出分析是数理经济学的基本方法之一，它是把经济学与数学结合得最为融洽的一种现代模型方法，也是我国经济数量分析起步较早的一种方法。编制 1973 年全国实物表工作，标志我国投入产出技术已进入实际应用阶段。1979 年中国数量经济学会（最初称研究会）成立之后，投入产出分析得到大力推广和全面发展。全国绝大多数省区市相继编制了地区表，一些经济主管部门编制了部门表，为数不少的大、中型企业编制了企业表。国务院决定自 1987 年始每五年编制一次全国表，五年中间有一张延长表，我国编表工作由此走向规范化、制度化，全国投入产出模型应用工作也进入一个平稳的发展阶段。从总体上看，90 年代以来这项技术已渗透到各个实际管理部门、经济研究机构以及各行各业，大家都各自埋头应用。这当然不会像最初学习、普及阶段那样轰轰烈烈，由此容易给人们造成一种假象，似乎投入产出技术无人问津，应用工作不见起色，已步入发展的低潮。当时恰逢经济体制转轨的实质阶段，有人对投入产出分析产生了疑问，这项技术是不是只适合计划经济使用，市场经济条件下政府不再直接干预经济，投入产出分析是不是就难以派上用场，甚至少数人认为这种方法已经过时了。

应该指出的是，产生某些疑问是很自然的，但是说它已经过时了，则是极其错误的。实际上这些疑惑和错误认识已对投入产出分析的应用产生了消极影响，我们必须解释这一问题，纠正这一不正确的说法。投入产出分析纯属一种技术方法，不同的社会制度、不同的经济体制都可以使用。判断一种分析技术是否适用、是否已经过时，不应该从经济管理体制的层面上来把握，而是要看这一方法能否与当时所采用的经济核算体系相适应。现今我国实行的新国民经济核算体系已与世界大多数市场经济国家接轨，采用了 SNA 核算方法。其中国家编制的投入产出表就是该核算体系的一个重要组成部分。以此表为基础开展的投入产出分析一定能很好地表现、解释我国社会主义市场经济的实际。

如前面所述，投入产出分析原本就产生于西方市场经济国家，并且当今许多西方国

家，如美国、加拿大、英国、意大利等仍然很重视这一分析技术，其应用工作相当普遍。从完全市场经济角度理解，该方法的理论依据是全部均衡理论，其模型是瓦尔拉斯均衡的一种简化形式。投入产出模型与市场经济有着千丝万缕的联系，它集社会生产、市场需求、市场供给于一身，全面描述了经济系统各产品、经济部门之间的内在数量关系，能够计算出相互间的直接联系、间接联系直至完全联系。投入产出表（见表 1－1）第Ⅰ象限是反映市场系统的生产要素间联系的中枢，第Ⅱ象限表现了市场的最终需求，第Ⅲ象限给出了市场所提供的各初始投入要素。在模型中既有总量又有结构，充分再现了经济系统的整体性、结构性，在用于研究经济系统要素间联系及经济结构问题方面，是其他数量分析方法不可替代和无法比拟的。

我国在引入投入产出分析的初期，依据当时的经济管理体制以及核算方法，主要是从计划经济角度较多地强调该方法作为计划工具来使用，这给人们一种印象，似乎它只能用于计划经济，较难用于市场经济。其实不然，该模型作为计划工具仅是它的部分功能，它还有许多其他功能，主要用来开展经济结构分析、要素依存关系分析、政策模拟分析等。况且，市场经济离不开政府宏观调控，仍需要进行经济预测和规划，说投入产出分析过时了是没有根据的。

毋庸置疑，投入产出分析与其他方法一样，在具体应用中会出现这样或那样的局限性，其产生的根源是模型的基本假定，而不在于在什么体制条件下使用。解决局限性问题的途径有两个：一是根据经济发展提出的新问题不断扩展模型，增加模型功能；二是投入产出分析要与其他数量分析方法相结合，互相取长补短，发挥各自作用。不能因为一种方法的局限性，就说它没有用途了、过时了。

二、市场经济提出了许多研究课题

随着经济体制改革的进一步深化，市场经济进程加快，政府管理经济的职能不仅是必需的，而且应该大力加强。但是，由于市场经济管理的难度加大，政府管理职能必须转变，因为它的管理任务、内容、方式和手段都发生了根本性变化。计划经济条件下自上而下指令性的管理方式不复存在了，取而代之的是市场经济条件下怎样分析、认识、判断经济形势，如何确定宏观调控的方向、目标、力度，这就需要对国民经济系统开展数量分析，其中首选方法就应该是投入产出分析。因为该方法最适合研究这类富有整体性、系统性、结构性、综合性的宏观问题。市场经济体制为投入产出分析的应用提出了诸多的研究课题。

譬如，我国中长期规划所提出的经济结构战略性调整问题，其中尤为重要的是产业结构调整问题。怎样使社会总需求及其结构与社会总供给及其结构协调发展，是宏观经济管理研究的永恒主题。目前我国已不再是计划经济时的短缺经济，许多产品供大于求，出现总供给大于总需求。为此，需要不断调整财政政策、货币政策，消费倾向及其结构变动，投资方向及其构成，它们又是怎样影响着产业之间的比例关系，这些问题都能够通过投入产出模型加以模拟分析，取得很好的应用效果。

又如，我国各地区经济发展极不平衡，东部、中部、西部经济发展的差距在拉大，提出开发西部的战略决策，这将使今后几十年地区经济布局发生巨大变化。这项重大决策怎么去落实，先干什么、后干什么，如何部署，不同地区是发生着怎样的变化，如果采用地区间投入产出模型加以模拟分析，可以回答许多这类重大问题。世界一些发达国家很重视这种方法。

还如，我国社会经济可持续发展问题，涉及的是一个涵盖人口、资源、环境等众多内容的一个超级社会经济大系统，如果利用投入产出模型进行描述，只需对原有的经济投入产出表加以扩展，使其全面反映经济、资源、环境与人口之间的相互关系，从而可深入研究可持续发展提出的各种重大问题。

市场经济体制加上网络信息技术的发展，使世界经济呈现一体化的发展趋势。一个国家的经济不可能再是一个封闭的、独立的系统，它的经济发展必须放在世界经济体系中进行考虑。我国业已加入世界贸易组织，进一步加大了开放力度，与其他国家、地区的经贸关系将更加密切。面对各种机遇和挑战，可考虑以我国经济为中心，编制国际投入产出表，详细反映我国与世界主要国家、地区的外贸联系、经济往来，用来考察、分析我国对外贸易中的各项重大事项，为制定政策、科学决策提供依据。

信息技术、生物工程、新能源及节能减排等高新技术的崛起，已逐渐形成新兴产业群，它们不断渗透到各行各业，带动整个经济增长。它们将使人们的社会、经济生活发生质的改变。美国著名经济学家、经济计量大师克莱茵教授，在中国数量经济学会一次年会上发言，建议我们充分利用历年的投入产出表的资料，深入研究一下信息产业与其他产业间的相互联系，观察分析新经济的发育程度以及它与传统经济之间的依存关系。我们认为，这种研究是十分有意义的，也是投入产出分析发挥其特殊作用的重要方面。

三、处理好投入产出分析与其他方法的关系

20 世纪 80 年代以后，我国投入产出分析应用工作逐步走向规范化、正常化，被越来越多的人使用，渐渐成为一种人们常用的分析方法。与此同时，数量经济学的其他方法也在不断引进和发展。怎样处理投入产出分析与其他数量分析方法的关系，怎样处理一种成熟方法与新引进方法的关系，对于投入产出分析的应用和发展具有重要影响。

目前有一种观点需要引起我们关注，即有人认为投入产出分析已是一种成熟技术，没有什么新东西可研究了。诚然，当一种方法已被多数人接受并成为一种常用的分析工具时，称其为成熟的方法也未尝不可，但绝不能因为它成熟而否定其进一步研究和发展的必要性。投入产出的基本模型、基本方法是定型了，成熟了，但它仍需要向各级经济系统、各个经济部门、各经济区划渗透，还要与各个经济专业、不同业务领域相结合。正如前面所介绍的诸多研究课题，涉及科学发展观所提出的许多重大问题，有很广阔的研究空间，怎么能说没有新东西可研究呢？另外，投入产出分析的理论和方法论也需要向纵深发展，国际学术界已有很多研究成果，我国中科院陈锡康教授提出的投入占用产出模型就是对基本模型的发展。

近年来，数量经济学在我国得到了长足发展，其中比较重视跟踪国外新流行的经济数量分析方法，及时将这些最新研究成果介绍到国内，应该说是正确的、可取的。但是，不能由此而忽视那些在我国已有相当应用基础的成熟方法，必须处理好新引进方法与原有方法的关系。不断引入国外新近流行的方法固然需要，但已经有相当普及程度的原有方法继

续深入发展也很重要。借鉴国外方法的关键是要与中国的国情相结合，反对盲目地照搬套用。介绍或探讨国外某种新流行方法在我国的应用，应该说具有一定的开创性意义，而密切结合本国实际深入研究原有方法也是一种创新，从某种意义上讲，后者更富有创新性。

不同的方法具有各自的特点、功能，适用于不同的情景，它们各有利弊。我们要依据研究任务、经济实际、数据资料等情况，合理地选择适当的模型技术，在可能的条件下努力实现综合运用各种数量方法，发挥它们各自的优势，克服其局限性。我们只有在长期应用各种经济数量分析方法中，使方法、技术与经济问题结合为一体，真正实现经济理论分析与数量分析的有机结合，不断积累经验，使应用技术达到一定的境界，才有可能去创造出更富有操作性、更简单实用的新方法。我们不能满足总是从国外引入别人的方法，如果我们仍然是一味追求“新”，而不重视“深”，那必然是无所作为的，倘若能够较好地处理新老方法的关系，把主要精力放在对原有方法的深入挖掘上，总有一天会取得由我们提出的具有原创性的研究成果。

我国投入产出表编制与应用工作已经历了相当长的过程，我们虽然起步晚，但发展迅速，应用广泛，已取得许多可喜的研究成果。我国社会正在健康、协调发展，社会主义市场经济体制正在逐步完善，我们只要密切结合我国的实际，经常关注和研究发展中提出的新问题、热点问题，广泛开展经济数量分析，不断研制出可操作性强的有效方法，相信投入产出分析在市场经济条件下能够发挥更大的作用。

思考题

1. 怎样理解和认识投入产出分析的学科性质?
2. 简述投入产出分析产生的时代背景以及思想渊源。
3. 为什么说投入产出分析是实现经济理论分析与数量分析有效结合的典范?
4. 如何处理投入产出分析与其他数量分析方法的关系?
5. 在市场经济条件下，投入产出分析能够发挥哪些作用?

第二章

全国实物型投入产出模型

投入产出模型的种类很多，但最基本的类型是全国静态投入产出模型。它充分体现了投入产出分析的基本原理和方法，是其他各类模型形成的基础。该模型以整个国民经济为描述对象，反映某一时间内（通常为一年）各产品（或部门）间投入与产出的内在联系。按照计量单位的不同，静态投入产出模型又可以分为实物模型和价值模型两大类，而每种模型均有两种表现形式，即投入产出表和与其对应的投入产出数学模型。实物模型中的指标是以实物单位度量的，而价值模型中的指标是以产品价格为度量单位的。尽管世界上大部分投入产出表是价值表，但实物表也具有不可忽视的作用和地位。我国编制投入产出表的工作就是从实物表开始的——我国编制的第一个国民经济投入产出表，即 1973 年投入产出表，就是一个实物表。

第一节　实物产品的生产联系

国民经济中有成千上万种实物产品，它们在生产过程中发生着形式多样的生产、分配与使用间的相互联系。从生产方面来看，在现代化大生产中，由于社会分工的发展，生产专业化和协作化水平的提高，产品结构的日趋复杂，各种产品在生产过程中，都要消耗一定数量的其他产品，因此，产品生产过程中由于这种相互消耗，形成了错综复杂的相互联系。具体可以分为：产品间的双向联系和单向联系、顺联系和逆联系、直接联系和间接联系以及产品的自我消耗联系等。全国实物模型的任务就在于系统地反映这些联系，全面揭示产品间的数量依存关系。

1. 双向联系和单向联系

一般地说，大多生产性产品内部许多部门之间的关系是双向联系，即相互消耗、相互提供产品的联系，如煤炭部门为电力部门提供燃料，电力部门又反过来为煤炭部门提供动力。另一种是单向联系，即先行部门为后续部门提供生产资料，但后续部门不再返回去，如生产资料部门为消费资料部门提供原材料、设备，生产出消费品则进入消费领域，不再进入其他部门的生产过程中去。

2. 顺联系和逆联系

从国民经济是个有机整体来考察，所有产品间的联系，往往构成一个蛛网式的或连锁式的封闭联系。从原料的生产开始，顺次经过各个加工阶段，最后生产出成品；如从矿石开采、农业原料生产开始，顺次经过冶炼、初步加工，然后生产出各种设备、工具和成品，这叫作顺联系。但是，往往后续产品又返回去成为先行部门生产的前提条件，这就叫作逆联系。顺联系与逆联系构成一个连锁式的封闭联系。

3. 直接联系和间接联系

国民经济各个部门产品之间既存在直接联系，又存在间接联系。所谓间接联系，就是通过一系列中间环节（其他部门）而发生的部门间的间接消耗联系。实际上，直接联系和间接联系概念能够概括大多数联系的形式，这两个概念也较为容易理解，投入产出分析中主要是用到了这两个概念，它们也是投入产出分析最基本、最重要的概念。关于这一点，我们在以后论述投入产出法的基本原理时还将提到，在此不再赘述。

实物模型就是通过编制实物表并建立部门间联系平衡的关系式（线性代数方程组），来反映国民经济各个部门或各个部门产品之间上述的复杂的技术经济联系数量表现的一种方法。

第二节　实物型投入产出表

实物表是根据国民经济中各大类产品并采用不同的实物计量单位来编制的。一般来说，确定具体的产品目录，可以参照国家计划的主要产品目录，或者把用途相同的产品经过归并后，形成若干大类产品。

一、实物表的基本模式

简化的实物表见表 2－1。表中，共包括 n 类产品。先看表的栏目构成：从横行看，反映的是各类产品分配使用的情况：其中一部分作为中间产品，表示在确定时期内（通常以年度计）作为生产过程消耗使用的产品，共有 n 种，另加一个其他项；另一部分作为最终产品，即本期不再返回生产过程的物质产品，它包括了本年内永远或暂时脱离了生产过程的实物产品，如用于人民生活和社会消费的消费品（永远脱离生产），或用于投资的产品（暂时脱离生产），或用于出口的产品（脱离本国加工过程）。两部分相加，就是一定时期内各类产品的生产总量 Q。从纵列看，反映了各类产品生产中要消耗的其他产品（包括自身）数量，包括中间投入和初始投入。应当指出的是，由于各种产品的计量单位不一致，所以无法相加，难以建立有关数量关系（模型）。

表 2-1 简化的实物表

投入 \ 产出		中间产品					最终产品	总计
		1	2	…	n	其他		
物质消耗	1	q_{11}	q_{12}	…	q_{1n}		y_1	Q_1
	2	q_{21}	q_{22}	…	q_{2n}		y_2	Q_2
	⋮	⋮	⋮		⋮		⋮	⋮
	n	q_{n1}	q_{n2}	…	q_{nn}		y_n	Q_n
劳动者报酬		q_{01}	q_{02}	…	q_{0n}			

由此，根据实物表只能建立行模型。整个表格按每一行可以建立一个方程，共有 n 个方程，即 n 种产品的生产和分配使用的平衡方程。其具体形式如下：

$$
\begin{aligned}
&q_{11}+q_{12}+\cdots+q_{1n}+y_1=Q_1\\
&q_{21}+q_{22}+\cdots+q_{2n}+y_2=Q_2\\
&\quad\vdots\\
&q_{n1}+q_{n2}+\cdots+q_{nn}+y_n=Q_n
\end{aligned}
$$

或者写成

$$\sum_{j=1}^{n} q_{ij}+y_i=Q_i \quad (i=1,2,\cdots,n)$$

在实际编制实物表时，可以加上各类产品的资源数量，并将最终产品细分为消费、资本形成、出口等项，这样就使实物表成为一种综合的物质平衡表，可反映各类产品的资源分配使用的平衡状况。

二、实物表的特点

实物表能够综合、细致地反映特定的经济内容，同时它还具有以下特点：

（1）实物表以实物量为计量单位，各类产品的计量单位并不相同，表的纵列不能相加。因此，实物表的纵列只能反映各类产品生产过程中的各种具体消耗，却无法反映各类产品的物耗总量。

（2）实物表所反映的各类产品在生产过程中的相互联系，基本上是由生产技术条件决定的。因此，实物表能较确切地反映国民经济中各类产品生产过程中的技术联系，使它不受价格变动和价格背离价值等因素的影响。只是在编制实物表时，需要注意协调各种产品的计量单位，使其基本上与我国统计制度相一致。

（3）由于实物表中的产品目录不能包罗万象，表中未列名产品的生产消耗得不到反映，也就是各类产品的中间产品并不完整。为弥补这个缺陷，需要在中间产品的纵列，加上一个其他项，或称未列名产品项。

此外，实物产品的平衡是整个国民经济以及各个部门和企业进行战略规划的基础，所以，编制和应用实物表对国民经济的平衡发展具有重要的意义。

三、确定产品目录

现实经济生活中产品的种类很多，在编实物表时，因资料条件和计算机容量的限制，不可能把产品的数目无限扩大，所以一般要经过需要与可能条件的综合衡量后，再具体确定实物表内包含产品的数目。从需要的角度确定产品目录时，主要考虑四个问题：

（1）要使被选择列入实物表的各种产品，能反映出一个国家或地区的经济结构。如果经济结构比较单一，就可以选择有代表性的产品作为中心产品。如果产品门类比较齐全，生产专业化程度又比较高，就要分别选出各行业中的主要产品。也可以通过计算主要产品产值占总产值的比重，来具体衡量实物表产品目录的选择是否正确。

（2）要根据编表的目的来选择产品。如果编表主要是为了做统计分析，那么产品应包含得全面些，以利于做各种分析。如果编表主要是为了做经济预测或为制定战略规划做参考，那么产品目录中还应适当考虑今后的方向性产品。

（3）要考虑到产品相互间的消耗。也就是尽量做到使列入目录的产品在生产过程中，把所消耗的主要产品包含在内，这样会有利于实物表填满率的提高。

（4）各类产品的具体品种，一般不在实物表中列出，但如果它们对国民经济发展所起的作用较大，或消耗结构相差悬殊时，则可以分列出具体品种。如钢材中的具体品种，发电量中的水电或火电等。

第三节　实物型投入产出数学模型

实物型投入产出数学模型是以实物表中元素间的数量关系为基础建立的，以数学运算符号表现的投入产出模型。其建立方法如下：

一、直接从表上得到的数量关系式

前面已指出，依据实物表（见表 2-1）中的同行元素的关系可以得到：

$$q_{11}+q_{12}+\cdots+q_{1n}+y_1=Q_1$$
$$q_{21}+q_{22}+\cdots+q_{2n}+y_2=Q_2$$
$$\vdots$$
$$q_{n1}+q_{n2}+\cdots+q_{nn}+y_n=Q_n$$

并且可以简写成：

$$\sum_{j=1}^{n} q_{ij}+y_i=Q_i \quad (i=1,2,\cdots,n) \qquad (2-3-1)$$

上述实物产品平衡关系式表现了各产品的生产、分配关系，即

中间产品＋最终产品＝总产品

但各式之间的联系不够紧凑，未形成一个有机联系的整体，所反映的数量关系简单化、表面化，有待于进一步深化。

二、引入直接消耗系数

直接消耗系数又称为投入系数或技术系数，一般用 a_{ij} 表示，定义为每生产单位 j 产品

要消耗 i 种产品的数量。计算它是为了表明国民经济的生产技术结构。根据定义，直接消耗系数的计算公式为：

$$a_{ij}=\frac{q_{ij}}{Q_j}\quad(i,j=1,2,\cdots,n)$$

直接消耗系数在投入产出分析中具有非同一般的重要性，是最重要的基本概念，它的准确与否，是投入产出法能否成功的基本前提。如何才能保证直接消耗系数 a_{ij} 的准确性，是投入产出法始终要关注的基本问题。

引入该系数后，即可将物质生产中的技术联系置入模型中，从而使模型不再局限于行向元素的数量关系上，把行与行联结起来，使平衡数量关系得以深化。

从直接消耗系数定义式可以导出：$q_{ij}=a_{ij}Q_j$

将其代入式（2－3－1）得：

$$\sum_{j=1}^{n}a_{ij}Q_j+y_i=Q_i\quad(i=1,2,\cdots,n)\tag{2-3-2}$$

上述产品平衡的展开式用矩阵形式表示为：

$$AQ+Y=Q\tag{2-3-3}$$

式中：

$$A=\begin{pmatrix}a_{11}&a_{12}&\cdots&a_{1n}\\a_{21}&a_{22}&\cdots&a_{2n}\\\vdots&\vdots&&\vdots\\a_{n1}&a_{n2}&\cdots&a_{nn}\end{pmatrix}\quad Q=\begin{pmatrix}Q_1\\Q_2\\\vdots\\Q_n\end{pmatrix}\quad Y=\begin{pmatrix}y_1\\y_2\\\vdots\\y_n\end{pmatrix}$$

将式（2－3－3）经过同类项归并后，成为：

$$Y=(I-A)Q\tag{2-3-4}$$

式中，I 是单位矩阵。$(I-A)$ 矩阵是一个特殊形式的矩阵，其具体形式为：

$$(I-A)=\begin{pmatrix}1-a_{11}&-a_{12}&\cdots&-a_{1n}\\-a_{21}&1-a_{22}&\cdots&-a_{2n}\\\vdots&\vdots&&\vdots\\-a_{n1}&-a_{n2}&\cdots&1-a_{nn}\end{pmatrix}$$

n 阶方阵 $(I-A)$ 从经济意义上讲，其列体现了单位实物产品中的投入产出关系。若以“负”号表示投入，“正”号表示产出，则矩阵内每一列都说明为生产一个单位各种产品，需要消耗（投入）其他产品（包括自身）的数量。而主对角线上的元素 $(1-a_{ii})>0$，元素均为正值，表示除去自身消耗的净产出。

引入直接消耗系数矩阵 A 后，可将个别产品的局部指标与全部产品的总量指标联系起来，把微观的技术定额与宏观的经济关系融为一体，加强了模型的有机联系和整体性，深化了经济数量关系。通过式（2-3-4），可以建立总产品与最终产品间的联系。亦即若已知各种产品的总生产量，就可以计算出一定生产技术结构下的各种产品的最终产品数量。

$$Q=(I-A)^{-1}Y \tag{2-3-5}$$

通过计算（$I-A$）的逆矩阵来反映 Y 与 Q 之间的联系，即若已知各类产品 Y，利用式（2-3-5）就能计算出 Q。

三、引入完全消耗系数

投入产出分析的经济理论主要来自19世纪下半期数理经济学派的里昂·瓦尔拉斯提出的一般均衡理论。所谓一般均衡分析，是指从市场上所有产品和生产要素的相互依存性出发来研究均衡价格实现的可能性和条件。因为各种产品是相互影响和联系的，任何一种产品的需要和供给，不仅是这一产品价格本身的函数，而且也是所有其他产品价格的函数，必须同时和其他产品价格共同起作用。一种产品的价格和供求的均衡，只有在所有产品的价格和供求都达到均衡时才能实现。如果在一般均衡状态下的任意一种产品由于外来需求量的变化而导致了供需不平衡，在各种产品之间保持密切联系的现代经济结构中，其他产品的供求关系也必然发生变化，从而同样失去均衡。

一般均衡理论相互依存性的思想渊源在投入产出分析中的集中体现就是完全消耗系数。各种产品在生产过程中除了有直接联系外，还有间接联系，如前引列昂惕夫所言，正是这些高度复杂的纵横交叉的相互联系，才把任何局部的最初变动的脉搏，传送到经济体系的各个角落，并形成了产品间的一般联系。相应地，各种产品间的相互消耗，除了直接消耗外，还有间接消耗。完全消耗系数则是这种直接、间接联系的全面反映。下面通过图2-1来具体解释各种间接消耗关系的含义。

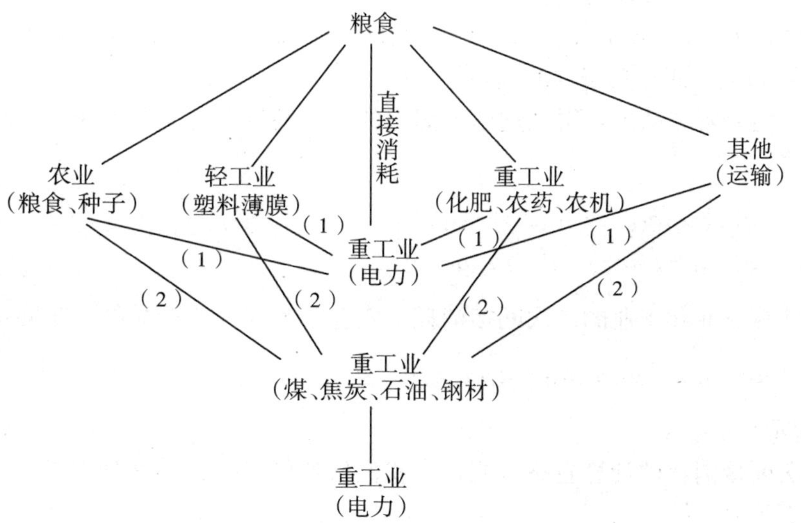

图2-1 粮食对电力的完全消耗示意图

注：（1）粮食对电力的一次间接消耗。（2）粮食对电力的二次间接消耗。

图 2－1 表明粮食生产需要直接消耗电力，同时也要直接消耗粮食、种子、塑料薄膜、化肥、农药、农机和运输工具等产品；而生产这些产品也要消耗电力，因此通过塑料薄膜、化肥、农药、农机和运输工具等对电力的直接消耗，形成农业对重工业（电力）的一次间接消耗。同样，在生产塑料薄膜、化肥、农药、农机设备时，除了直接消耗电力外，还要直接消耗煤、焦炭、石油、钢材等产品，这些产品生产过程中同样还要消耗电力，这里就农机设备来说是对电力的一次间接消耗，而就农业生产来说，则是二次间接消耗。依此类推，我们可以计算出粮食对电力的各次间接消耗，所有直接消耗与各种间接消耗加总形成完全消耗。

这种完全消耗关系在国民经济各部门之间以及成千上万种产品之间都存在。如果能够精确地将其计算出来，在理论上可以帮助我们理解一般均衡思想，在实践中，可以帮助我们了解和分析国民经济各部门间、产品间的内在联系，对搞好宏观经济结构的分析和预测有很大帮助。

我们定义完全消耗系数是指某产品 j 生产单位最终产品对另一产品 i 的完全消耗量，记为 b_{ij}，用 B 来表示完全消耗系数矩阵。其计算关系式应是：

完全消耗系数＝直接消耗系数＋全部间接消耗系数

下面通过一个简单的例子来说明完全消耗系数的计算公式。假设国民经济只有农业（1）和工业（2）两个部门，并且知道它们之间的直接消耗系数矩阵为：

$$A=\begin{pmatrix} a_{11} & a_{12} \\ a_{21} & a_{22} \end{pmatrix}$$

首先分别计算农业和工业的一次间接消耗系数。

农业产品对农业产品的一次间接消耗为 $a_{11}^2+a_{12}a_{21}$，如图 2－2（a）所示。农业产品对工业产品的一次间接消耗为 $a_{11}a_{21}+a_{21}a_{22}$，如图 2－2（b）所示。工业产品对农业产品的一次间接消耗为 $a_{12}a_{11}+a_{22}a_{12}$，如图 2－2（c）所示。工业产品对工业产品的一次间接消耗为 $a_{22}^2+a_{12}a_{21}$，如图 2－2（d）所示。

根据上面的分析和结果，得到这两个部门的一次间接消耗系数的矩阵，而且我们可以找到某种规律，即

$$A^2=\begin{pmatrix} a_{11}^2+a_{12}a_{21} & a_{12}a_{11}+a_{22}a_{12} \\ a_{11}a_{21}+a_{21}a_{22} & a_{22}^2+a_{12}a_{21} \end{pmatrix}$$

下面再计算农业和工业的二次间接消耗。农业产品对农业产品的二次间接消耗为

$$a_{11}^3+a_{11}a_{12}a_{21}+a_{12}a_{21}a_{11}+a_{12}a_{22}a_{21}$$

如图 2－3 所示。

其他二次间接消耗的计算省略。同样，我们依然可以找到某种规律性，并得到二次间接消耗系数矩阵 A^3 为：

$$A^3=\begin{pmatrix} a_{11}^3+2a_{11}a_{12}a_{21}+a_{12}a_{21}a_{22} & \cdots \\ \cdots & \cdots \end{pmatrix}$$

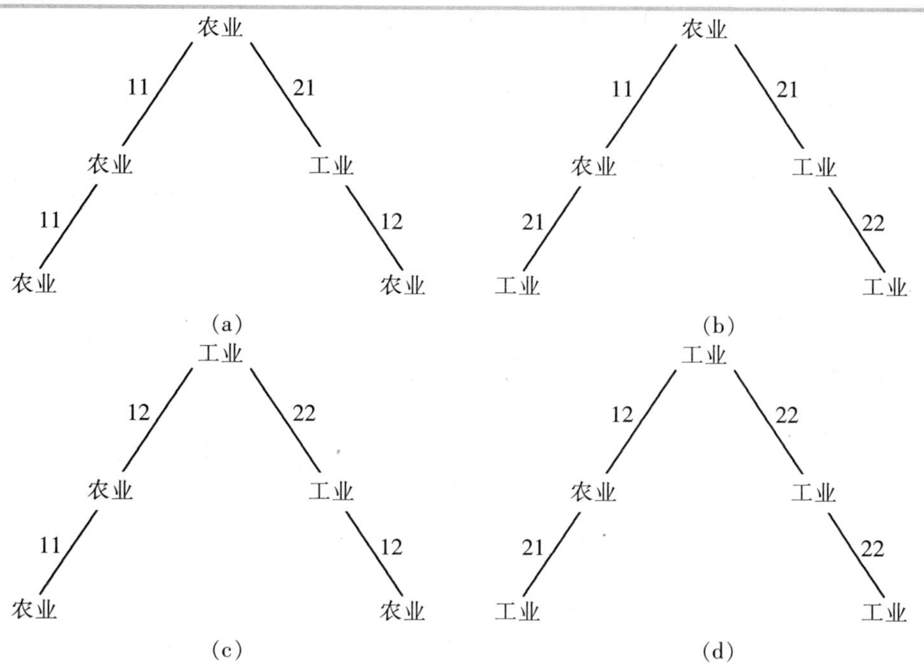

图 2-2 农业产品和工业产品的一次间接消耗

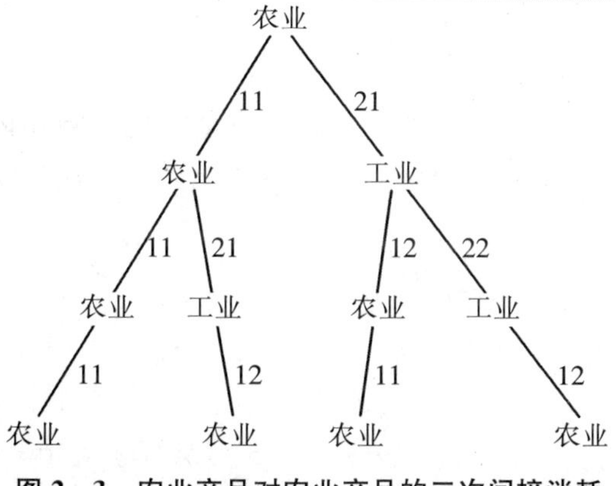

图 2-3 农业产品对农业产品的二次间接消耗

依此类推可以得到 A^4，A^5，…。所以，我们最终得到的完全消耗系数矩阵 B 可表示为：

$$B=A+A^2+A^3+\cdots+A^k+\cdots$$

$$B+I=I+A+A^2+A^3+\cdots+A^k+\cdots$$

又知，当 $k\to\infty$ 时，$A^k\to 0$，所以

$$(I-A)(I+A+A^2+A^3+\cdots+A^k+\cdots)=I-A^k\approx I$$

于是有：

$$B+I=I+A+A^2+A^3+\cdots+A^k+\cdots=(I-A)^{-1}$$

最后得到：

$$B=(I-A)^{-1}-I \tag{2-3-6}$$

除了运用以上方法直接推导完全消耗系数外，还可以用矩阵的幂级数来计算完全消耗系数，并在电子计算机上进行迭代运算。

利用式（2-3-3）$AQ+Y=Q$，选 $Q^{(0)}$ 为初始式代入，逐步迭代：

$$Q^{(1)}=AQ^{(0)}+Y$$
$$Q^{(2)}=AQ^{(1)}+Y=A[AQ^{(0)}+Y]+Y=A^2Q^{(0)}+(I+A)Y$$
$$Q^{(3)}=AQ^{(2)}+Y=A[A^2Q^{(0)}+(I+A)Y]+Y$$
$$=A^3Q^{(0)}+(I+A+A^2)Y$$
$$\vdots$$
$$Q^{(k)}=A^kQ^{(0)}+(I+A+A^2+\cdots+A^{k-1})Y$$

随着迭代次数的增加，当 $k\to\infty$ 时，$A^k\to 0$

$$Q\approx(I+A+A^2+\cdots+A^{k-1})Y$$
$$\because\quad (I-A)(I+A+A^2+\cdots+A^{k-1})\approx I$$
$$\therefore\quad (I-A)^{-1}\approx I+A+A^2+\cdots+A^{k-1}$$
又 $$\because\quad (I-A)^{-1}=B+I$$
$$\therefore\quad B\approx A+A^2+\cdots+A^{k-1}$$

即矩阵的幂级数（$A+A^2+\cdots+A^{k-1}$）就是完全消耗系数矩阵 B，其中，A 是直接消耗系数矩阵，A^2，A^3，…，A^{k-1} 分别是 1，2，…，($k-2$) 次间接消耗系数。

上式中出现的矩阵

$$(I-A)^{-1}=B+I=\begin{pmatrix} b_{11}+1 & b_{12} & \cdots & b_{1n} \\ b_{21} & b_{22}+1 & \cdots & b_{2n} \\ \vdots & \vdots & & \vdots \\ b_{n1} & b_{n2} & \cdots & b_{nn}+1 \end{pmatrix}=\begin{pmatrix} \bar{b}_{11} & \bar{b}_{12} & \cdots & \bar{b}_{1n} \\ \bar{b}_{21} & \bar{b}_{22} & \cdots & \bar{b}_{2n} \\ \vdots & \vdots & & \vdots \\ \bar{b}_{n1} & \bar{b}_{n2} & \cdots & \bar{b}_{nn} \end{pmatrix}$$

被称为列昂惕夫逆矩阵。其对角线元素表示第 i 部门要生产一个单位最终产品时，其部门的生产总量必须达到的数量。具体地说，就是要保证第 i 部门能提供一个单位的最终产品，首先其生产总量就要有一个单位的产品，然后由于其自身和国民经济间的相互消耗关系，使得第 i 部门的总产量要超过一个单位。总的看来，这个矩阵的元素表示 j 产品生产单位最终产品对 i 产品的完全需求量，这里既包括对中间产品的需求，又包括对最终产品自身的需求，即对总产品的完全需求，故也可称作完全需求系数矩阵。

试举一个简单的例子，来说明列昂惕夫逆矩阵系数的含义。假设根据已有数据，我们能够计算出如下的逆系数表（见表 2-2）。如果轻工业部门要增加一个单位最终产品，即 $y_2=1$，而其他各部门的最终产品都假设为零，即 $y_1=y_3=y_4=y_5=y_6=0$，则可根据得到

$$\begin{pmatrix}q_1\\q_2\\q_3\\q_4\\q_5\\q_6\end{pmatrix}=(I-A)^{-1}\begin{pmatrix}0\\1\\0\\0\\0\\0\end{pmatrix}$$

$q_1=0.4750$，$q_2=1.4377$，$q_3=0.3330$，$q_4=0.0000$，$q_5=0.0276$，$q_6=0.0425$。它们就是表 2-2 中第二列的数字，说明为了得到一个单位产品 2 的最终产品，各部门应该生产的总产品数量。

表 2-2 **列昂惕夫逆系数表**

	产品 1	产品 2	产品 3	产品 4	产品 5	产品 6
产品 1	1.222 0	0.475 0	0.129 3	0.288 0	0.053 8	0.171 6
产品 2	0.105 3	1.437 7	0.141 3	0.225 1	0.072 5	0.313 1
产品 3	0.228 4	0.333 0	1.735 2	0.780 7	0.371 3	0.211 0
产品 4	0.000 0	0.000 0	0.000 0	1.000 0	0.000 0	0.000 0
产品 5	0.014 7	0.027 6	0.055 56	0.069 3	1.035 5	0.021 3
产品 6	0.019 9	0.042 5	0.041 7	0.045 9	0.042 9	1.044 5

从行来看，如果国民经济中各种最终产品增加 Δy_1，Δy_2，…，Δy_n，那么第 i 部门的总产量要增加 $\bar{b}_{i1}\Delta y_1+\bar{b}_{i2}\Delta y_2+\cdots+\bar{b}_{in}\Delta y_n$。由此我们可以看出，列昂惕夫逆系数，是联结最终产品与总产品的桥梁。

四、实物模型实例

表 2-3 是一张包括三种实物产品的实物表。应当指出的是，第Ⅰ象限具有三行四列数据，其中列向多设一个“其他”项，这是实际应用的实物表必须列示的。该项表示未包括在模型中的全部产品，也包括在模型中的某一产品的中间消耗量。若不设此项，将不能实现表的平衡关系，这是因为实物表无法把全部实物产品囊括在内，只能包括一些主要产品，如果没有“其他”项，将无法体现这些产品的分配去向。该项的大小受模型规模的影响，模型包括的主要产品越少，那么其他项就越大。

表 2-3 **实物表**

投入 \ 产出		计量单位	中间产品				最终产品	总产品
			1	2	3	其他		
物质消耗	产品 1		40	30	40	10	80	200
	产品 2		0	15	80	15	40	150
	产品 3		20	15	40	25	100	200
劳动者报酬		元/年	1 000	1 200	2 400	800		

依据表 2-3 中的行向数量关系，可建立实物型投入产出数学模型。

1. 计算直接消耗系数矩阵 A

根据公式 $a_{ij}=\dfrac{q_{ij}}{Q_j}$，按第Ⅰ象限各列的顺序，依次计算 A 阵的各元素，最后得到矩阵

A。该象限“其他”项所对应的列，由于无法得到未包括在模型中的产品的总产出量，故不能计算直接消耗系数。

$$A=\begin{pmatrix} 40/200 & 30/150 & 40/200 \\ 0/200 & 15/150 & 80/200 \\ 20/200 & 15/150 & 40/200 \end{pmatrix}=\begin{pmatrix} 0.2 & 0.2 & 0.2 \\ 0 & 0.1 & 0.4 \\ 0.1 & 0.1 & 0.2 \end{pmatrix}$$

2. 建立引入 A 的数学模型

利用公式 $Y=(I-A)Q$，得：

$$\begin{pmatrix} y_1 \\ y_2 \\ y_3 \end{pmatrix}=\begin{pmatrix} 0.8 & -0.2 & -0.2 \\ 0 & 0.9 & -0.4 \\ -0.1 & -0.1 & 0.8 \end{pmatrix}\begin{pmatrix} Q_1 \\ Q_2 \\ Q_3 \end{pmatrix}-\begin{pmatrix} 10 \\ 15 \\ 25 \end{pmatrix}$$

利用该模型，可在给出各实物产品总产出列向量 Q 之后，计算得到最终产品列向量 Y。

3. 建立引入 B 的数学模型

对于本例，计算完全需求系数矩阵 $(I-A)^{-1}$：

$$(I-A)^{-1}=\begin{pmatrix} 1.3127 & 0.3475 & 0.5019 \\ 0.0772 & 1.1969 & 0.6178 \\ 0.1737 & 0.1931 & 1.3900 \end{pmatrix}$$

计算完全消耗系数矩阵 B：

$$B=(I-A)^{-1}-I=\begin{pmatrix} 0.3127 & 0.3475 & 0.5019 \\ 0.0772 & 0.1969 & 0.6178 \\ 0.1737 & 0.1931 & 0.3900 \end{pmatrix}$$

从计算结果上看，矩阵 $(I-A)^{-1}$ 和 B 只在主对角线位置上差 1，其余各元素均对应相等。将上面结果代入模型得：

$$\begin{pmatrix} Q_1 \\ Q_2 \\ Q_3 \end{pmatrix}=\begin{pmatrix} 1.3127 & 0.3475 & 0.5019 \\ 0.0772 & 1.1969 & 0.6178 \\ 0.1737 & 0.1931 & 1.3900 \end{pmatrix}\left[\begin{pmatrix} 10 \\ 15 \\ 25 \end{pmatrix}+\begin{pmatrix} y_1 \\ y_2 \\ y_3 \end{pmatrix}\right]$$

利用上面的式子，可在已知最终产品列向量 Y 的前提下，计算出为满足这一最终需求的各实物产品的生产任务 Q。从模型中可知，表中的“其他”项实际上与最终产品处在同等地位上，这是由于“其他”项的列元素不能计算直接消耗系数，而被排除在 A 系统之外造成的。

4. 计算实物型劳动者报酬系数 A_v

根据公式

$$a_{vj}=q_{vj}/Q_j \quad (j=1,2,3)$$

则有：

$$A_v=\left(\frac{1\,000}{200} \quad \frac{1\,200}{150} \quad \frac{2\,400}{200}\right)=(5 \quad 8 \quad 12)$$

最后，附一个实物型投入产出实例表（某国某年 61 种主要产品投入产出表表式）供读者参考（见表 2-4）。

表 2-4 某国某年 61 种主要产品投入产出表表式

产品名称 \ 产品使用方向				中间产品																			最终产品					总产品
				农业			轻工业			重工业							运输业	建筑业	小计	其他生产消耗	合计							
				1 粮食	…	6 生猪	7 棉纱	…	16 手表	17 电力	…	26 钢材	…	36 化肥	…	59 机械	60 铁路货运	61 建筑安装工程				固定资产更新改造和大修	积累	消费	净出口	合计	
农业	1	粮食	亿斤																								
	⋮	⋮	⋮																								
	6	生猪	万头																								
轻工业	7	棉纱	万件																								
	⋮	⋮	⋮																								
	16	手表	万只																								
重工业	17	电力	亿度																								
	⋮	⋮	⋮																								
	26	钢材	万吨																								
	⋮	⋮	⋮																								
	36	化肥	万吨																								
	⋮	⋮	⋮																								
	59	机械	万吨																								
运输业	60	铁路货运	吨公里																								
建筑业	61	建筑安装工程	亿元																								

思考题

1. 如何区分中间产品与最终产品？
2. 请解释完全消耗系数和完全需求系数的区别与联系。
3. 已知实物型直接消耗系数矩阵为 $A=\begin{pmatrix}0.1 & 0.1 & 0.2\\ 0 & 0.4 & 0.1\\ 0.3 & 0.1 & 0.2\end{pmatrix}$，最终产品列向量为 $Y=\begin{pmatrix}50\\ 30\\ 20\end{pmatrix}$。

求完全消耗系数矩阵 B 和总产量 Q 并绘制简单的实物型投入产出表。

4. 试证明完全劳动消耗系数的计算公式为：

$$B_v=A_v(B+I)\text{或者是}B_v=A_v(I-A)^{-1}$$

式中，B_v 为完全劳动消耗系数行向量，A_v 为直接劳动消耗系数行向量。

第三章

全国价值型投入产出模型

价值模型的两种表现形式简称为价值表和价值型数学模型。由于模型的量值均采用货币计量单位，因此价值模型较实物模型发生了很大变化，其内容、方法和应用功能也得到进一步的扩展。

第一节　价值型投入产出表

在价值表中，整个国民经济被分成若干个部门，并以货币为计量单位，因而它比实物表包括的范围更大，一般来说，价值表的行和列反映了投入产出表的基本平衡关系。具体地说，价值表的行反映各部门产品的实物运动过程，而列则反映各部门产品的价值形成过程。

一、价值表的基本表式

价值表的基本表式见表3－1。它是以整个国民经济为描述对象，将其视为经济系统，各经济部门成为系统的诸要素，采用表格的形式表现各经济部门间的投入与产出关系。

考察价值表中的数量关系，我们可以看到，由于价值表中的数据统一采用货币计量单位，表中行向量和列向量都可以加总，这是它区别于实物表的主要特点。水平方向表现经济部门的产品分配使用的去向，各种产品相加之和等于总产品，其数量关系是：

中间产品＋最终产品＝总产品

表 3-1　　简化的价值表

投入来源 \ 分配去向		中间产品 部门 1	部门 2	…	部门 n	最终产品	总产品
中间投入	部门 1	x_{11}	x_{12}	…	x_{1n}	y_1	X_1
	部门 2	x_{21}	x_{22}	…	x_{2n}	y_2	X_2
	⋮	⋮	⋮		⋮	⋮	⋮
	部门 n	x_{n1}	x_{n2}	…	x_{nn}	y_n	X_n
初始投入	固定资产折旧 d_i	d_1	d_2	…	d_n		
	劳动者报酬 v_i	v_1	v_2	…	v_n		
	生产税净额和营业盈余 m_i	m_1	m_2	…	m_n		
总投入		X_1	X_2	…	X_n		

垂直方向表示产品生产中的各种投入要素，如固定资产折旧、劳动者报酬、生产税净额和营业盈余等，这些要素的价值量之和等于总投入，其数量关系是：

中间投入＋初始投入＝总投入

需要注意的是，在旧的核算体下，对应于投资的部分被分为固定资产更新改造和大修以及积累两个部分。在实际统计工作中，与固定资产折旧相对应的固定资产的实物更新是以大修和更新的形式来实现的，这就使当年提取的固定资产折旧额与更新所需数额往往不一致。因此，在编制价值表时，如何将固定资产的折旧和更新正确地反映出来，是一个方法论问题。一般的做法是在最终产品栏内单列一项“固定资产更新、改造和大修”，与产品用于投资的部分相区别。但是，这方面的数据较难取得，同时，在实践中，更新与投资也不容易区分。在 SNA 这一新的核算体系下，对应投资的部分不再做出上述区分，统一为资本形成总额对应于当年生产出来的产品用于资本品的部分，并进一步细分为固定资本形成总额、存货变化和贵重物品的净获得，其中最后一项在我国 2016 年国民经济核算体系之前并不核算。

由此可知，价值表不仅可以从行向反映各个经济部门的产品分配使用、实物运动的去向，而且还能够从列向表现各部门生产投入的价值形成过程。它可以从双向考察和分析国民经济系统。

二、部门分类原则

在确定价值表的部门分类目录时，需要科学地划分物质生产部门。由于社会产品成千上万，部门间的技术经济联系不能也无必要按照千万种具体产品的划分来进行，而是必须把千万种产品组合成若干个大类和部门，才能便于进行分析研究。一般来说，部门分类要以社会劳动分工的发展水平为依据，同时要按照一定的分类原则来进行。

投入产出表所要求的部门分类原则，是消耗结构相同、工艺技术相同和经济用途相同，即部门是根据上述同类性原则组成的同类产品的综合体，叫作“纯”部门。“纯”部门这种要求，主要是为了保证投入和产出之间的线性关系，保证物质消耗系数计算的准确性和稳定性，保证投入产出表的数据能正确体现部门间的生产技术联系（其作用将在后文详细探讨）。否则，常常会因为一些企业在生产主要产品的同时还生产不属于本部门专业的其他产品，把生产消耗结构和分配使用方向不同的别的部门的产品包括进来，从而歪曲部门之间真实的生产技术联系。

确定部门分类的原则之后，需要明确部门分类的粗细程度。这个问题至关重要。部门分类过粗，包括的产品种类很复杂，同一部门中的产品消耗结构、工艺技术和经济用途差别很大，投入产出表所反映的部门之间的数量联系和消耗系数，因不能满足分析研究和计划预测的要求而作用不大。反之，如果部门划分过细，部门数目增多，表格填满率就很低，影响投入产出表的使用效果，并且会导致工作量过大，资料不易取得，对综合分析来说也无必要。怎样才算适当？根据实践中国民经济综合平衡统计分析和计划预测的要求，在设计投入产出表的部门分类和大小时，要考虑以下因素：

（1）编表的目的和用途；

（2）获得资料、人力、财力和时间等条件的可能；

（3）目前计划统计指标分组的粗细程度；

（4）当前我国的经济管理水平，以及当前计划统计和管理人员的业务技术水平。

总之，投入产出表中的部门分类问题，可能是编表过程中最为重要和困难的问题。因为实际编表中，往往部门分类的情况会与“纯”部门原则的要求相去甚远。

第二节 价值型投入产出数学模型

价值表统一了全表数据的计量单位，在行向和列向均建立了数量关系，不仅使投入产出表扩大了表现能力，而且也使与其对应的数学模型更加丰富充实，由此还能派生出更多的经济系数，发挥出比实物模型更广泛的作用。

一、按行建立的价值模型

投入产出价值表的第Ⅰ、第Ⅱ象限组成了一个长方形的表，这个表的每一行都可写出一个数学关系式，表示各生产部门对某经济部门产品的消耗量，加上该产品作为最终产品的使用量，得到这一部门产品的总产量。这与实物模型是类似的，写成等式为：

$$\sum_{j=1}^{n} x_{ij} + y_i = X_i \quad (i = 1,2,\cdots,n) \qquad (3-2-1)$$

与实物模型一样，也可引入直接消耗系数 a_{ij}，其计算公式为：

$$a_{ij} = \frac{x_{ij}}{X_j} \quad (i,j=1,2,\cdots,n)$$

式中，X_j 为 j 部门的总产值，x_{ij} 为 j 部门生产时要消耗 i 部门产品的价值量。可见，a_{ij} 的含义是 j 部门每单位产值中对 i 产品消耗的价值量。这个系数已不再像实物模型那样是单纯的技术消耗定额，而是反映两个部门产品技术经济联系的指标。

将上式代入式（3-2-1），则有：

$$\sum_{j=1}^{n} a_{ij}X_j + y_i = X_i \quad (i=1,2,\cdots,n) \tag{3-2-2}$$

用矩阵表示为：

$$AX+Y=X$$

由此可得：

$$Y=(I-A)X \tag{3-2-3}$$

$$X=(I-A)^{-1}Y \tag{3-2-4}$$

经过类似实物模型的推导，可以得出引入完全消耗系数矩阵的数学模型：

$$X=(B+I)Y \quad 或 \quad X=(I-A)^{-1}Y \tag{3-2-5}$$

上述模型被称为按行建立的价值型数学模型，或简称行模型。利用它们可以在给定 X 时计算 Y，亦可先给出 Y 去解 X，模型模拟了国民经济系统总产品与最终产品的依存关系。

二、按列建立的价值模型

投入产出价值表第Ⅰ、第Ⅲ象限组成了纵列方向的长方形表，表中各列亦可建立数学模型，反映各部门投入要素的构成或价值形成过程，即反映生产与消耗之间的平衡情况，建立起初始投入与总投入之间的平衡关系。这是实物模型无法做到的。依据价值表列向数量关系建立等式为：

$$\sum_{i=1}^{n} x_{ij} + N_j = X_j \quad (j=1,2,\cdots,n) \tag{3-2-6}$$

式中，N_j 为 j 部门初始投入。

引入直接消耗系数于上式，得：

$$\sum_{i=1}^{n} a_{ij}X_j + N_j = X_j \quad (j=1,2,\cdots,n) \tag{3-2-7}$$

式中，$\sum_{i=1}^{n} a_{ij}$ 表示生产单位 j 部门产品的中间投入系数，如果用 a_{cj} 来表示 $\sum_{i=1}^{n} a_{ij}$，则式（3-2-7）又可写成：

$$\left.\begin{aligned} a_{cj}X_j+N_j&=X_j \\ (1-a_{cj})X_j&=N_j \end{aligned}\right. \quad (j=1,2,\cdots,n) \tag{3-2-8}$$

式（3-2-8）用矩阵表示则为：

$$(I-A_c)X=N \tag{3-2-9}$$

式中，N 为各部门初始投入列向量，A_c 为中间投入系数矩阵，是一个对角矩阵，即

$$A_c=\begin{pmatrix}\sum_{i=1}^{n}a_{i1} & 0 & \cdots & 0\\ 0 & \sum_{i=1}^{n}a_{i2} & \cdots & 0\\ & \cdots & \cdots & \\ 0 & 0 & \cdots & \sum_{i=1}^{n}a_{in}\end{pmatrix}=\begin{pmatrix}a_{c1} & 0 & \cdots & 0\\ 0 & a_{c2} & \cdots & 0\\ & \cdots & \cdots & \\ 0 & 0 & \cdots & a_{cn}\end{pmatrix}$$

式（3-2-9）建立了总投入与初始投入之间的联系，同样，还可以建立初始投入与总投入之间的联系，即

$$X=(I-A_c)^{-1}N \tag{3-2-10}$$

由于 a_{cj} 是直接消耗系数矩阵第 j 列元素的总和，其含义是 j 部门生产单位产值对所有物质产品的消耗量，故（$I-A_c$）可称为初始投入系数矩阵，即是由各部门初始投入占总投入的比重所组成的矩阵。它是对角矩阵，其逆矩阵也是对角矩阵，且其对角线上的元素为矩阵（$I-A_c$）对角线上元素的倒数。

以上是按列建立数学模型的另一种形式，可在确定增加值之后利用模型计算总产品量。

三、价值模型的主要系数

除了在建立数学模型时引入的系数矩阵 A、B、A_c 之外，根据价值表第Ⅲ象限的数据，还可以计算如下几种系数：

直接固定资产折旧系数：

元素　$a_{dj}=d_j/X_j$　（$j=1, 2, \cdots, n$）

向量　$A_d=(a_{d1}\quad a_{d2}\quad \cdots\quad a_{dn})$

直接劳动者报酬系数：

元素　$a_{vj}=v_j/X_j$　（$j=1, 2, \cdots, n$）

向量　$A_v=(a_{v1}\quad a_{v2}\quad \cdots\quad a_{vn})$

直接生产税净额和营业盈余系数：

元素　$a_{mj}=m_j/X_j$　（$j=1, 2, \cdots, n$）

向量　$A_m=(a_{m1}\quad a_{m2}\quad \cdots\quad a_{mn})$

与此相对应，还可计算相应的完全系数：

完全固定资产折旧系数：$B_d=A_d(I-A)^{-1}$

完全劳动者报酬系数：$B_v=A_v(I-A)^{-1}$

完全生产税净额和营业盈余系数：$B_m=A_m(I-A)^{-1}$

这里有一个重要的结论，就是 $a_{cj}+a_{dj}+a_{mj}+a_{vj}=1$（$j=1, 2, \cdots, n$）。它表明了一定时期内生产过程中产品价值的形成过程或组成部分，同时反映了它们之间此消彼长的基本关系。此外，可以证明 $b_{dj}+b_{vj}+b_{mj}=1(j=1, 2, \cdots, n)$，表明最终产品的价值量与它

直接和间接所包含的初始投入价值量是相等的。对此，在第八章中会展开进一步的分析。

四、横行模型与纵列模型的关系

根据投入产出表的基本平衡关系，在不考虑进出口的情况下，投入产出表纵列中各部门产品的生产量，应等于其横行中各部门产品的分配使用量。所以，国民经济中第 k 个部门有以下平衡关系式：

$$\sum_{i=1}^{n} x_{ik} + N_k = \sum_{j=1}^{n} x_{kj} + Y_k \quad (k = 1,2,\cdots,n)$$

即 $$\sum_{i=1}^{n} a_{ik} X_k + N_k = \sum_{j=1}^{n} a_{kj} X_j + Y_k$$

因而从整个国民经济的角度看，各部门生产的总量与分配使用的总量也应该相等，所以有：

$$\sum_{i=1}^{n}\sum_{j=1}^{n} x_{ij} + \sum_{j=1}^{n} N_j = \sum_{i=1}^{n}\sum_{j=1}^{n} x_{ij} + \sum_{i=1}^{n} Y_i$$

即 $$\sum_{i=1}^{n}\sum_{j=1}^{n} a_{ij} X_j + \sum_{j=1}^{n} N_j = \sum_{i=1}^{n}\sum_{j=1}^{n} a_{ij} X_j + \sum_{i=1}^{n} Y_i$$

上式中等号两边都去掉 $\sum_{i=1}^{n}\sum_{j=1}^{n} a_{ij} X_j$，则可得：

$$\sum_{j=1}^{n} N_j = \sum_{i=1}^{n} Y_i$$

这个公式说明在整个国民经济中，在不考虑进出口因素的情况下，从具体的结构关系推出了总量关系，即国民收入的生产量和最终使用量的平衡关系。

以上所论述的都是简化的投入产出价值模型，在实际应用中，则有很多的细分，例如在最终产品栏内可以分为资本形成与消费等。这样就可以利用它来分析国民经济中的一些主要综合比例。以产品投入静态模型为基础，再扩充制定劳动力、固定资产等投入产出模型，就可以综合反映整个国民经济产品、劳动力、固定资产的再生产状况，借以了解国民经济发展的全貌。

五、建立投入产出价值表中第Ⅱ、第Ⅲ象限之间联系的数学模型

根据简化的价值表，最终产品是暂时离开生产领域供消费和投资等使用的产品。我们设资本形成为 Z，消费为 W，假设：

$$Y=Z+W$$

式中，Z、W 分别是资本形成和消费的列向量。

$$Z=\begin{pmatrix} z_1 \\ z_2 \\ \vdots \\ z_n \end{pmatrix} \quad W=\begin{pmatrix} w_1 \\ w_2 \\ \vdots \\ w_n \end{pmatrix}$$

根据劳动者报酬系数 a_{vj} 与生产税净额和营业盈余系数 a_{mj} 的定义，又有：

$$V=\hat{A}_v X, \quad M=\hat{A}_m X$$

式中，$\hat{A}_v$ 为各部门劳动者报酬系数 a_{vj} 的对角矩阵，$\hat{A}_m$ 为各部门生产税净额和营业盈余系数 a_{mj} 的对角矩阵。

根据投入产出的基本模型，有：

$$X=(I-A)^{-1}Y=(I-A)^{-1}(Z+W)$$
$$=(I-A)^{-1}Z+(I-A)^{-1}W$$

$$\because \quad V=\hat{A}_v X=\hat{A}_v[(I-A)^{-1}Z+(I-A)^{-1}W]$$
$$=\hat{A}_v(I-A)^{-1}Z+\hat{A}_v(I-A)^{-1}W$$

令　　$V=V_z+V_w$，则：

$$V_z=\hat{A}_v(I-A)^{-1}Z$$
$$V_w=\hat{A}_v(I-A)^{-1}W \qquad (3-2-11)$$

式中，V_z 为由资本形成引起的各部门劳动者报酬的列向量，V_w 为由消费引起的各部门劳动者报酬的列向量。

同理可得到：

$$M=\hat{A}_m(I-A)^{-1}Z+\hat{A}_m(I-A)^{-1}W$$

令　　$M=M_z+M_w$，则：

$$M_z=\hat{A}_m(I-A)^{-1}Z$$
$$M_w=\hat{A}_m(I-A)^{-1}W \qquad (3-2-12)$$

式中，M_z 为由资本形成所带来的生产税净额和营业盈余的列向量，M_w 为由消费所带来的生产税净额和营业盈余的列向量。

综合式（3－2－11）和式（3－2－12）的结果，可以得到反映价值表中第Ⅱ和第Ⅲ象限数量联系数学模型的一般形式：

$$N_l^r=\hat{A}_r(I-A)^{-1}Y_l \qquad (3-2-13)$$

式中：

N_l^r——与第 l 项最终产品项目相对应的 r 项目初始投入的列向量；

$\hat{A}_r$——各部门初始投入中第 r 项目系数的对角矩阵，即各部门初始投入中第 r 项目在各部门总投入中所占比重的对角矩阵；

Y_l——第 l 项目最终产品的列向量。

通过式（3－2－13），我们就可以根据最终产品的每一项目数量的大小，计算出对初始投入每一项目影响的数量大小，这对于全面深入地分析各种平衡关系显然是十分方便的。同样的道理，我们也能推出相反关系的一般数学模型。

第三节　投入产出模型的基本假定和求解条件

投入产出模型与其他经济数学模型一样，是对经济现象的一种抽象描述。它只能反映经济客体的主要特征，而不能无遗漏地再现经济客体原型。为此，在建立模型时必须依据科学的理论，舍弃或抽象掉一些次要的、非本质的因素，做出合理的假定。与此同时，作为一种数学模型，还需联系经济实际考察模型求解过程应该满足的一些逻辑条件，以保证模型在经济中的应用。

一、投入产出模型的基本假定

我们已知道投入产出模型是对瓦尔拉斯一般均衡模型的简化，因此它也是以一般均衡理论的基本假设条件为前提的。除此之外，投入产出分析还有如下三个最基本的假定：

（一）“纯”部门（同质性）假定

根据“纯”部门假定，每个产业部门只生产一种特定的同质产品，并具有单一的投入结构，而且只用一种生产技术方式进行生产。这个假定包含以下含义：

（1）归入某一生产部门内的所有产品应该是可以完全互相替代的，或者这些产品本身能按严格的比例关系进行生产；

（2）每个生产部门只有一个单一的投入结构；

（3）不同的生产部门之间的产品没有可替代性，换言之，同一种产品或者某些近似的代用品，不能包括在两个不同的部门中。

这个假定的意义在于，使每个部门都成为一个单纯生产某种产品的集合体，以使模型能反映各部门产品的不同用途，并按不同的用途说明其使用去向。同时，不考虑部门内部生产过程中不同生产技术的差异和产品的相互替代，其目的是使模型能准确反映各部门产品的物质消耗构成。因而在“产品”与“部门”之间，建立了一一对应的关系。

有了这种假定，部门间的物质技术联系可以很方便地由物质消耗构成表现出来，便于用线性方法计算和分析。没有这一假定，一种产品的产出量和投入量就不会是确定的线性关系。具体分析起来就是，直接消耗系数等于生产单位 j 产品所需要的 i 产品的数量，即 $a_{ij}=\frac{x_{ij}}{X_j}$，如果中间投入是单纯的完全相同的产品，计算出的直接消耗系数就是准确的。否则，假设中间产品包含两种产品，即$a_{ij}=\frac{x_{ij}^1+x_{ij}^2}{X_j}$，从上式中我们得到的只是生产单位 j 产品所需要消耗的两种产品之和的数量，而其和的组合实际上有无限的可能性，所以这时的直接消耗系数是不确定的，它不仅仅由各部门的生产技术联系决定，还受到技术以外的因素——产量数量的影响，从而就无法用线性方法把所有部门通过生产技术联系起来。

从以上分析中可以看出，“纯”部门假定的直接目的是保证直接消耗系数的准确性，而直接消耗系数的准确性又关系到用线性方法将各个部门通过生产技术联系起来的有效性。只有线性关系正确了，才能够保证整个投入产出模型的准确性。

因此，“纯”部门假定是投入产出分析的核心假定，它与线性方法的应用关系十分密切。要使投入产出模型真正成为一种有效的经济分析工具，就要尽量使部门分类符合“纯”部门假定（这一点在本章第一节“部门分类原则”中曾经提到过）。但是在实际生活中，却很少能有全部符合这种假定的情况。虽然实物模型按照产品的用途并考虑产品的同一结构进行分类，它可以比价值模型更接近假定，但由于国民经济中实物产品种类很多，一般要进行同类产品的归并，就难免产生不完全符合假定的情况。价值模型在分类上也存在着矛盾：若是按同种用途划分部门，就可能忽视同一生产技术方式的假定；而重视生产技术方式的同一性，则又可能不符合同种用途的分类原则。因此，如何使投入产出模型既能真实地描述经济联系又能以简化的形式进行经济分析，就有不少方法论方面的问题需要研究，解决如何做到尽量使部门的分类能符合建立模型时所要求的假定条件这一问题。

（二）直接消耗系数稳定性假定

即假定直接消耗系数 a_{ij} 在一定时期内是固定不变的，这一假定包括了两层含义：一方面，直接消耗系数不随时间变化，即在一定时期内，各部门的生产技术水平凝固不变，抽象了技术进步与劳动生产率提高的因素；另一方面，直接消耗系数在同一部门的各企业之间保持不变，即同一部门内各企业的技术水平、技术条件相同，或者它们有相同的消耗系数，或者整个部门各企业的平均数为直接消耗系数。在投入产出模型中，国民经济各部门间的生产技术联系是通过直接消耗系数来建立的，并通过计算$(I-A)$的逆矩阵来反映国民经济各部门、再生产各环节之间的间接联系，所以可以说，a_{ij} 是投入产出模型的一个基础。直接消耗系数越准确，就越能通过投入产出模型反映客观经济过程的实际。

而在实际经济生活中，生产技术是在不断发展的，因此要使投入产出模型有实际应用的价值，就必须考察技术进步、价格变动的情况与趋势，并掌握由此而引起 a_{ij} 的变化的规律性。并且在价值模型中，a_{ij} 除了受生产技术变化的影响外，还受到价格变化以及部门构成变化的影响，所以也要考察这两种变化对直接消耗系数的影响。下面稍展开谈谈。

1. 价格对直接消耗系数的影响

价值形态的 a_{ij} 可以看作是各部门产品的实物量乘以它们的单价而计算出来的，它间接地反映了各部门产品实物量之间的联系。价值直接消耗系数 a_{ij} 计算公式可表示为：

$$a_{ij}=\frac{p_i q_{ij}}{p_j Q_j}=a'_{ij}\frac{p_i}{p_j}$$

式中，p_i，p_j 分别为 i，j 种产品的价格；a'_{ij} 为实物直接消耗系数。

上式表明，a_{ij} 除了受 a'_{ij} 变化的影响外，还要受到价格比 p_i/p_j 变化的影响。亦即只有在产品价格与其价值相符的条件下，a_{ij} 才准确反映了各部门之间的生产技术联系。一般来说，用不变价格来计算，a'_{ij} 就可在一定程度上消除不同时期的价格对 a_{ij} 的影响。

2. 部门划分（构成）对直接消耗系数的影响

当部门合并或产品的结构发生变化后，有：

$$a_{ij}=\frac{X_{it}+X_{ik}}{X_t+X_k}=\frac{a_{it}X_t+a_{ik}X_k}{X_t+X_k}=a_{it}\frac{X_t}{X_t+X_k}+a_{ik}\frac{X_k}{X_t+X_k}\quad(i,j=1,2,\cdots,n)$$

显然，如果原来的 t 部门与 k 部门的消耗系数 a_{it} 与 a_{ik} 相等，则：

$$a_{it}\frac{X_t}{X_t+X_k}+a_{ik}\frac{X_k}{X_t+X_k}=a_{it}=a_{ik}$$

亦即 $a_{it}=a_{ik}=a_{ij}$，说明合并的两个部门有相同的生产技术关系。

如果 $a_{it}\neq a_{ik}$，那么 a_{ij} 不仅取决于原来 a_{it} 与 a_{ik} 的大小，还要取决于 t 部门与 k 部门的产量占两部门总产量比重的多少。特别地，当两个比重相等时，有：

$$a_{it}\frac{X_t}{X_t+X_k}+a_{ik}\frac{X_k}{X_t+X_k}=\frac{1}{2}(a_{it}+a_{ik})$$

技术进步、价格变化、部门构成改变等三方面的因素，都会对直接消耗系数有影响，不论哪一个方面的因素有变化，都会使直接消耗系数稳定不变的假设条件无法得到满足。而在这三个因素中，研究认为技术进步是引起 a_{ij} 变化的主要原因，所以在实际使用投入产出模型时，应将其作为考察的重点，找到适当的方法对直接消耗系数进行修正。

（三）比例性假定

假定国民经济各部门投入与产出之间是成正比例关系的，即随着产品生产（产出）的增加，所需的各种消耗（投入）则以同样的比例增加。这个假定实际上是上一个假定的直接延伸。用数学关系式表示，就是在直接消耗系数一定的情况下，各部门生产中的消耗与产量必然成正比例关系。实物模型表示为：

$$q_{ij}=a_{ij}Q_j$$

价值模型表示为：

$$x_{ij}=a_{ij}X_j\quad(i,j=1,2,\cdots,n)$$

值得指出的是，这个假定除了建立在 a_{ij} 固定不变假定基础上之外，还抽象了生产中的固定消耗因素。因为各部门的生产消耗与产量之间存在着两种不同的关系，一部分消耗随产量的增加而成固定比例地增加，如原材料的消耗；还有一部分消耗并不随产量的增加而增加，而是维持在一个固定的水平上，这一部分消耗称之为固定消耗，如车间照明等。因此，严格地说，在反映各部门生产消耗与产量之间关系时，应包括上述两个部分，用数学式表示为：

$$\begin{aligned}\hat{q}_{ij}&=\bar{q}_{ij}+a_{ij}Q_j\\ \hat{x}_{ij}&=\bar{x}_{ij}+a_{ij}X_j\end{aligned}\quad(i,j=1,2,\cdots,n)$$

式中，$\bar{q}_{ij}$，$\bar{x}_{ij}$ 为以实物和价值表现的生产中的固定消耗部分。如果按照这个假定，则是在投入产出模型中，假设 $\bar{q}_{ij}$，$\bar{x}_{ij}$ 都等于零，这显然是不符合实际情况的。

总之，在这三个假定中，“纯”部门假定是最重要、最核心的假定，其思想表明投入产出法的基本研究方法是线性方法，并突出强调了直接消耗系数的重要性和意义。其他两个假定纯粹是为了简化问题的复杂性。所以在利用模型来分析经济问题和编制计划时，一方面要注意到它的局限性，另一方面则要从方法论的角度，研究如何克服和减少这些局限性。

二、投入产出模型的求解条件

下面我们分析投入产出模型的求解条件，即模型 $X=(I-A)^{-1}Y$。在抽象了进出口因素的情况下，这个模型建立了各部门最终产品与总产品的关系式。从经济意义上讲，在这个模型的结论中，无论是最终产品，还是总产品，都不能出现负值。例如，在投入产出模型所展示的公式 $X=(I-A)^{-1}Y$ 中，就要有两个条件：一为（$I-A$）矩阵能够求逆，二为（$I-A$）的逆矩阵中各元素都要大于或等于零。只要生产正常，编制投入产出表的资料又比较准确，就能通过直接消耗系数计算出（$I-A$）的逆矩阵，并保证其中各元素不出现负值。以下分别来说明数学上这些条件的可靠性。

（1）根据直接消耗系数的定义，a_{ij} 表示每生产单位 j 部门产品，要消耗 i 部门产品的数量，在用价值作为计量单位时，a_{ij} 都应该小于 1，即

$$0\leqslant a_{ij}<1 \quad (i,j=1,2,\cdots,n) \tag{3-3-1}$$

如果消耗系数大于 1，说明生产过程中的物质消耗要多于生产的成果，这样的生产是无法进行下去的，是不正常的。因此，矩阵 A 应该是一个非负矩阵。

（2）在直接消耗系数矩阵 A 中，每一列的合计数，是每一部门单位产品价值中对各部门产品的中间投入所占的比重，即直接投入系数 $\sum\limits_{i=1}^{n} a_{ij}$（$j=1$，2，…，$n$）。由于产品的价值是中间投入与初始投入之和，所以在单位产品价值中，中间投入系数加初始投入系数应等于 1。用公式表示为：

$$\sum_{i=1}^{n} a_{ij} + n_j = 1 \quad (j=1,2,\cdots,n)$$

式中，n_j 为初始投入所占总投入的比重或称初始投入系数。

$$\because \quad 0<n_j<1,$$

$$\therefore \quad \sum_{i=1}^{n} a_{ij} < 1 \quad (j=1,2,\cdots,n) \tag{3-3-2}$$

亦即各部门中间投入系数小于 1。

（3）在投入产出模型中，还有一个（$I-A$）矩阵，它也可以看作是反映国民经济中技术结构的矩阵。在（$I-A$）中，每一列的合计数就是初始投入所占总投入的比重，即各部门单位产品价值中扣除中间投入后的剩余部分。如果将中间投入分成两部分，用 a_{jj} 表示生产单位 j 产品要消耗 j 部门本身产品的数量，用 $\sum\limits_{i\neq j} a_{ij}$ 表示生产单位 j 产品对其他部门产品的消耗，则有：

$$a_{jj} + \sum_{i\neq j} a_{ij} = \sum_{i=1}^{n} a_{ij} \quad (j=1,2,\cdots,n)$$

由于中间投入系数 $\sum\limits_{i=1}^{n} a_{ij} < 1$，所以有：

$$a_{jj}+\sum_{i\neq j}a_{ij}<1 \quad 或 \quad 1-a_{jj}>\sum_{i\neq j}a_{ij} \quad (j=1,2,\cdots,n) \tag{3-3-3}$$

上式表明，每个部门单位产品价值扣除了对本部门产品的消耗后，应大于对其他部门产品的物质消耗，因为产品的总投入中还必须包括初始投入的部分，而社会生产也只有在这种情况下才有可能持续下去。

有了上面的三个结果（条件）：式（3-3-1）、式（3-3-2）和式（3-3-3），我们根据有关的高等代数定理就可以证明 $|I-A|\neq 0$，亦即 $(I-A)$ 的逆矩阵存在。因此，$X=(I-A)^{-1}Y$ 的解存在并唯一。

$$\because \quad (I-A)^{-1}=I+A+A^2+\cdots>0$$

$$\therefore \quad X=(I-A)^{-1}Y=(I+A+A^2+\cdots)Y>0$$

或者

$$\because \quad B=(I-A)^{-1}-I$$

$$\therefore \quad b_{ij}>0, b_{ii}>1$$

故有

$$(I-A)^{-1}>0$$

所以，$Y>0$ 则有 $X=(I-A)^{-1}Y>0$，证明完毕。

上述证明过程表明，在应用投入产出模型时，只要实际经济过程符合上述条件，这个模型就肯定有解，而且是正值解。其他投入产出模型的求解条件也可类似地得到证明。

第四节　实物模型与价值模型的比较和评价

在这一节里，将进一步阐述实物模型与价值模型的区别和联系，并由此对它们各自的特点和作用做出评价。

一、实物模型和价值模型的比较

由于价值模型所采用的货币计量单位和实物模型的实物计量单位的差异，这两个模型在编制和应用中显示了不同的特点，可从如下方面进行对比分析：

（1）投入产出表式。实物表只有两个象限，主要反映行向数量关系，而不能在列向建立数量关系；价值表则具有三个象限，行列均有数量关系，表的右端和下方均有总计栏，各部门行列总计对应相等，可互相检验其平衡性。

（2）投入产出数学模型。实物数学模型只有按行建立的模型，形式比较单调；价值数学模型既有按行又有按列建立的模型，可以从实物分配和价值形成两个方面反映国民经济系统，使模型内容更加丰富充实。

（3）直接消耗系数。实物型直接消耗系数只表示实物产品间的生产技术联系，其元素在数值上仅要求它大于或等于零，即 $a_{ij}\geqslant 0$，并不要求 $a_{ij}<1$。这是因为其数值大小取决于实物产品采用的计量单位，如 1 吨煤消耗 28 度电，那么 $a_{ij}=28$ 度/吨；若电的单位以千度为单位，那么 $a_{ij}=0.028$ 千度/吨。价值型直接消耗系数反映任何两种产品间的生产

技术经济联系，其元素要满足 $0 \leqslant a_{ij} < 1$，它必须小于 1，否则这种生产是无意义的。

（4）完全消耗系数。实物型完全消耗系数的数值受模型规模大小的影响，模型包含的产品越少，b_{ij} 越小，这是由于在模型中未包括的“其他”产品太多，它们传递的间接消耗被忽略了；价值型完全消耗系数只要部门范围划定，一般不受模型规模的影响。

（5）价格因素的影响。实物模型基本上不受价格变动因素的影响，这是因为它以假设价格变动不影响消耗定额为前提；价值模型在很大程度上受价格因素的影响，如果产品价格体系全面发生变化，那么会使价值模型面目全非。

（6）模型包括的范围。实物模型包括产品的数目是有限的，其规模再大也总是有一些产品不能包含在内；价值模型可以包括所有经济部门，能反映国民经济整个系统。

二、对实物模型与价值模型的评价

（一）对实物模型的评价

最初的投入产出理论，是建立在对实物模型研究的基础上的，因为这样可以把各类产品生产与分配间使用的平衡联系，完全看作是由生产技术条件所决定的。由于实物模型是根据国民经济中的大类产品来分类的，并且是用实物单位来进行计量的，所以它具有一定的优点和局限性。

1. 实物模型的优点

（1）可以利用现行管理、统计工作中的许多定额资料，较有利于与实际的管理、统计工作相结合。实物表中的产品，与经济工作中产品的概念是一致的，所以我国实际经济工作中所使用的大量定额资料，可以作为编制实物表的基本资料。实物表的编制和使用，完全可以和我国统计工作相结合。

（2）由于实物模型用各类产品的实物单位作为计量单位，而不用价值作为计量单位，因此可以避免价格变化以及价格背离价值等因素的影响，使模型能够如实地反映产品生产中的生产技术联系。同时这也可以保证无其他非技术因素对直接消耗系数 a_{ij} 产生影响，使得在正常的生产条件下，模型可以反映产品之间的生产技术联系；根据$(I-A)$的逆矩阵计算的完全消耗系数 b_{ij}，也取决于生产的技术构成。

（3）实物模型可成为宏观经济政策分析和计算的重要工具。在国民经济的实际运行中，重要产品实物量的平衡是很重要的一环，无论是短期还是长期宏观经济规划和政策的制定，都必须对某些关系国计民生的重要产品，做出生产与分配使用之间准确的平衡计算。实物模型不但能做单项产品的平衡，还能做各类产品的综合平衡，即把每一类产品放至国民经济的总体中，从国民经济的角度来搞好各类产品的实物量平衡，可以起到单项平衡所起不到的作用。

2. 实物模型的局限性

（1）不是所有产品都可以用恰当的实物单位作为计量单位，有些产品仍需要用价值单位来表示其生产量。也就是说，真正的实物模型是难以建立的，而现实中的实物模型，也无法完全避免价格因素。

（2）实物模型不论包括的范围多广，由于表格规模的限制，也不可能将国民经济中的全部产品都包含进来。因此，实物模型只能进行主要产品之间的生产与分配使用的平衡，而无法对国民经济整体进行全面的分析（投入产出法整体性特点的破坏）。补救办法就是在上一章“实物模型实例”中强调的，对于不包括在实物模型中的产品，只能在中间产品栏加上一列“其他”产品对国民经济中各大类产品的需要，即只能反映其他产品生产中所需投入的情况，而无法反映其他产品的分配使用情况。

（3）在实物模型中，每一列的数据因计量单位不同而无法相加，因而无法计算各类产品生产中物质消耗的总量，也无法计算劳动消耗的总量，这就限制了实物模型的作用。

总之，上述实物模型的优缺点均产生于实物模型的基本特点，即以实物产品来进行分类、以实物单位作计量单位。

（二）对价值模型的评价

价值模型是按照部门分类，并以价值（价格）作计量单位而确定的，因此与实物模型相比，有下列优点和局限性。

1. 价值模型的优点

（1）与实物模型只能包括大类产品相比，价值模型可以包括国民经济所有的部门，充分体现了投入产出法的核心特点，亦即整体性。因此，价值模型可以反映整个国民经济中所有部门生产和分配使用的全貌，并可以根据分析问题的需要与资料取得的可能，灵活地对部门进行合并和分解。

设 t，k 原是国民经济中两个独立的物质生产部门，现根据需要与可能将其合并成一个 j 部门，则原来两个部门的总投入之和就等于合并后 j 部门的总投入，同样还有最终产品、中间产品、劳动者报酬和生产税净额和营业盈余，这些量都可以直接相加，即

$$X_t+X_k=X_j$$
$$y_t+y_k=y_j$$
$$x_{it}+x_{ik}=x_{ij}$$
$$d_t+d_k=d_j$$
$$v_t+v_k=v_j$$
$$m_t+m_k=m_j$$

根据这些合并原则，可以计算出部门合并后的直接消耗系数为：

$$a_{ij}=\frac{x_{it}+x_{ik}}{X_t+X_k}=\frac{a_{it}X_t+a_{ik}X_k}{X_t+X_k}=\frac{x_{ij}}{X_j}\quad (i,j=1,2,\cdots,n)$$

从上面的结果看，除了直接消耗系数的合并外，其他的合并是非常简单的；但 a_{ij} 合并的复杂性已经提醒我们，价值模型中的合并与分解并不是随意的、简单的，而是有条件的、有缺陷的。

（2）由于价值模型中统一了计量单位，故表中的每一列也可以相加，不仅各列的流量可以相加（单位一致），而且各列的直接消耗系数也可以相加（没有单位），有 $\sum_{i=1}^{n}a_{ij}=a_{cj}$。还可以将各部门的中间投入系数与初始投入系数 $n_j=N_j/X_j$ 相加，有 $a_{cj}+n_j=1$，表示各部门单位产品价值中，中间投入与初始投入占的比重合计为 100%，从而扩大了投入产出分析的范围和内容。

（3）价值模型可以同时从产品的实物分配和价值形成两方面反映国民经济各部门的再生产运动，为充分分析和理解宏观经济演变过程及其问题提供了基础。例如，价值模型建立了国民收入生产与最终使用之间的平衡关系（$\sum_{j=1}^{n}N_j=\sum_{i=1}^{n}Y_i$）；还能建立最终产品的各个具体项目与相应各部门生产总量之间的关系，还有最终产品具体项目与净产值具体项目之间的平衡关系，从而使再生产的各环节之间建立起有机的联系。例如，最终产品各具体项目与各部门生产量之间的平衡关系，可以具体表示为：

$$X_r=(I-A)^{-1}Y_r$$

式中，Y_r 为第 r 种最终产品项目的列向量，如资本形成、消费的列向量等；X_r 为与 r 种最终产品相对应的总产值向量，即

$$X_r=\begin{pmatrix}X_{r1}\\X_{r2}\\\vdots\\X_{rn}\end{pmatrix}\quad Y_r=\begin{pmatrix}Y_{r1}\\Y_{r2}\\\vdots\\Y_{rn}\end{pmatrix}$$

而通过（$I-A$）的逆矩阵，也可以将组成最终产品的各具体项目与相应的劳动者报酬联系起来，具体计算公式为：

$$V_r=A_v\left[(I-A)^{-1}\hat{Y}_r\right]$$

式中，V_r 为相对应于第 r 种最终产品而需要各部门劳动者报酬的行向量；A_v 为直接的劳动者报酬系数的行向量；$\hat{Y}_r$ 为 r 项最终产品的对角矩阵，即

$$\hat{Y}_r=\begin{pmatrix}Y_{r1}&0&\cdots&0\\0&Y_{r2}&\cdots&0\\\vdots&\vdots&&\vdots\\0&0&\cdots&Y_{rn}\end{pmatrix}$$

2. 价值模型的局限性

（1）在价值模型中引入了价格因素（目的是统一计量单位，保持投入产出法的整体性特征），因此就使其模型不能全部、准确地反映部门之间的技术联系；亦即由于按部门划分，各种不同产品的合并，使得直接消耗系数 a_{ij} 不准确，最终将造成投入产出法的误差增大。

（2）价值模型是按部门来划分的，虽然部门之间可以有合并分解的灵活性，但也会相应造成由于部门划分的粗细不同，使得模型反映的各部门之间的联系也不同（a_{ij} 会受到部门划分不同的直接影响，而这种影响完全不是生产技术的影响，故破坏了 a_{ij} 本来的意义）。

（3）价值模型还有一些较为复杂的方法论问题，它们大都是由价格、部门划分等引起的，需要进一步研究解决。如价值模型中的部门划分问题，怎样既能符合模型的要求，又能与现行的统计工作中的传统分类相对应；又如模型中应采用哪一种价格，是生产者价格

还是消费者价格，以及怎样从方法论角度研究尽量消除价格变化的影响等问题。

在制定投入产出模型时，由于实物模型与价值模型各有其优点与缺点，而且它们在经济工作中能起的作用也不尽相同，所以只要资料条件可能，就应争取同时制定两种模型。但随着我国计划经济向市场经济的转变，实物表编制的数据基础已经逐步削弱，目前国家统计部门编制的主要是价值表。

第五节　价值模型实例

以下以一个简化的价值表（见表 3-2）为例建立数学模型，计算有关价值型系数。

表 3-2 是一张包括五个物质生产部门的价值表。利用该表即可直接进行经济比例、经济结构、经济效益等方面的分析，从而将国民经济作为一个整体系统加以考察。同时，还可利用它建立数学模型，计算各种经济参数，使这些分析更加深入。

（一）建立行向模型

首先，计算直接消耗系数矩阵：

$$A=\begin{pmatrix} 0.1471 & 0.0988 & 0.0049 & 0 & 0.0692 \\ 0.1315 & 0.4720 & 0.6403 & 0.2771 & 0.2388 \\ 0 & 0 & 0 & 0 & 0 \\ 0.0098 & 0.0184 & 0.0243 & 0.0088 & 0.0091 \\ 0.0092 & 0.0443 & 0.0379 & 0.0205 & 0.0319 \end{pmatrix}$$

进而计算完全需求系数矩阵：

$$(I-A)^{-1}=\begin{pmatrix} 1.2122 & 0.2417 & 0.1680 & 0.0706 & 0.1469 \\ 0.3236 & 2.0188 & 1.3282 & 0.5763 & 0.5265 \\ 0 & 0 & 1 & 0 & 0 \\ 0.0183 & 0.0407 & 0.0517 & 1.0207 & 0.0210 \\ 0.0267 & 0.0956 & 0.1026 & 0.0486 & 1.0589 \end{pmatrix}$$

以此建立行向模型：

$$Y=(I-A)X$$

$$\begin{pmatrix} Y_1 \\ Y_2 \\ Y_3 \\ Y_4 \\ Y_5 \end{pmatrix}=\begin{pmatrix} 0.8529 & -0.0988 & -0.0049 & 0 & -0.0692 \\ -0.1315 & 0.5280 & -0.6403 & -0.2771 & -0.2388 \\ 0 & 0 & 1 & 0 & 0 \\ -0.0098 & -0.0184 & -0.0243 & 0.9912 & -0.0091 \\ -0.0092 & -0.0443 & -0.0379 & -0.0205 & -0.9681 \end{pmatrix}\begin{pmatrix} X_1 \\ X_2 \\ X_3 \\ X_4 \\ X_5 \end{pmatrix}$$

（二）建立列向模型

首先计算直接物质消耗系数向量矩阵 A_c：

表 3－2　**五部门价值型投入产出表（简化表）**　单位：亿元

投入 \ 产出		中间产品						最终产品				总产品
		农业 1	工业 2	建筑业 3	货运邮政业 4	商业 5	小计	固定资产更新改造和大修	投资	消费	小计	
中间投入	农业 1	688	1 365	12	0	91	2 156	0	216	2 304	2 520	4 676
	工业 2	615	6 520	1 556	189	314	9 194	569	1 023	3 027	4 619	13 813
	建筑业 3	0	0	0	0	0	0	636	1 794	0	2 430	2 430
	货运邮政业 4	46	254	59	6	12	377	10	28	267	305	682
	商业 5	43	612	92	14	42	803	21	74	417	512	1 315
	小计	1 392	8 751	1 719	209	459	12 530	1 236	3 135	6 015	10 386	22 916
初始投入	固定资产折旧 D	101	632	51	105	60	949					
	劳动者报酬 V	2 622	1 035	473	127	427	4 684					
	生产税净额和营业盈余 M	561	3 395	187	241	369	4 753					
	小计	3 284	5 062	711	473	856	10 386					
总投入		4 676	13 813	2 430	682	1 315	22 916					

$$A_c=\begin{vmatrix}0.2977 & & \cdots & & 0\\ & 0.6335 & & & \\ \vdots & & 0.7074 & & \vdots\\ & & & 0.3065 & \\ 0 & & \cdots & & 0.3490\end{vmatrix}$$

然后计算（$I-A_c$）：

$$I-A_c=\begin{pmatrix}0.7023 & & \cdots & & 0\\ & 0.3665 & & & \\ \vdots & & 0.2926 & & \vdots\\ & & & 0.6935 & \\ 0 & & \cdots & & 0.6510\end{pmatrix}$$

再计算$(I-A_c)^{-1}$：

$$(I-A_c)^{-1}=\begin{pmatrix}1.4239 & & \cdots & & 0\\ & 2.7288 & & & \\ \vdots & & 3.4177 & & \vdots\\ & & & 1.4419 & \\ 0 & & \cdots & & 1.5362\end{pmatrix}$$

最后得列向模型：

$$X=(I-A_c)^{-1}N$$

$$\begin{pmatrix}X_1\\X_2\\X_3\\X_4\\X_5\end{pmatrix}=\begin{pmatrix}1.4239 & & \cdots & & 0\\ & 2.7288 & & & \\ \vdots & & 3.4177 & & \vdots\\ & & & 1.4419 & \\ 0 & & \cdots & & 1.5362\end{pmatrix}\begin{pmatrix}N_1\\N_2\\N_3\\N_4\\N_5\end{pmatrix}$$

（三）计算价值模型的主要系数

直接固定资产折旧系数：

$$A_d=(0.0216\quad 0.0458\quad 0.0210\quad 0.1540\quad 0.0456)$$

直接劳动者报酬系数：

$$A_v=(0.5607\quad 0.0749\quad 0.1947\quad 0.1862\quad 0.3247)$$

直接生产税净额和营业盈余系数：

$$A_m=(0.1200\quad 0.2458\quad 0.0770\quad 0.3534\quad 0.2806)$$

计算完全消耗系数矩阵：

$$B=(I-A)^{-1}-I=\begin{pmatrix}0.2122 & 0.2417 & 0.1680 & 0.0706 & 0.1469\\ 0.3236 & 1.0188 & 1.3282 & 0.5753 & 0.5265\\ 0 & 0 & 0 & 0 & 0\\ 0.0183 & 0.0407 & 0.0517 & 0.0207 & 0.0210\\ 0.0267 & 0.0956 & 0.1026 & 0.0486 & 0.0589\end{pmatrix}$$

最后，附上一个六部门投入产出（价值型）实例表（见表3-3），供读者参考。

表 3-3　　**基本流量表***

投入＼产出		代码	中间使用							最终使用			代码
			农业	工业	建筑业	运输邮政业	商业饮食业	其他服务业	中间使用合计	总消费·居民总消费·农业居民	总消费·居民总消费·非农居民	总消费·居民总消费·小计	
代码			1	2	3	4	5	6	TIU	FU101	FU102	THC	
中间投入	农业	1	12 653 608	29 247 230	184 269	2 506	2 065 375	421 855	44 574 843	28 067 406	14 129 294	42 196 700	1
	工业	2	14 229 317	186 992 162	29 328 713	9 054 416	15 271 999	20 968 001	275 844 608	25 948 606	28 726 247	54 674 853	2
	建筑业	3	12 530	167 906	357 012	37 166	570 324	1 178 596	2 323 534	0	0	0	3
	运输邮政业	4	1 018 496	6 599 420	1 552 957	377 377	7 032 259	3 276 734	19 857 243	2 388 312	1 896 045	4 284 357	4
	商业饮食业	5	1 959 306	27 786 989	4 469 686	1 300 495	2 546 908	3 607 492	41 670 876	5 554 611	6 378 519	11 933 130	5
	其他服务业	6	2 447 726	15 076 764	741 993	953 982	6 907 694	7 797 673	33 925 832	3 761 065	7 749 895	11 510 960	6
	中间投入合计	TII	32 320 983	265 870 471	36 634 630	11 725 942	34 394 559	37 250 351	418 196 936	65 720 000	58 880 000	124 600 000	TII
初始投入	固定资产折旧	VA001	2 036 620	18 435 526	1 224 191	3 611 927	2 114 167	7 951 331	35 373 762				VA001
	劳动者报酬	VA002	49 304 449	27 700 227	9 908 738	3 820 262	9 194 911	20 595 802	120 524 389				VA002
	生产税净额	VA003	2 325 824	24 231 572	1 421 415	1 302 617	885 133	2 571 847	32 738 408				VA003
	营业盈余	VA004	4 859 247	35 881 132	2 841 306	6 201 775	16 900 351	11 122 463	77 806 274				VA004
	增加值合计	TVA	58 526 140	106 248 457	15 395 650	14 936 581	29 094 562	42 241 443	266 442 833				TVA
总投入		TI	90 847 123	372 118 928	52 030 280	26 662 523	63 489 121	79 491 794	684 639 769				TI

续前表

投入＼产出		代码	最终使用							其他	总产出	代码
			总消费		资本形成总额			净出口	最终使用合计			
			社会总消费	合计	固定资本形成	库存增加	资本形成合计					
代码			FU103	TC	FU201	FU202	TCF	FU301	TFU	ERR	GO	
中间投入	农业	1	36 387	42 233 087	2 172 709	1 522 858	3 695 567	756 475	46 685 129	−412 849	90 847 123	1
	工业	2	2 443 940	57 118 793	27 109 316	9 512 759	36 622 075	1 212 651	94 953 519	1 320 801	372 118 928	2
	建筑业	3	0	0	49 697 119	0	49 697 119	0	49 697 119	9 627	52 030 280	3
	运输邮政业	4	46 989	4 331 346	370 743	−31 843	338 900	1 959 481	6 629 727	175 553	26 662 523	4
	商业饮食业	5	6 025 945	17 959 075	3 617 970	2 186 276	5 804 246	−2 283 003	21 480 318	337 927	63 489 121	5
	其他服务业	6	32 757 529	44 268 489	202 143	0	202 143	861 961	45 332 593	233 369	79 491 794	6
	中间投入合计	TII	41 310 790	165 910 790	83 170 000	13 190 050	96 360 050	2 507 565	264 778 405	1 664 428	684 639 769	TII
初始投入	固定资产折旧	VA001										VA001
	劳动者报酬	VA002										VA002
	生产税净额	VA003										VA003
	营业盈余	VA004										VA004
	增加值合计	TVA										TVA
总投入		TI										TI

* 该表按当年生产者价格计算。

思考题

1. 试证明 $a_{cj}+a_{dj}+a_{mj}+a_{vj}=1\quad(j=1,2,\cdots,n)$，并说明其经济含义。

2. 根据投入产出法的基本模型，试推出反映劳动者报酬和生产税净额、营业盈余与资本形成和消费之间数量联系的数学模型。

3. 请阐述实物模型和价值模型各自最重要的优点，并说明原因。

4. 试分析说明投入产出法中“纯”部门假定的作用及意义。

5. 试证明 $X=(I-A_c)^{-1}N$ 的求解条件。

第四章

投入产出表的编制方法

投入产出分析是通过编制投入产出表，计算各种消耗系数，来揭示国民经济各部门之间的技术经济联系，并根据这些技术经济联系来进行经济分析、经济预测和制定经济计划。因此，投入产出方法的基础是投入产出表。目前我国编制一张投入产出表，根据不同的编表规模和编表方法，通常需要收集几百万个流量数据，动员成千上万名人员参加，涉及国民经济各部门，时间少则半年，多则两年多，是一项复杂的系统工程。本章将在投入产出表编制的一些基本问题的基础上，分别介绍直接分解法和间接推导法这两种基本表的编制方法，并简单说明投入产出延长表的编制方法。

第一节 投入产出分析与国民账户体系

国民经济核算体系，简称国民核算体系，是在一定经济理论的指导下，综合应用统计、会计、数学等方法，为测定一个国家（地区、部门）在特定时期内的经济活动（经济流量）和特定时点上的经济成果（经济存量）而构成的一个相互联系的系统。这个核算体系的各项总量指标及其组成，描述了国民经济的结构和联系，反映了生产、分配、交换和消费的各个领域和各个部门，是进行经济分析、经济预测和决策研究的重要依据。目前，世界各国所采用的国民核算体系主要是国民账户体系（SNA）。而投入产出价值表是国民经济核算体系的重要组成部分。

一、SNA 的核算形式

联合国制定的 SNA 由一整套全面说明一个国家国民经济活动及其成果的账户构成，这种体系是对一个国家的经济活动进行的全面统计说明。SNA 采用了设置账户的形式对国民经济活动进行核算，利用会计中复式记账的原理，来反映各账户间的经济联系。其基本结构分为生产、消费、投资、国外四大账户，每个账户还可以按照需要进一步加以分解。

在这四大账户中，生产账户是最基本的账户，它是提供投入产出核算分析所需资料的关键账户。由于投入产出法是在一定的经济理论指导下，运用现代数学和电子计算机等先进科学技术，对社会再生产过程中异常复杂的技术经济联系进行的精确核算，从而能够从价值形态和实物形态，从物化劳动和活劳动等各方面，全面反映社会再生产的全过程，并能较为完整地反映各种经济结构和比例关系，从而揭示国民经济活动中各种关系的内在联系，使量的结构关系分析更为深化。也可以说，投入产出核算，为国民经济核算中国民收入的核算、资金流量的核算、资产负债的核算和国际收支的核算奠定了可靠的基础，保证了 SNA 的科学性。

SNA 中每个账户内部以及各个账户之间都是有收必有支、收支必相等的关系。所以，SNA 中各个账户的平衡关系（包括各账户本身的平衡和账户之间的平衡），也可以用表 4-1 所示的矩阵式平衡表来表现。

表 4-1　各账户的矩阵式平衡表

	1. 生产	2. 消费	3. 投资	4. 国外	总计
1. 生产					
2. 消费					
3. 投资					
4. 国外					
总计					

表 4-1 中的横行表示各账户的收入，纵列表示各账户的支出。矩阵表的形式简明扼要，各账户之间的关系一目了然，并且便于进一步延伸和分解。经过初步延伸和分解的矩阵表式，如表 4-2 所示。矩阵表更详尽的意义及延伸，这里不再详述，读者可参考有关教材的相关部分。

表 4-2　基本账户的初步分解

		生产		消费		投资				国外	
		商品	活动	消费品	收入支出	储备增加	固定资本形成	金融债权	资本筹集	经常交易	资本交易
生产	商品										
	活动										
消费	消费品										
	收入支出										

续前表

		生产		消费		投资				国外	
		商品	活动	消费品	收入支出	储备增加	固定资本形成	金融债权	资本筹集	经常交易	资本交易
投资	储备增加										
	固定资本形成										
	金融债权										
	资本筹集										
国外	经常交易										
	资本交易										

从表 4－1 和表 4－2 可以看出，SNA 的核算形式有以下特点：

(1) 采用了复式记账的原理，科学地表现了国民经济活动有收必有支、收支必相等的客观联系。

(2) 把账户与矩阵表成功地结合起来，简化了账户的表现形式，只用一张矩阵表就把社会再生产的全貌反映了出来。

(3) 把投入产出与平衡账户结合起来。SNA 矩阵表里生产账户的横行反映了各种产品的分配使用去向，生产账户的纵列反映了各生产部门的投入结构，所以 SNA 矩阵表包括了投入产出表的全部内容。

(4) 矩阵表可以高度综合，也可以详细分解，把宏观核算与微观核算科学地联系了起来，这本身就是一种系统分析方法。

(5) SNA 采用了双重分组法，例如生产活动既要按产品分组，又要按从事生产的产业分组，这反映了实际的经济关系，能够满足多方面经济分析的需要。

(6) 把当年经济活动的流量与历年经济活动的存量结合起来。

二、SNA 中投入产出表的表式

(一) 基本表式结构

我们已知道，投入产出分析主要是研究各个生产部门之间的相互联系，投入产出表的核心部分是生产部门之间的中间流量。如果把 SNA 矩阵表里生产账户中的商品账户和产业（活动）账户做较细的分解，把与生产账户横行与纵列有关的部分保留，而把其余部分略去，就形成了一张如表 4－3 所示的投入产出表。

表 4-3　　SNA 中的投入产出表

		生产	消费	投资		国外	总计
		商品 1 … n	产业部门 1 … n	个人	政府		
生产	商品 1 ⋮ n						
	产业部门 1 ⋮ n						
消费	最初投入						
国外	进口						
总计							

表 4-3 中双线部分是保留在投入产出表中的部分，其余部分为略去的。这个投入产出表与一般的投入产出表不完全相同。一般的投入产出表为了保证同质性、比例性假定，对生产部门分类时一般假定一个部门只生产一种产品。这时按部门分类和按产品分类完全是一回事，投入产出表的生产部门是按单一性的“纯”部门排列。而表 4-3 中的“生产”，根据 SNA 编制平衡账户的要求进行了双重分组，既按商品（或产品）进行分组，又按从事生产活动的产业部门进行分组。这种分组方式同国民核算体系对生产账户的分类是一致的，也更加符合显示经济活动的实际。这是因为一个产业部门事实上不只生产一种产品，常常有主要产品和次要产品。同时，一种产品实际上也不是只由一个产业部门生产。此外，“纯”部门只是为了投入产出分析的需要所做的假定，要完全按照“纯”部门的要求去搜集统计资料，通常是很困难的。

在现实的经济活动中，产出即各种产品的销售去向，一般只能从各种商品（不考虑由谁生产的）去观察；而投入即生产活动的成本结构，一般只能按各产业部门（不考虑生产是什么商品）去观察。所以，SNA 中的投入产出表对生产进行双重分组，分别反映商品的销售去向和产业的生产成本结构，是符合客观实际的。

为了进一步讨论 SNA 中投入产出表反映的经济关系，我们假定不存在对外贸易，并且对各产业的增加值（或新创造的价值）不做细分，将其合并为一项“最初投入”（原始投入）。同时，再把各种产品作为投资、消费等使用的最终产品量，也合并为一项“最终需求”。这样，SNA 中对生产活动按商品和产业部门双重分类的投入产出表可以简化为表 4-4。

表 4-4　　SNA 中的投入产出表

		商品				产业部门				最终需求	合计
		1	2	…	n	1	2	…	n	Y	
商品	1					U_{11}	U_{12}	…	U_{1n}	Y_1	Q_1
						U_{21}	U_{22}	…	U_{2n}	Y_2	Q_2
	⋮					⋮	⋮		⋮	⋮	⋮
	n					U_{n1}	U_{n2}	…	U_{nn}	Y_n	Q_n

续前表

	商品				产业部门				最终需求	合计
	1	2	…	n	1	2	…	n	Y	
产业部门 1 ⋮ n	V_{11} V_{21} ⋮ V_{n1}	V_{12} V_{22} ⋮ V_{n2}	… … …	V_{1n} V_{2n} ⋮ V_{nn}						G_1 G_2 ⋮ G_n
最初投入					Z_1	Z_2	…	Z_n		
合计	Q_1	Q_2	…	Q_n	G_1	G_2	…	G_n		

表 4-4 的生产活动既按商品划分，又按产业划分，二者相互交叉。商品横行与产业部门纵列交叉的部分，其数据用U_{ij}表示，代表i商品投入到j产业生产活动中的数量。这部分数据形成一个矩阵，每一横行说明该种商品提供给各生产部门满足其中间需要的数量，每一纵列说明该产业部门的中间投入结构。这一矩阵称为投入矩阵，也称为产业表。由于通常用U_{ij}表示这个矩阵的元素，所以又称为 U 表。

商品横行与最终需求交叉部分，反映了各种商品用以满足最终需求的数量，用Y_i表示。这里的最终需求包括了投资、消费和净出口等。表中的Q_i为i商品的产出总量。

产业部门横行与商品纵列交叉的部分，其数据用V_{ij}表示，代表i产业生产的j商品数量，这部分也形成一个矩阵。这个矩阵的每一行反映了该产业部门生产的各种商品数，每一列反映了各单一的商品是在哪些部门生产的。这个矩阵各横行合计是各产业部门的产出总量，各纵列合计是各种商品的产出总量，所以称为产出矩阵或制造矩阵，又称商品表。因为常用V_{ij}表示其数据，又称 V 表。

表 4-4 所示的投入产出表与一般的投入产出表不同，这里有两个流量矩阵 U 表和 V 表。它反映的生产过程是，各种商品投入到投入矩阵 U 表，提供各产业部门作为中间产品使用，再加上各产业部门的最初投入，从而进行生产活动。各产业部门生产的商品类别表现在产出矩阵 V 表中。这些产出的商品，一部分又进入投入矩阵 U 表作为中间产品，再进行下一周期的生产；另一部分形成最终产品，满足社会的最终需求，这样就完成了一个循环过程。社会生产如此循环往复，不断投入劳动和资源，不断满足逐步增长的最终需求。

（二）基本平衡关系

在 SNA 型投入产出表中，也有许多平衡关系，可以建立如下平衡模型：

(1) 从商品账户的各个横行与纵列来看，它反映每种商品的供求关系。商品横行是对该种商品的中间需求和最终需求，其需求总量Q可以表示为：

$$Q_i = \sum_{j=1}^{n} u_{ij} + Y_i \quad (i = 1,2,\cdots,n)$$

用矩阵可以表示为$Q=UI+Y$。

商品纵列是各种商品的来源，其合计为各种商品的供给总量Q，可以表示为：

$$Q_j = \sum_{i=1}^{n} V_{ij} \quad (j = 1,2,\cdots,n)$$

用矩阵表示为$Q=V'I$，其中I是单位列向量。

每种商品的供应量和需求量要求平衡，因此：

$$UI+Y=V'I$$

（2）从产业账户的各个横行与纵列来看，反映产业部门的投入与产出的平衡。产业部门横行是各产业的商品产出结构，其产出总量 G_i 为：

$$G_i=\sum_{j=1}^{n} v_{ij} \quad (i=1,2,\cdots,n)$$

用矩阵表示为 $G=VI$。

产业部门纵列是每个产业生产中的中间投入和最初投入，j 产业的投入总量为：

$$G_j=\sum_{i=1}^{n} u_{ij}+Z_j \quad (j=1,2,\cdots,n)$$

用矩阵表示为 $G=U'I+Z$。

每个产业的投入量与它们的产出总量应当平衡，为：

$$U'I+Z=VI$$

第二节 编制投入产出表的基本问题

投入产出表的编制是由统计部门负责，涉及国民经济各个部门，需要众多人员参与的复杂工作，编制过程中既有组织协调问题，也会遇到大量编表的技术问题。

一、部门的划分

利用投入产出表研究国民经济各部门之间的经济技术联系和经济结构，首要问题是对国民经济活动进行分类，即根据一定原则划分部门。在投入产出表中划分部门需要考虑两个问题：一是将什么作为部门，二是用什么标准划分部门。

我国现行统计制度中的部门，是按基层独立活动的行政隶属关系划分的。按照企业、事业单位、机关和私人的生产经营活动性质进行划分，一个行业是指从事相同性质的经济活动的所有单位的集合。由于生产部门是按生产企业划分的，故称为企业部门。这些企业的生产不是单一的，它们往往生产多种产品，其中以某种产品为主要产品，其余产品为次要产品。这种划分可以适应现行统计制度和行政管理的需要，但不能适应研究部门间经济技术联系的需要。

投入产出模型要求部门间技术经济联系要有很好的真实性和稳定性，因此，投入产出模型有两个基本假定。第一个基本假定是“纯”部门假定，投入产出表中的部门是用相同技术（投入结构相同）生产相同用途（产品分配使用结构相同）的产品。投入产出模型的部门与行政部门及企业部门有较大的差别。第二个基本假定是消耗系数不变，利用不变的消耗系数建立部门之间的联系，并进而进行经济预测和制定经济计划。从这两个假定可以看出，第一个假定是基础，而第二个假定是其延续。编制投入产出表，分析国民经济各部门因技术经济变动而引起的变化，必须按产品这一标志对国民经济进行分类。它是将性质相同的产品组合成部门，即把部门理解成同类产品的整体。同类产品，无论在哪个企业生产都作为一个部门，这一部门称为产品部门或“纯”部门。

产品部门的分类，或称“纯”部门分类有两个标准。一是按产品的经济用途划分，把用途不同但消耗结构相同的产品分开，如生产用电和非生产用电，炼焦用煤和动力用煤等。二是按产品的消耗结构划分，把用途相同但消耗结构不同的产品分开，如水力发电和火力发电，天然橡胶和合成橡胶等。由于投入产出分析主要是从产品之间互相消耗的角度说明国民经济内部的生产技术联系，因此，在不能满足上述两种标准的情况下，应着眼于产品消耗结构的一致性，按照产品工艺技术条件的同类性进行部门分类。

在实际操作中，部门划分得越细，则部门包括的核算范围就越小，产品的同质性就越能体现出来，所反映的各部门之间的技术经济联系就越符合实际。但是，也应看到，随着产品部门的增加，搜集、整理和分析统计资料的工作量会大大增加，从而编表的难度也会越来越大。因此，在编制投入产出表时，首先要考虑产品部门的确定问题。也就是说，产品部门的确定，既要考虑研究问题的需要，也要考虑实际工作和现行统计数据的可能性，这样，才能使编制的投入产出表规模适当，便于使用。

《中国国民经济核算体系（2002）》根据国家新的《国民经济行业分类》（GB/T 4754—2002），考虑我国宏观经济管理、社会公众和对外交流工作的需要和统计基础，将产业部门由粗到细按三个层次进行划分，第一层为三次产业分组，第二层把三次产业进一步划分为21个次级产业部门，第三层又在第二层分类的基础上再细分出9个次级产业部门。产业部门分类如下：

1. 第一产业（农林牧渔业）

农业、林业、畜牧业、渔业。

2. 第二产业

采矿业，制造业，电力、燃气及水的生产和供应业，建筑业。

3. 第三产业

农、林、牧、渔服务业；交通运输、仓储和邮政业；信息传输、计算机服务和软件业；批发和零售业；住宿和餐饮业；金融业，包括银行业、证券业、保险业及其他金融活动；房地产业；租赁和商务服务业；科学研究、技术服务和地质勘查业；水利、环境和公共设施管理业；居民服务和其他服务业；教育；卫生、社会保障和社会福利业；文化、体育和娱乐业；公共管理和社会组织。

《中国国民经济核算体系（2002）》是我国国民经济核算体系改革的最新成果，2002年中国投入产出表在《中国国民经济核算体系（2002）》的部门分类的基础上，结合“纯”部门假定的需要将国民经济划分为123个部门。

二、价值表的计价

价值表需要将实物量通过价格转化为价值量，编表必然要采用统一的价格体系，而实际中的价格多种多样，采用什么类型的统一的价格，是投入产出表价值计算的一个复杂问题。

一般来说，编制投入产出表有生产者价格、购买者价格和基本价格三种价格可供选择。生产者价格和购买者价格都是市场价格。生产者价格等于生产者生产单位货物或服务向购买者出售时获得的价值，包括开给购买者的发票上的增值税或类似可抵扣税。该价格不包括货物离开生产单位后所发生的运输费用和商业费用。购买者价格是购买单位货物和服务所支付的价值，包括购买者按指定的时间和地点取得货物所发生的运输和商业费用。购买者价格等于生产者价格加上购买者支付的运输和商业费用，再加上购买者缴纳的不可扣除的增值税和其他税。基本价格是生产者生产单位货物或服务从购买者处所获得的金额，减去该单位货物或服务上应付产品税，加上其在生产或销售中的应收补贴。基本价格不包括由生产者单独开列的运送费用。

从 1994 年税制改革以来，我国开始对农业生产、工业生产和商业活动征收增值税。增值税实行价外税，即税金不包括在销售价格内，将税款和价格分开，并规定我国增值税只有三档税率。我国工业统计从 1995 年开始，对工业总产值采用新的计算方法，即在计算总产值和中间产品时，一律按不含增值税的价格计算，也就是说工业中间投入价格中不含进项税，工业产品销售价格中不含销项税。与此相对应，从编制 1995 年延长表开始，我国投入产出表的计价也开始由生产者价格向基本价格过渡。我国投入产出表的计价也基本实现与国际的接轨（1993 年联合国等五个国际组织联合制定了 1993 年 SNA，规定的价格体系是基本价）。

三、进出口的处理

我国国民经济核算体系的进出口包括货物和服务两个部分。

货物指通过我国海关进出口的货物和一些未经我国海关的转口贸易，以及商品退货等。货物的进出口值都按离岸价格估价。离岸价格可视为进口商在出口商边境领取货物时支付的购买者价格。当进口商领取该货物时，该货物已装载到进口商自己的运载工具或其他运载工具，出口商已为该货物支付了出口税或获得了出口退税。

服务指常住单位与非常住单位之间相互提供的服务。包括运输、旅游、通信、建筑、保险、金融、计算机和信息服务，专有权使用费和特许费、咨询、广告、宣传、电影、音像、其他商业服务以及别处未提及的政府服务。

进出口数据的总量指标主要取自对外经济核算，即国际收支平衡表和国外部门账户，而分部门数据则分别来自海关统计年报、国家外汇管理局年报、商务部（原外经贸部）的进出口统计资料、国际收支平衡表的旅游外汇净收入表等统计资料。

我国编制投入产出表时，进出口的处理主要采取差额法，即按主栏部门对进出口进行分类，将其差额（出口减进口）作为一列置于第Ⅱ象限。这种方式不区分各部门中间产品与最终产品中国内和国外的比例，比较容易编表，缺点是不能充分反映进口产品的分配与使用，因此无法研究进口与国内生产之间的联系。实际上这种处理办法是假定同一部门产品使用中，具有相同的进口率，这显然与实际存在差距。当进口产品与国内产品存在较大差价时，问题更突出。此外由于进口产品的间接消耗发生在国外，这种处理方式计算完全消耗系数时不够准确。当进出口规模较小，对国内生产影响不大，仅将进出口作为“调剂余缺”的“平衡项”时，这种处理方式较为合适。

投入产出表进出口的处理较复杂的方式是向量法和矩阵法。

向量法要求将进口商品按宾栏部门分类，从中间产品和最终产品中分离出来，在第Ⅲ、Ⅳ象限内设立一个行向量，而出口仍然作为一个列向量置于第Ⅱ象限内。这一处理方式区分了国内商品和进口商品，使第Ⅰ、Ⅱ象限限于国内商品，直接消耗系数和完全消耗系数反映对国内商品的消耗，比差额法前进了一步。但是，向量法虽然记录了用于各部门中间产品和最终产品的总量，但并未反映进口商品的部门构成，它实际上是假定同一部门消耗各种产品时具有相同的进口率，这也与实际不符。

矩阵法一般将所有进口商品既按主栏又按宾栏分类，这样进口商品就会形成一个流量矩阵。这个矩阵可以与国内商品并列，如表 4－5 所示。

表 4－5　　进出口投入产出表

<table>
<tr><td colspan="3" rowspan="2">产出
投入</td><td colspan="5">中间产出</td><td colspan="4">最终产出</td><td rowspan="2">总产出</td></tr>
<tr><td>部门 1</td><td>部门 2</td><td>部门 3</td><td>…</td><td>部门 n</td><td>投资</td><td>消费</td><td>出口</td><td>合计</td></tr>
<tr><td rowspan="2">中间投入</td><td>国内</td><td>1
2
⋮
n</td><td></td><td></td><td></td><td></td><td></td><td></td><td></td><td></td><td></td><td></td></tr>
<tr><td>国外</td><td>1
2
⋮
n</td><td></td><td></td><td></td><td></td><td></td><td></td><td></td><td></td><td></td><td></td></tr>
<tr><td colspan="3">初始投入</td><td></td><td></td><td></td><td></td><td></td><td></td><td></td><td></td><td></td><td></td></tr>
<tr><td colspan="3">总投入</td><td></td><td></td><td></td><td></td><td></td><td></td><td></td><td></td><td></td><td></td></tr>
</table>

采用矩阵法，能够清楚准确地分析进口商品，但需要掌握详细数据，难度较大。

第三节　编制投入产出表的直接分解法

从投入产出分析的两个基本假定可以看出，投入产出表的编制很难直接利用现有的经济统计数据，而需要对现有数据进行必要的处理，并在此基础上进行大量的数据搜集和整理工作。从世界各国的实践来看，投入产出表的编制有两种方法：直接分解法和间接推导法，二者最根本的不同在于是否从纯产品部门出发来搜集数据。本节重点介绍直接分解法。

（一）直接分解法的特点

直接分解法也被称为直接编表法，是一种传统的编表方法，它的特点是以产品部门分类为依据，通过直接分解基层企业和单位的核算资料，调整其产出和投入，然后经过层层汇总来编制产品部门表或“纯”部门表。由于这种方法是建立在对企业和单位的各种原始记录的分解基础上，相对于其他方法所编制的投入产出表具有较高的精确度，我国一直采用直接分解法编制投入产出表。

（二）直接分解法

这种方法从编表一开始就按照投入产出表的“纯”部门要求来收集数据。所谓“纯”

部门，即该部门只含有与其对应的一类产品，不包含其他产品。为此目的，直接编表就必须对基层单位现有的核算资料，按“纯”部门的要求进行加工、调整和分解，将其生产的次要产品做相应的部门归类，得到“纯”部门的投入和产出数据。

1. 总产出的分解与调整

用直接分解法编制投入产出表时，要求用“产品法”计算总产出。农业部门可以满足这个要求，而工业企业由于按“工厂法”计算总产出，就难以反映总产出的产品构成。这时，需要对总产出按生产的各类产品加以分解，分解的公式为：

$$q_j = X_j - \sum_{\substack{i=1 \\ i \neq j}}^{n} X_{ij} + \sum_{\substack{i=1 \\ i \neq j}}^{n} X_{ji} \tag{4-3-1}$$

式中，q_j表示j产品部门的产出，X_j表示以j为主要产品的企业的产出，X_{ij}表示以j为主要产品的企业生产的其他产品i（$i \neq j$）的产出，X_{ji}表示以其他产品i为主要产品的企业生产的j产品的产出。

2. 最终产品的分解与调整

对于资本品和消费品，按其实际用途一般都可进行正确的分解。但是流动资产和库存的结构，缺乏现成的资料，需要进行统计调查，可以由样本资料估计总体状况。

3. 中间消耗与增加值的分解

分解中间消耗是编制投入产出表的核心工作，是提高编表质量的关键。中间消耗的分解最复杂、工作量最大。它包括对直接消耗和间接消耗（企管费和车间经费）的分解。当企业生产两种或两种以上不同的产品时，企业的中间消耗是混合的，而非单一的。要满足投入产出表的需要，就必须准确地分解出每一产品的中间消耗结构。由于企业在投入中间消耗时，并不具体记录投入到不同产品产出上的中间消耗数量，因此，在分解中间消耗时需要附加一些假定，例如，按比例分解、按定额推算或是按经验估计等，其原则是消耗跟着产值走。实际分解时一般以纵向为主，以横向为辅，纵横结合，相互验证。

企业的总产值扣除中间消耗就是企业的增加值。只要对总产值和中间消耗的分解是准确的，就可以得到准确的主产品和各副产品的增加值总额。在此基础上还需要将增加值分解为劳动者报酬、生产税净额和营业盈余。

直接分解法严格遵循投入产出表的“纯”部门要求，在基层单位就展开“纯”部门的分解。一般由编表单位根据编表的要求和需要设计较为详细的投入产出调查表，通过典型调查或抽样调查，由基层单位认真填写，然后汇总并进行相关推算，形成投入产出表。

我国投入产出表的编制基本采用分解法编表，并形成了制度化的组织体系和规范化的调查体系。1987 年国务院办公厅印发了《国务院办公厅关于进行全国投入产出调查的通知》，从组织体系、经费、人员等多个方面保证了投入产出调查和投入产出表的编制。国家统计局在编表年份都要提出明确的调查方案，并出版投入产出调查培训手册。例如，为了保证 2002 年投入产出表的编制，做好投入产出调查工作，2002 年 3 月国家统计局、国家计委、国家经贸委、财政部联合印发了《关于开展 2002 年全国投入产出调查工作的通知》，并公布了《中国 2002 年投入产出调查方案》。该方案设计了一系列调查表，如投入产出基层普查表（固定资产投资构成调查表）、投入产出基层重点调查表（分行业的投入产出基层调查表）和投入产出基层典型调查表（包括运输费用构成典型调查表，差旅费、会议费构成典型调查表，以及办公费构成典型调查表），对表的结构、指标设计进行了严格规定，以确保投入产出调查的顺利进行和调查的准确性、可靠性。

如果分解资料的质量较高，具有较好的代表性，那么由此编制的投入产出表会有较高的准确性和可靠性，从而可以满足投入产出分析的需要。但如果基层单位没有健全的原始记录，造成分解的资料口径误差较大，则限制了直接编表法的优点，使表的质量难以保证。另外，直接编表法工作量大，时间长，时效性也差，这是直接分解法的一个很大的缺点。鉴于以上的原因，需要探索一种节省费用、时效性强、不需要具备健全的原始记录的编表方法，这种方法就是间接推导法。目前联合国等国际组织及一些国家采用推导法编制投入产出表。

第四节　编制投入产出表的间接推导法

一、间接推导法的基本原理

间接推导法也称 UV 表法，指直接利用统计数据，首先编制使用表（U 表）和产出表（V 表），然后采用数学推导来编制投入产出表。间接推导法既可以得到“纯”部门的“产品×产品”表，也可以编出混部门的“部门×部门”表。《中国国民经济核算体系（2002）》的中国国民经济核算体系基本表式中设计了使用表（U 表）和产出表（V 表），这表明随着我国经济管理体制和统计制度的改革，我国的投入产出表的编制可能会采用间接推导法。国家统计局正组织有关部门和专家，比较美国和欧盟等推导法的差异和优缺点，探讨我国推导法编表的可行性和具体方案。

间接推导法一般假设有统计口径的 m 个混部门，要编制的投入产出表的 n 个“纯”部门，n 和 m 可以相等，也可以不相等。

1. 使用表（U 表）

使用表也称为投入矩阵、产业表、U 表或投入表。表 4－6 是用符号表示的使用表简表。

表 4－6　　使用表（U 表）简表

		部门	最终产品	总产品
		1　2　…　m		
产品	1 2 ⋮ n	$[U_{ij}]_{n\times m}$	Y	Q
追加价值		$\tilde{N}^T$		
总产出		X^T		

U 表的行为产品，列为部门，它表示各部门对各种产品的中间消耗。或者说，它表示各种产品作为中间产品在各部门的分配数量，这是一张“产品×部门”表。U 表的流量矩阵一般从纵向填列，即以现行统计数据为基础，根据国民经济各部门当年生产过程中消耗的各种产品的数据直接填写，不需要复杂的“纯”部门分解。流量矩阵 $[U_{ij}]_{n\times m}$ 中 U_{ij} 表示 j 部门使用的 i 种产品。Y 表示最终产品列向量，Q 表示各种产品的总产出列向量，X 表示各个部门的总产出列向量，$\widetilde{N}$ 表示各个部门的最初投入列向量。

由投入矩阵可以计算投入系数矩阵 $B=[b_{ij}]_{n\times m}=U\hat{X}^{-1}$，其中 $b_{ij}=\dfrac{U_{ij}}{X_j}$，表示 j 部门单位产出消耗的 i 种产品。

2. *产出表*（V 表）

产出表也称为制造矩阵、产出矩阵、V 表或商品表。表 4－7 是用符号表示的产出表简表。

表 4－7　　　　产出表（V 表）简表

		产品 1　2　…　n	总产出
部门	1 2 ⋮ m	$[V_{ij}]_{m\times n}$	X
总产品		Q^T	

在表 4－7 中，行为部门，列为产品，它表示各部门生产的各种产品的数量，或者说，它表示各种产品分别是由哪些部门生产的，这是一张“部门×产品”表。V 表的流量矩阵 $[V_{ij}]_{m\times n}$ 中 V_{ij} 表示 i 部门生产的 j 种产品。产出表一般是以现有统计数据为基础，从行向填列，即将国民经济各部门（混部门）的产出按其实际构成，分别计入其对应的产品中（“纯”部门）。因此产出表只是将各混部门的产出按其实际构成情况进行分解，而不是对中间消耗进行分解，这就大大减少了工作量。由流量矩阵 $[V_{ij}]_{m\times n}$ 行向求和可以计算出各混部门总产出列向量 X，列向求和可以计算出各“纯”部门总产品列向量Q。由流量矩阵 $[V_{ij}]_{m\times n}$ 还可以计算产出系数矩阵 $C=[c_{ij}]_{n\times m}=V^T\hat{X}^{-1}$，其中 $c_{ij}=\dfrac{V_{ji}}{X_j}$，表示 j 部门生产的 i 种产品在 j 部门产出中所占的比重。

结合 U 表和 V 表可以看出，两表的核心内容是流量矩阵 $[U_{ij}]_{n\times m}$ 和 $[V_{ij}]_{m\times n}$。根据 V 表行列分别求和得到各混部门总产出列向量 X 和各“纯”部门总产品列向量 Q 后，可以根据 U 表的行列平衡关系分别求出表示“纯”部门最终产品列向量 Y 和各个部门（混部门）的最初投入列向量 $\widetilde{N}$。

根据 UV 表可以推算“产品×产品”投入产出表和“部门×部门”投入产出表。推算“产品×产品”投入产出表，就是要把混部门对产品的中间消耗 U 换算成产品对产品的中间消耗，把部门的最初投入 $\widetilde{N}$ 换算成产品的最初投入 N。推算“部门×部门”投入产出表，则需要把中间消耗 U 换算成部门对部门的中间消耗，同时，把对产品的最终需求 Y，换算成对各部门的最终需求 $\widetilde{Y}$。

二、UV 表推导的基本关系式

根据 U 表和 V 表的经济含义，可以得到如下六个基本等式：

（1）　$Q=U\bar{I}+Y$　（4－4－1）

即 $Q_k=\sum_{j=1}^{m}U_{kj}+Y_k$，U 表行向求和，即各种产品总量等于中间产品加最终产品，$\bar{I}$ 为单位列向量。

（2）　$Q=V^T\bar{I}$　（4－4－2）

即 $Q_k=\sum_{j=1}^{m}V_{jk}$，V 表列向求和，即各种产品总量等于各部门生产的该种产品的数量和。

（3）　$X=V\bar{I}$　（4－4－3）

即 $X_k=\sum_{j=1}^{n}V_{kj}$，V 表行向求和，即各部门产出总量等于该部门生产的各种产品的数量和。

（4）　$U=B\hat{X}$ 或 $B=U\hat{X}^{-1}$，$U\bar{I}=BX$　（4－4－4）

式中，B 为投入系数矩阵。其元素，$b_{ij}=\frac{U_{ij}}{X_j}$，因此，$B=[b_{ij}]_{n\times m}=U\hat{X}^{-1}$，为 U 表列向分别除以各部门总产出得到的系数矩阵。从 B 矩阵列向看，j 列反映 j 部门生产过程中对各种纯产品的消耗系数。

（5）　$V^T=C\hat{X}$ 或 $C=V^T\hat{X}^{-1}$　（4－4－5）

式中，C 为产出系数（产品比例系数）矩阵。其元素 $c_{ij}=\frac{V_{ji}}{X_j}$，因此，$C=[c_{ij}]_{n\times m}=V^T\hat{X}^{-1}$，为 V 表行向分别除以各部门总产出，然后转置得到的系数矩阵。从 C 矩阵列向看，j 列反映 j 部门生产的各种产品占其总产出的比例，即各部门按固定的比例生产各中间产品。

（6）　$V=D\hat{Q}$ 或 $D=V\hat{Q}^{-1}$　（4－4－6）

式中，D 为供应系数（市场份额系数）矩阵。其元素 $d_{ij}=\frac{V_{ij}}{Q_j}$，因此，$D=[d_{ij}]_{m\times n}=[V_{ij}]\hat{Q}^{-1}$ 为 V 表列向（j 列）分别除以 j 种纯产品总量得到的系数矩阵。从 D 矩阵列向看，j 列反映各部门生产的 j 种产品所占的市场份额（占 j 种产品的比重），即各类产品按固定的比例来自各部门。

三、间接推导法的两个基本假定

U 表（“产品×部门”表）中的直接消耗大部分用来生产主产品，小部分用来生产副产品，推导法编表的核心在于：在假定的基础上，转移基本表中的次要产品和副产品的投入，即在运用 UV 表法对现行统计资料进行推算之前，还必须了解运用此方法的两个假定条件，即产品技术假定和部门技术假定。

（1）产品技术假定，也称产品工艺假定，即同一纯产品，不管产自哪个混部门都有相同的消耗结构，都有相同的投入结构，这表明生产技术相同，每种产品有其自身的技术特征，因而在同一个部门中，生产不同的产品就有不同的投入结构。

（2）部门技术假定，也称部门工艺假定，即同一混部门中各类产品具有相同的消耗结构，即副产品依附于主产品的消耗结构，不同混部门生产相同产品的消耗结构不同。

推算产品×产品（或部门×部门）投入产出表时，可以从这两个假定中选择其中一个使用，或者根据各部门的实际情况，两个假定结合使用，下面分别介绍在这两种假定之下投入产出表的推导。

四、产品技术假定下投入产出表的推导

在产品技术假定下推导投入产出表，需要混部门数和纯产品数是一样的，即 $n=m$。

利用 U 表和 V 表的基本等式，可以进行下面的推导，其中等号上面的数字表示将相应的等式代入。

$$Q\xlongequal{(4-4-1)}U\bar{I}+Y\xlongequal{(4-4-4)}BX+Y=B\hat{X}\bar{I}+Y\xlongequal{(4-4-5)}BC^{-1}V^T\bar{I}+Y$$
$$\xlongequal{(4-4-2)}BC^{-1}Q+Y$$

$$\therefore\quad Q=(I-BC^{-1})^{-1}Y \qquad (4-4-7)$$

$$V^T\xlongequal{(4-4-5)}C\hat{X}\Rightarrow V^T\bar{I}=CX\Rightarrow X=C^{-1}V^T\bar{I}\xlongequal{(4-4-2)}C^{-1}Q$$
$$\xlongequal{(4-4-7)}C^{-1}(I-BC^{-1})^{-1}Y=[(I-BC^{-1})C]^{-1}Y$$
$$=[C(I-C^{-1}B)]^{-1}Y$$

$$\therefore\quad X=(I-C^{-1}B)^{-1}C^{-1}Y \qquad (4-4-8)$$

由式（4－4－7）、式（4－4－8）可得到：$\begin{cases}A=BC^{-1}\\ \tilde{A}=C^{-1}B\\ \tilde{Y}=C^{-1}Y\end{cases}$

上面的推导结果是将式（4－4－7）与前述产品投入产出表的 $Q=(I-A)^{-1}Y$ 进行对比，因此可以得到 $A=BC^{-1}$。式中，A 为产品×产品投入产出表的直接消耗系数矩阵。同样从式（4－4－8）可以看出部门×部门投入产出表的直接消耗系数矩阵 $\tilde{A}=C^{-1}B$，混部门的最终产品列向量 $\tilde{Y}=C^{-1}Y$。

可以证明，上面推导结果符合产品技术假定的经济意义。在产品技术假定下，由于同一种产品无论在哪个部门中生产，都有相同的投入结构，为直接消耗系数矩阵 A，因此第 2 个混部门对第 1 个产品的消耗：

$$U_{12}=a_{11}V_{21}+a_{12}V_{22}+a_{13}V_{23}+\cdots+a_{1n}V_{2n}$$
$$\therefore\quad U_{ij}=a_{i1}V_{j1}+a_{i2}V_{j2}+a_{i3}V_{j3}+\cdots+a_{in}V_{jn}$$
$$\therefore\quad U=AV^T$$

将 $U\xlongequal{(4-4-4)}B\hat{X}$ 和 $V^T\xlongequal{(4-4-5)}C\hat{X}$ 代入上式有：

$$B\hat{X}=AC\hat{X} \qquad \therefore \quad B=AC \Rightarrow A=BC^{-1}$$

所以，“纯”部门直接消耗系数的推导满足产品技术假定，同样可以证明部门×部门投入产出表的直接消耗系数矩阵 $\widetilde{A}=C^{-1}B$ 和混部门的最终产品列向量 $\widetilde{Y}=C^{-1}Y$ 可以在产品技术假定下推出，具体证明过程这里从略。

五、部门技术假定下投入产出表的推导

利用 U 表和 V 表的基本等式，可以进行下面的推导，其中等号上面的数字表示将相应的等式代入。

$$Q\overset{(4-4-1)}{=\!=\!=}U\bar{I}+Y\overset{(4-4-4)}{=\!=\!=}BX+Y\overset{(4-4-3)}{=\!=\!=}BV\bar{I}+Y\overset{(4-4-6)}{=\!=\!=}BDQ+Y$$

$$\therefore \quad Q=(I-BD)^{-1}Y \tag{4-4-9}$$

$$\begin{aligned}X&\overset{(4-4-3)}{=\!=\!=}V\bar{I}\overset{(4-4-6)}{=\!=\!=}DQ\overset{(4-4-9)}{=\!=\!=}D(I-BD)^{-1}Y\\&=[(I-DB)^{-1}(I-DB)]D(I-BD)^{-1}Y\\&=(I-DB)^{-1}D(I-BD)(I-BD)^{-1}Y\\&=(I-DB)^{-1}DY\end{aligned}$$

$$\therefore \quad X=(I-DB)^{-1}DY \tag{4-4-10}$$

$$\therefore \begin{cases}A=BD\\ \widetilde{A}=DB\\ \widetilde{Y}=DY\end{cases}$$

上面推导结果将式（4-4-9）与前述“产品×产品”投入产出表中的 $Q=(I-A)^{-1}Y$ 进行对比，得到“产品×产品”投入产出表中的直接消耗系数矩阵 $A=BD$。部门×部门投入产出表的直接消耗系数矩阵 $\widetilde{A}=DB$，混部门的最终产品列向量 $\widetilde{Y}=DY$。关于推导结果满足部门技术假定的证明这里从略。

根据上述推导结果，通过计算可以得到下面的“纯”部门（产品×产品）投入产出表（见表 4-8）和混部门（部门×部门）投入产出表（见表 4-9）。

表 4-8　　产品×产品投入产出简表

投入 \ 产出		产品 1 2 … n	最终产品	总产品
产品	1 2 ⋮ n	$[X_{ij}]_{n\times n}$	Y	Q
追加价值		N^T		
总产品		Q^T		

表 4-9　　部门×部门投入产出简表

投入＼产出		部门 1　2　…　m	最终产品	总产品
部门	1 2 ⋮ m	$[\widetilde{X}_{ij}]_{m\times m}$	$\widetilde{Y}$	X
追加价值		$\widetilde{N}^T$		
总产品		X^T		

第五节　投入产出延长表及其编制

无论是用直接分解法还是用间接推导法编制投入产出表，都是一个浩大的工程。我国投入产出编表制度规定，每逢 2、7 年份编表，0、5 年份编制延长表，以减少编表工作量。截至目前我国已经编制 1990 年、1995 年、2000 年、2005 年、2010 年和 2015 年共六张投入产出延长表，本节以 1995 年延长表为例，简要介绍投入产出延长表及其编制过程。

一、投入产出延长表的基本原理

所谓延长表（又称调整表）就是在投入产出基准年表的基础上，利用现有的各种统计、业务和财务资料，对基准年表中的系数加以调整和修正后得到的反映当年经济结构的投入产出表，由于它是在基准年表的基础上派生出来的表，因此它与基准年表有着极密切的联系。一般来讲，延长表的表式及结构应与基准年表保持一致，也就是说，两表之间应具有完全的可比性（价格因素除外），只是由于受资料来源的限制，延长表在部门分类上一般要粗于基准年表。

我国 1995 年延长表是在 1992 年投入产出表的基础上编制的价值表，因而其部门分类及指标设置都与 1992 年投入产出表相同。表的规模为 33 个部门，其中农业 1 个部门，工业 23 个部门，建筑业 1 个部门，其他行业 8 个部门。其最终使用包括居民消费、政府消费、固定资本形成总额、存货增加及净出口等。其增加值包括固定资本折旧、劳动者报酬、生产税净额和营业盈余。

利用一个基准年的投入产出表来编制现年的延长表时，首先要收集各种资料，取得最终使用、增加值及总产出的数据。总产出减去最终使用后即为各个部门的中间使用的行合计数。而总投入（等于总产出）减去增加值后即可得到各个部门的中间投入的列合计数。这样，投入产出表的第Ⅰ象限的行、列合计数都有了，接下来要做的工作就是通过直接消耗系数的修订来得到新的直接消耗系数矩阵，并与总产出或总投入结合求得第Ⅰ象限的流量矩阵。得到这些数据之后，就可以填列得到投入产出延长表。

二、计算各部门的总产出和总投入

现有的各种核算制度不能直接提供投入产出表所需的各种总量数据，必须进行必要的加工推算。

1995 年各工业部门的总产出是利用全国第三次工业普查资料进行推算的，即通过包括 4 000 多种主要工业产品的工业普查基层表，汇总形成产出表（V 表），从而得到 23 个工业部门的总产出。农业、建筑业、商业等部门的总产出利用国家统计局有关专业司的总产值资料进行调整。其他部门的总产值取自国内生产总值核算资料，并对其中包括范围不同的部门进行必要的调整。

三、确定第Ⅱ象限和第Ⅲ象限数据

在计算工业部门的增加值时，通过工业普查资料得到按企业部门划分的工业增加值总量及其构成。工业统计在计算中间消耗时包括了一些本应属于增加值项目的费用，如工会经费、绿化费、排污费、差旅费和会议费中支付给个人的部分等，应将这些项目从中间投入中扣除，归入到相应的增加值项目中。然后利用产出矩阵（V 表）将全社会工业企业各部门的增加值及其构成项目转换成各产品部门的增加值及其构成。

农业、建筑业、商业和其他部门的增加值及其构成可以在国内生产总值核算资料的基础上进行调整得到。

最终使用总量包括居民消费、政府消费、固定资本形成总额、存货增加及净出口等，这部分主要利用城乡居民抽样调查、财政决算资料、固定资产投资统计及海关总署资料等进行计算。

四、确定流量矩阵（第Ⅰ象限）

确定流量矩阵（第Ⅰ象限）是编制投入产出延长表的主要工作。在总产出向量 X 为已知的情况下，如果能够得到直接消耗系数，就可以求出流量矩阵 $A\hat{X}$（$\hat{X}$ 为以各部门总产量为对角线元素的对角矩阵）。

因此，确定直接消耗系数矩阵是编制投入产出表的核心工作。直接消耗系数的大小，能客观地揭示出部门间的生产技术联系强度。在一个经济周期内，如果生产技术结构和中间产品的作用没有变化，则直接消耗系数可视为相对稳定的固定值，这是投入产出的基本假定之一。但是，随着生产技术的变化，“纯”部门产品结构的变化、生产资料价格的变化等一系列因素，势必会导致 a_{ij} 的变化，在这种情况下，就要适时地修订直接消耗系数，以便延长投入产出表的使用年限。为了与基准年表相区别，我们称这种通过系数修正得到的表为投入产出延长表。

目前，国内外通用的方法是改进的 RAS 系数修正法。其特点是利用已知条件，预先计算出一些部门的直接消耗系数，这些系数排除在调整过程之外，其他条件与 RAS 系数修正法相同。在矩阵 A_0 中，这些系数相对应的地方记为 0，在用 RAS 法调整完其他系数后，再用已知系数代替对应的位置，就形成了新的直接消耗系数矩阵 A_1。利用改进型的

RAS 法可以大大提高修正运算的精确度。

我国 1995 年延长表的直接消耗系数矩阵 A，是在 1992 年投入产出表的直接消耗系数的基础上，采取以下三个步骤修订而成的。

首先，对价格因素变动进行调整；其次，通过对重点系数的修订，对一些明显变动的消耗系数进行调整；最后，用改进的 RAS 方法对非重点系数进行综合调整。

其中，重点系数主要是指直接消耗系数或分配系数中的较大者，或者是编表年份有着明显变化者。1995 年的这些重点系数在 $n\times n$ 个系数中的个数比重并不大，但是这些系数所对应的流量之和占流量矩阵总和的 70%。因此，对重点系数的修订是编制投入产出延长表过程中十分重要的一个步骤，它将直接影响延长表的质量。由于各产品部门资料状况的不同，1995 年延长表在对各部门重点系数进行调整时，采用了不同的处理方法。

由于 1992 年投入产出表是 1992 年的现价表，因此在编制 1995 年延长表时，首先必须将 1992 年价格调整为 1995 年价格，即利用各种统计资料计算出各产品部门的价格指数，然后计算价格的变化对消耗系数所产生的影响（假设其他因素不变）。

相对于前两种调整，用改进的 RAS 方法对非重点系数进行综合调整，具有一定的理论性和普遍性，下面对 RAS 方法和改进的 RAS 方法进行简单介绍。

（1）RAS 方法。RAS 方法是英国著名经济学家斯通及其助手提出的一种直接消耗系数的修订方法，在世界各国被普遍应用。RAS 方法采用迭代法，求替代乘数矩阵 R 和制造乘数矩阵 S。可以设计程序由计算机完成，这里只以一个例子说明其原理。

表 4－10 为假设基期投入产出。

表 4－10 **基期投入产出表** 单位：亿元

投入＼产出		中间产品				最终产品	总产出
		农	工	其他	合计		
中间投入	农	40	70	10	120	130	250
	工	30	250	60	340	260	600
	其他	5	20	10	35	125	160
	合计	75	340	80	495	515	1 010
追加价值		175	260	80	515		
总投入		250	600	160	1 010		

可以求得基期直接消耗系数矩阵 A_0 为：

$$A_0=[X_{ij}]\hat{X}_0^{-1}=\begin{pmatrix}0.160 & 0.116\,7 & 0.062\,5\\0.120 & 0.416\,7 & 0.375\,0\\0.020 & 0.033\,3 & 0.062\,5\end{pmatrix}\approx\begin{pmatrix}0.16 & 0.12 & 0.06\\0.12 & 0.42 & 0.38\\0.02 & 0.03 & 0.06\end{pmatrix}$$

计划期投入产出表已经收集到的数据如表 4－11 所示。

表 4-11　　已知的计划期投入产出数据表　　单位：亿元

投入＼产出		中间产品 农	中间产品 工	中间产品 其他	中间产品 合计	最终产品	总产出
中间投入	农				160	190	350
	工				565	435	1 000
	其他				50	150	200
	合计	115	550	110	775	775	1 550
追加价值		235	450	90	775		
总投入		350	1 000	200	1 550		

根据这些数字利用 RAS 方法计算出计划期投入产出表的直接消耗系数，其步骤为：

第一步：根据报告期 A_0 和计划期 $\hat{X}$，计算 $(X_{ij})_{n\times n}$：

$$(X_{ij})_{n\times n}=A_0\hat{X}=\begin{pmatrix}56 & 116.7 & 12.5\\ 42 & 416.7 & 75\\ 7 & 33.3 & 12.5\end{pmatrix}\quad\begin{bmatrix}U^1\\ 185.2\\ 533.7\\ 52.8\end{bmatrix}\quad\begin{bmatrix}U^*\\ 160\\ 565\\ 50\end{bmatrix}\quad\begin{bmatrix}R^{(1)}\\ r_1^{(1)}=0.8639\\ r_2^{(1)}=1.0586\\ r_3^{(1)}=0.9469\end{bmatrix}$$

式中，$U^1=\begin{pmatrix}185.2\\ 533.7\\ 52.8\end{pmatrix}$为 $(X_{ij})_{n\times n}$行向求和组成的列向量，$U^*=\begin{pmatrix}160\\ 565\\ 50\end{pmatrix}$为表 4-11 的中间产品合计列向量，$R^{(1)}$为 U^* 与 U^1 对产品元素相除形成的列向量，

$$\hat{R}^{(1)}=\begin{pmatrix}r_1^{(1)} & 0 & 0\\ 0 & r_2^{(1)} & 0\\ 0 & 0 & r_3^{(1)}\end{pmatrix}$$ 为第一次行乘数矩阵。

第二步：与第一步思路一样，只是要求列乘数矩阵。为保证行向平衡，$A_0\hat{X}$ 每行分别乘上行乘数，即

$$\hat{R}^{(1)}A_0\hat{X}=\begin{pmatrix}48.378 & 100.817 & 10.799\\ 44.461 & 441.119 & 79.395\\ 6.628 & 31.532 & 11.836\end{pmatrix}$$

$$V^{(1)}=(99.468\quad 573.467\quad 102.03)$$

$$V^*=(115\quad 550\quad 110)$$

$$S^{(1)}=\frac{V^*}{V^{(1)}}=(1.156\quad 0.959\quad 1.078)$$

$$\hat{S}^{(1)}=\begin{pmatrix}s_1^{(1)} & 0 & 0\\ 0 & s_2^{(1)} & 0\\ 0 & 0 & s_3^{(1)}\end{pmatrix}=\begin{pmatrix}1.156 & 0 & 0\\ 0 & 0.959 & 0\\ 0 & 0 & 1.078\end{pmatrix}$$ 为第一次列乘数矩阵。

第三步：以 $\hat{R}^{(1)}A_0\hat{X}\hat{S}^{(1)}$代替 $A_0\hat{X}$，求第二次行乘数矩阵 $\hat{R}^{(2)}$。

第四步：以 $\hat{R}^{(2)}[\hat{R}^{(1)}A_0\hat{X}\hat{S}^{(1)}]$代替 $\hat{R}^{(1)}A_0\hat{X}$，求第二次列乘数矩阵$\hat{S}^{(2)}$。

重复进行：$\cdots\hat{R}^{(4)}\hat{R}^{(3)}\hat{R}^{(2)}\hat{R}^{(1)}A_0\hat{X}\hat{S}^{(1)}\hat{S}^{(2)}\hat{S}^{(3)}\hat{S}^{(4)}\cdots$直至收敛，即

$$\begin{cases}U=U^*\\V=V^*\end{cases} \text{则} \begin{cases}\hat{R}=\cdots\hat{R}^{(4)}\hat{R}^{(3)}\hat{R}^{(2)}\hat{R}^{(1)}\\\hat{S}=\hat{S}^{(1)}\hat{S}^{(2)}\hat{S}^{(3)}\hat{S}^{(4)}\cdots\end{cases}$$

经验表明可以很快收敛，即流量矩阵右乘行乘数后，列向求和 $V\approx V^*$，或者流量矩阵左乘列乘数后，行向求和 $U\approx U^*$。

本例结果为

$$\hat{R}A_0\hat{X}\hat{S}=\begin{bmatrix}54.9 & 93.8 & 11.3\\52.4 & 426.4 & 86.2\\7.7 & 29.8 & 12.5\end{bmatrix}$$

$$A_1=(\hat{R}A_0\hat{X}\hat{S})\hat{X}^{-1}=\hat{R}A_0\hat{S}$$

式中，$\hat{R}=\begin{bmatrix}0.839 & 0 & 0\\0 & 1.069 & 0\\0 & 0 & 0.934\,6\end{bmatrix}$，为行乘数矩阵，或替代矩阵；

$\hat{S}=\begin{bmatrix}0.117 & 0 & 0\\0 & 0.96 & 0\\0 & 0 & 1.07\end{bmatrix}$，为列乘数矩阵，或制造矩阵。

可以得到计划期投入产出延长表（见表 4-12）：

表 4-12　计划期投入产出延长表　单位：亿元

投入＼产出		中间产品：农	工	其他	合计	最终产品	总产出
中间投入	农	54.9	93.8	11.3	160	190	350
	工	52.4	426.4	86.2	565	435	1 000
	其他	7.7	29.8	12.5	50	150	200
	合计	115	550	110	775	775	1 550
追加价值		235	450	90	775		
总投入		350	1 000	200	1 550		

可以看到，RAS 方法有两个基本经济假定：假定之一，A 只受到两种因素的影响，即替代关系和制造方法或者技术进步；假定之二，每种因素在各部门的作用是一致的。这两个假定在实际中很难完全满足，一般编制延长表采用改进的 RAS 方法。

（2）改进的 RAS 方法。其基本步骤与 RAS 方法是一样的。例如，在上例中如果工业部门对农业部门的消耗有较大变化，为重点系数，假设其消耗为 90，则已知的计划期的数据表如表 4-13 所示。在采用上述步骤求行乘数和列乘数时，首先将所有系数矩阵和流量矩阵的第一行、第二列元素看作 0；然后将流量矩阵行向和列向量 U^* 的第一个元素 160

减 90，为 70；将流量矩阵列向和行向量 V^* 的第二个元素 550 减 90 为 460。其他计算过程与 RAS 方法基本一样。

表 4 - 13　　已知的计划期投入产出数据表　　单位：亿元

投入＼产出		中间产品				最终产品	总产出
		农	工	其他	合计		
中间投入	农		90		160	190	350
	工				565	435	1 000
	其他				50	150	200
	合计	115	550	110	775	775	1 550
追加价值		235	450	90	775		
总投入		350	1 000	200	1 550		

思考题

1. 说明并比较投入产出表中进出口的不同处理方法。
2. 编制投入产出表的分解法的主要特点是什么？
3. 编制投入产出表的推导法的主要特点是什么？
4. 说明并分析编制投入产出表的间接推导法的各种技术假定。
5. 试比较编制投入产出表的直接分解法和间接推导法。

第五章

地区与地区间投入产出模型

第一节　地区投入产出模型的特点

地区有各种不同的含义，它可以指行政区划意义上的地区，也可以指由经济发展所形成的地区，如京津唐地区、长江三角洲地区，还可以指由地理位置所形成的地区。从经济发展的历史与现状来看，后两种地区的含义是相同的，如沿海与内地的划分，它既是一个以地理区划为标准的划分，又是按经济标准的划分。由于我国管理系统是建立在行政区划基础上的，本章只研究属于行政区划意义上的地区，而且仅限于省、区、市这一级。因此，这里的地区投入产出模型，一般是指按行政区划（省、自治区、直辖市、市、县等）编制的各种投入产出模型（实物型、价值型）。

地区投入产出模型与全国投入产出模型相比有以下几方面特点：

1. 地区投入产出表中的部门划分与全国表可以不一致

受地理位置、资源条件、历史上形成的生产力发展水平和文化水平等条件的制约，各地区国民经济的发展是不平衡的。一般在长期发展中，逐步形成了地区发展的重点和专业方向，各地区都有一个或若干个对其经济发展起重要作用的主导部门，如云南省的有色金属工业和旅游业、山西省的煤炭工业等。因此，某些部门在全国表中有，而在地区表中没有；有些部门在全国表中可以粗分，而在地区表中则要细化。随着经济改革的深入进行、商品经济的发展，部门划分不一致的特点在某些地区表中则会越发明显。当然，这种不一致最好应考虑到与全国投入产出表部门划分的可衔接性。

2. 输入和输出在地区模型中占重要地位

由于地区经济是整个国民经济的有机组成部分，而地区经济又很难形成一个完整的体系，因此，地区之间存在着密切的政治、经济联系，地区中有许多产品主要是为提供其他地区的需要而生产，而有些产品又完全依靠其他地区来供应。反映在地区模型中，其输入、输出的重要性要远远大于全国模型中的进出口。

特别是在输入、输出量占总产量的比重较大的地区模型中，对输入、输出的处理方式与全国模型中对进出口的处理方式有所不同。在全国模型中，以进口、出口两项列入最终产品栏内，无须细分进口品来自哪个国家、出口品又销往何地。而地区模型中的输入、输出是属于一个国家内部的经济联系，为了加强地区的综合平衡，掌握地区间的经济联系，就有必要将各种输入产品的来源及在本地区的分配去向和输出产品的调往地区等详细列出。

3. 地区的国民收入生产额与地区的国民收入实际使用额可以在长时期内保持很大的差额

大部分国家的全国国民收入生产额基本上等于国民收入使用额，进出口也基本平衡。但由于地区经济体系不是封闭的，许多产品依靠输入、输出方式达到供需平衡，因此，地区的国民收入生产额可以长时间地与地区国民收入使用额有很大差额。例如，新工业区取得的国民收入生产额会远远小于其国民收入使用额，并且输入总额往往长期超过输出总额；对于负担支援新工业区建设任务的老工业区，其生产的国民收入就会远远超过本地区的消费和积累数量。

4. 各个地区最终产品之和在数量上并不等于全国的最终产品

地区最终产品中包括本地区全部输出产品。输出产品在其他地区，一部分用于最终需要，另一部分用作本年度的生产性消耗，后者从全国范围看，就不属于最终产品，所以从各地区的最终产品中减去输出给其他地区本期生产型消耗的产品以后，才等于全国的最终产品。

由于地区投入产出模型具有上述特点，它是全国模型的深化，故在编制地区模型方面，要比全国模型的编制工作复杂，其复杂程度表现在：模式复杂，输入、输出资料难以搜集等。比如，全国模型中的进出口资料可从外贸部门获得，而地区模型的输入、输出数据往往要做很多专门的调查工作才能得到；还有按行政区划分标准划分的地区，又往往与经济系统、管理系统有交叉。例如，北京市是全国的首都，它是中央所在地，内有许多部委机关，也有不少中央所属企业，这种企业的生产总量不计入北京市的统计数字之中，而有些原材料的投入量却来自于北京市。虽然这种关系相当复杂，但若编制北京市投入产出表，还必须将这些交叉因素分清，对有些数据要进行适当的处理。因此，汇总、转换之类的工作是细致而繁重的。

尽管如此，因地区包括的范围比全国要小得多，无论是利用现有统计资料，还是进行重点调查或普查来取得数据，都比全国来得方便，也便于组织力量安排。因此，我国大多数省区市编制了投入产出表，并取得了良好的经验。

第二节　地区投入产出表及其数学模型

一、地区投入产出表的表式

1. 简单的地区投入产出表

简单的地区投入产出表（见表 5－1）与全国投入产出表十分相似，仅把全国表中的进口、出口两项改为输入、输出即可。此表多适用于输入、输出量不太大的地区情况。由于它对资料要求较低，故编制这种表既省时又省力。但由于这种表式对输入、输出的处理过于简单，难以体现地区表的特点，因此一般不太采用。

表 5-1　　简单的地区投入产出表　　单位：万元

投入 \ 产出		中间投入	中间投入	最终投入						总产出
		1　2　…　n	小计	消费	固定资本形成	存货增加	输入（－）	输出（＋）	小计	
生产资料转移价值	1 2 ⋮ n	X_{11} … X_{1n} ⋮　⋮ X_{n1} … X_{nn}							Y_1 ⋮ Y_n	X_1 ⋮ X_n
	小计									
	固定资产折旧	D_1 … D_n								
初始投入	劳动者报酬	V_1 … V_n								
	生产税净额和营业盈余	M_1 … M_n								
	小计									
总投入	总计	X_1 … X_n								

2. 较详细反映输入输出的地区投入产出表

表 5-2 是一个典型的较详细反映输入输出的地区投入产出表，主要反映了两种情况：一是反映本地区生产产品供本地分配使用及用于输出与进口的情况；二是反映从外地输入产品在本地的具体使用情况，这里既包括在生产中的使用情况（Ⅲ部分），又包括用于消费与资本形成的情况（Ⅳ部分）。同时，Ⅰ、Ⅲ、Ⅴ部分说明了本地区生产产品的价值形成过程。

表 5-2　　较详细反映输入输出的地区投入产出表　　单位：万元

投入 \ 产出		中间投入	中间投入	最终投入						总产出
				本地使用			输入	输出	合计	
		1　2　…　n	合计	消费	资本形成	合计				
地区生产部门	1 2 ⋮ n	X^d_{11} … X^d_{1n} ⋮　Ⅰ　⋮ X^d_{n1} … X^d_{nn}				Y^d_1 ⋮ Y^d_n	G^d_1 ⋮ Ⅱ G^d_n	E_1 ⋮ E_n	Y_1 ⋮ Y_n	X_1 ⋮ X_n
	合计									

续前表

产出 投入		中间投入			合计	最终投入						总产出
						本地使用			输入	输出	合计	
		1	2 ⋯	n		消费	资本形成	合计				
外地输入产品	1	X^g_{11}	⋯	X^g_{1n}				Y^g_1	G^g_1			
	2											
	⋮	⋮	Ⅲ	⋮				⋮ Ⅳ	⋮			
	m	X^g_{m1}	⋯	X^g_{mn}				Y^g_m	G^g_m			
	合计											
初始投入	劳动者报酬	V_1	⋯	V_n								
	生产税净额和营业盈余	M_1	Ⅴ ⋯	M_n					Ⅵ			
	合计											
总投入		X_1	⋯	X_n								

3. 全面反映地区输入输出情况的地区投入产出表

这种表式是在上述地区投入产出表的基础上，再进一步将输入产品的产地、输出产品的目的地也反映出来的表式（见表 5－3）。通过它，可以为建立地区间投入产出表或模型打下基础。

表 5－3　　全面反映地区输入输出情况的地区投入产出表　　单位：万元

产出 投入		中间投入		最终投入										总产出
				本地使用				输出			输入			
		1 2 ⋯ n	合计	消费	固定资本形成	存货增加	合计	1 2 ⋯ k	出口	合计	1 2 ⋯ k	进口	合计	
本地生产	1 2 ⋮ n	Ⅰ			Ⅱ			Ⅲ			Ⅳ			
	合计													
外地输入	1 2 ⋮ n	Ⅴ			Ⅵ									
	合计													
初始投入	固定资产折旧 劳动者报酬 生产税净额和营业盈余	Ⅶ			Ⅷ									
	合计													
总收入														

作为地区投入产出表的一个实例，我们把山西省某年价值表（简表）列出（见表 5－4），供参考。

表 5-4 山西省某年价值型投入产出表(简表)

单位：亿元

物质生产部门产品的去向 / 物质生产部门产品消耗来源		中间产品						最终产品				调入 E	总产品 X
		农业	工业	建筑业	运输邮政业	商业	合计	积累 Z	消费 W	输出 D	合计 Y		
物质消耗（C）	农业	8.1	16.8	1.2	0	0	26.1	2.0	18.6	5.1	25.7	5.1	46.7
	工业	9.4	50.3	9.0	3.0	3.0	74.7	10.6	23.9	21.7	56.2	20.1	110.8
	建筑业	0	0	0	0	0	0	16.4	0	0	16.4	0	16.4
	运输邮政业	0.6	1.6	0.4	0.1	2.0	4.7	0.6	1.1	1.7	3.4	1.7	6.4
	商业	0.2	1.1	0.1	0.1	0.2	1.7	0.5	10.1	2.6	13.2	2.6	12.3
	合计	18.3	69.8	10.7	3.2	5.2	107.2	30.1	53.7	31.1	114.9	29.5	192.6
新创造价值	劳动者报酬（V）	21.9	12.8	4.2	1.2	2.1	42.2						
	生产税净额和营业盈余（M）	6.5	28.2	1.5	2.0	5	43.2						
	合计	28.4	41.0	5.7	3.2	7.1	85.4						
总产值 X		46.7	110.8	16.4	6.4	12.3	192.6						

二、地区产品投入产出模型

下面的模型推导过程是根据上面较详细的地区价值表来进行的，至于地区实物模型，可参照地区价值模型的行模型来建立。

1. 地区投入产出行模型

地区投入产出行模型由两组平衡等式组成。一组是反映地区产品与分配使用的平衡方程，另一组是反映输入产品与分配使用的平衡方程。在抽象进出口和固定资产运行的情况下，这两部分的模型形式如下：

(1) 反映本地区生产产品与分配使用的平衡方程。这个方程表示的经济意义是：

本地区生产供本地区使用的中间产品加本地区生产供本地区使用的最终产品加本地区产品的输出等于本地区生产的总产品。

其数学表达式为：

$$\sum_{j=1}^{n} x_{ij}^{d} + y_{i}^{d} + f_{i} = X_{i} \quad (i = 1,2,\cdots,n) \tag{5-2-1}$$

式中，x_{ij}^{d} 为本地区生产 j 部门产品时要消耗本地区生产的 i 产品的数量，y_{i}^{d} 为本地区生产的 i 产品中供本地区使用的最终产品，f_{i} 为本地区生产的 i 产品用于输出的数量。

在式（5-2-1）中，引入直接消耗系数 a_{ij}^{d}，它表示本地区每生产单位 j 部门产品要消耗本地区生产的 i 部门产品的数量，其计算公式为：

$$a_{ij}^{d} = \frac{x_{ij}^{d}}{X_{j}} \quad (i,j=1,2,\cdots,n) \tag{5-2-2}$$

将式（5-2-2）代入式（5-2-1）得：

$$\sum_{j=1}^{n} a_{ij}^{d} X_{j} + y_{i}^{d} + f_{i} = X_{i} \quad (i = 1,2,\cdots,n) \tag{5-2-3}$$

改写成矩阵的形式为：

$$A^{d}X + Y^{d} + F = X$$

$$\therefore \quad Y^{d} + F = (I - A^{d})X \tag{5-2-4}$$

式（5-2-4）建立了本地区生产的总产品与生产供本地区使用的最终产品及输出数量之间的联系。进一步可得到：

$$X = (I - A^{d})^{-1}(Y^{d} + F) \tag{5-2-5}$$

式（5-2-5）建立了本地区生产供本地区使用的最终产品及输出量与本地区生产总量之间的联系。

设本地区内各部门产品的完全消耗系数为 b_{ij}^{d}，与前面推理过程一样的结果，那么有：

$$B^{d} = (I - A^{d})^{-1} - I \tag{5-2-6}$$

式中，矩阵 B^{d} 中每一个元素 b_{ij}^{d}，表示本地区 j 部门每生产一单位本地区使用的最终产品

（加输出产品），需要完全消耗本地区生产的 i 部门产品的数量。通过它可以了解地区内各部门之间的内在联系。b_{ij}^d 与前面全国投入产出模型中的 b_{ij} 并不相同，b_{ij}^d 所反映的不是本地区生产单位 j 部门最终产品（包括输出）完全消耗 i 部门产品的数量，只是完全消耗本地区生产 i 部门产品的数量，而不包括完全消耗的输入产品的数量。

（2）反映输入产品与其分配使用的平衡方程。这个方程表示的经济意义是：本地区生产中使用输入产品的数量加输入产品用于最终产品的数量等于总输入量。其数学表达式为：

$$\sum_{j=1}^{n} x_{ij}^g + y_i^g = G_i \quad (i=1,2,\cdots,n) \tag{5-2-7}$$

式中，x_{ij}^g 为本地区 j 部门生产时要消耗输入的 i 产品的数量，y_i^g 为输入的 i 部门产品用于最终产品的数量，G_i 为 i 部门产品的总输入量。

在此模型中引入直接消耗系数 a_{ij}^g，它表示地区每生产 j 部门单位产品需要直接消耗输入的 i 部门产品的数量。其计算公式为：

$$a_{ij}^g = \frac{x_{ij}^g}{X_i} \quad (i,j=1,2,\cdots,n) \tag{5-2-8}$$

将式（5－2－8）代入式（5－2－7）得：

$$\sum_{j=1}^{n} a_{ij}^g X_j + y_i^g = G_i \quad (i=1,2,\cdots,n) \tag{5-2-9}$$

写成矩阵的形式：

$$A^g X + Y^g = G \tag{5-2-10}$$

式（5－2－10）表示了输入产品在地区内分配使用的平衡情况。而至于输入产品本身在生产过程中与其他部门之间的直接、间接联系，则是在其他地区生产中发生的，因此在本地区的模型中无法反映出来。

若要计算由本地区生产的最终产品及输出产品，在生产过程中对输入产品的完全消耗，则可以利用下式来计算：

$$B^g = A^g (I-A^d)^{-1} \tag{5-2-11}$$

式中，B^g 为本地区对输入产品的完全消耗系数矩阵，其中每一个元素 b_{ij}^g，代表本地区每生产单位 j 部门最终产品，要完全消耗输入的 i 部门产品的数量。

结合前面的模型，我们可计算所需输入产品的数量为：

$$\because \quad G = A^g X + Y^g, \qquad X = (I-A^d)^{-1}(Y^d + F)$$
$$\therefore \quad G = A^g (I-A^d)^{-1}(Y^d + F) + Y^g$$
$$G = B^g (Y^d + F) + Y^g$$

2. 地区投入产出列模型

地区投入产出列模型的数学表达式为：

$$\sum_{i=1}^{n} X_{ij}^d + \sum_{i=1}^{m} X_{ij}^g + D_j + V_j + M_j = X_j \quad (j=1,2,\cdots,n) \tag{5-2-12}$$

式中，D_j 为第 j 部门产品的固定资产折旧总额，V_j 为第 j 部门产品的劳动者报酬，M_j 为第 j 部门产品生产税净额和营业盈余。式（5－2－12）反映了本地区各个生产部门的产品的价值构成。式中的前三项，反映了第 j 部门产品中的转移价值的总和。

在模型中引入直接消耗系数 a_{ij}^d 和 a_{ij}^g，则式（5－2－12）变为：

$$\sum_{i=1}^{n} a_{ij}^d X_j + \sum_{i=1}^{m} a_{ij}^g X_j + D_j + V_j + M_j = X_j \quad (j = 1,2,\cdots,n) \qquad (5-2-13)$$

设：$\sum_{i=1}^{n} a_{ij}^d = a_{cj}^d$ 为 j 部门生产中消耗本地区生产产品的物质消耗系数，

$\sum_{i=1}^{n} a_{ij}^g = a_{cj}^g$ 为 j 部门生产中消耗输入产品的物质消耗系数，

则 $a_{ij}^d + a_{ij}^g = a_{cj}$ 为本地区生产 j 部门产品中的总物质消耗系数。

将此代入式（5－2－13）中，可得：

$$\left[1 - \left(\sum_{i=1}^{n} a_{ij}^d + \sum_{i=1}^{n} a_{ij}^g\right)\right] X_j = D_j + V_j + M_j \quad (j = 1,2,\cdots,n) \qquad (5-2-14)$$

或者

$$[1 - (a_{cj}^d + a_{cj}^g)] X_j = (1 - a_{cj}) X_j = D_j + V_j + M_j \quad (j = 1,2,\cdots,n)$$

由此可见，地区投入产出列模型与全国投入产出列模型非常类似，只是在地区投入产出列模型中，物质消耗系数 a_{cj} 是由两大部分组成，需要分别计算消耗本地区产品的物质消耗系数和消耗输入产品的物质消耗系数后，才能建立地区各部门产品总价值与各部门净产值之间的联系，即

$$(I - \hat{A}_c) X = D + V + M \qquad (5-2-15)$$

或者

$$X = (I - \hat{A}_c)^{-1} (D + V + M)$$

亦即

$$X = [I - (\hat{A}_c^d + \hat{A}_c^g)]^{-1} (D + V + M)$$

式中，$\hat{A}_c$，$\hat{A}_c^d$，$\hat{A}_c^g$ 均为对角矩阵。

第三节　地区间投入产出模型的类型

从理论上讲，建立地区间模型的意义，在于能够较全面地分析各地区经济之间、各种产品之间相互依赖的数量关系，但为编制此模型，需花费大量的人力、物力来搜集资料。所以，在通常情况下，可采用一些对数据资料要求较低的投入产出模型。从这个角度考虑，地区间投入产出模型主要有以下三种类型：

一、地区间列系数模型

这个模型最初是由美国经济学家利昂·N.摩西（Leon N. Moses）提出来的。此种模型的主要特点是，先计算报告期各个地区在每种产品的消耗量中，由各个地区（包括本地区）供应的比例，再经过适当修改后作为编制计划期地区流量的依据。如果计划期这个地区对该种产品的需求量增加了，那么各个地区都按这个比例增加对它的供应量，这个比例称为地区供应系数。

设以 t_i^{pq} 表示 p 地区对 q 地区的第 i 种产品的供应系数，即

$$t_i^{pq}=\frac{r_i^{pq}}{r_i^q}\quad(i=1,2,\cdots,n;p,q=1,2,\cdots,m)\tag{5-3-1}$$

式中，r_i^{pq} 为地区 p 供给地区 q 的 i 部门产品的数量，r_i^q 为地区 q 实际使用的 i 种产品的数量（包括生产消耗及最终需求部分），即

$$r_i^q=\sum_{p=1}^m r_i^{pq}$$

故有

$$\sum_{p=1}^m t_i^{pq}=1\quad(i=1,2,\cdots,n;q=1,2,\cdots,m)\tag{5-3-2}$$

由式（5-3-1），则有：

$$r_i^{pq}=t_i^{pq}\cdot r_i^q\quad(p,q=1,2,\cdots,m;i=1,2,\cdots,n)\tag{5-3-3}$$

式（5-3-3）表明，当供应系数确定后，知道了某地区对各种产品的需要量即可计算出各地区对它的供应量。

因地区 q 对 i 种产品的需要量等于本地区各部门在生产过程中对 i 种产品的消耗量加上地区的最终需求（不包括地区的输出），即

$$r_i^q=\sum_{j=1}^n a_{ij}^q X_j^q+Y_i^{0q}\quad(q=1,2,\cdots,m;i=1,2,\cdots,n)\tag{5-3-4}$$

$$\therefore\quad r_i^{pq}=t_i^{pq}\Big(\sum_{j=1}^n a_{ij}^q X_j^q+Y_i^{0q}\Big)\quad(p,q=1,2,\cdots,m;i=1,2,\cdots,n)\tag{5-3-5}$$

同时，某一地区 i 种产品的产量，等于它供应各地区的需要及满足全国最终需求的数量和，即

$$X_i^p=\sum_{q=1}^m r_i^{pq}+Y_i^{p,m+1}\quad(p=1,2,\cdots,m;i=1,2,\cdots,n)\tag{5-3-6}$$

将式（5-3-5）代入式（5-3-6）中，得：

$$X_i^p=\sum_{q=1}^m t_i^{pq}\Big(\sum_{j=1}^n a_{ij}^q X_j^q+Y_i^{0q}\Big)+Y_i^{p,m+1}$$

$$(p=1,2,\cdots,m;i=1,2,\cdots,n)\tag{5-3-7}$$

将式（5-3-7）改写为矩阵形式

$$X^p=\sum_{q=1}^m \hat{T}^{pq}(A^qX^q+Y^{0q})+Y^{p,m+1}\quad(p=1,2,\cdots,m)\tag{5-3-8}$$

式中：

$$X^p=\begin{bmatrix}X_1^p\\X_2^p\\\vdots\\X_n^p\end{bmatrix}\qquad Y^{oq}=\begin{bmatrix}Y_1^{oq}\\Y_2^{oq}\\\vdots\\Y_n^{oq}\end{bmatrix}\qquad Y^{p,m+1}=\begin{bmatrix}Y_1^{p,m+1}\\Y_2^{p,m+1}\\\vdots\\Y_n^{p,m+1}\end{bmatrix}$$

$$\hat{T}^{pq}=\begin{bmatrix}t_1^{pq}&&&\\&t_2^{pq}&&\\&&\ddots&\\&&&t_n^{pq}\end{bmatrix}\qquad A^q=\begin{bmatrix}a_{11}^q&a_{12}^q&\cdots&a_{1n}^q\\a_{21}^q&a_{22}^q&\cdots&a_{2n}^q\\\vdots&\vdots&&\vdots\\a_{n1}^q&a_{n2}^q&\cdots&a_{nn}^q\end{bmatrix}$$

式（5-3-8）可进一步写成：

$$X=T(\hat{A}X+Y)+Y^{m+1} \tag{5-3-9}$$

这里，

$$T=\begin{bmatrix}\hat{T}^{11}&\hat{T}^{12}&\cdots&\hat{T}^{1m}\\\hat{T}^{21}&\hat{T}^{22}&\cdots&\hat{T}^{2m}\\\vdots&\vdots&&\vdots\\\hat{T}^{m1}&\hat{T}^{m2}&\cdots&\hat{T}^{mm}\end{bmatrix},\ \hat{A}=\begin{bmatrix}A^1&&&\\&A^2&&\\&&\ddots&\\&&&A^m\end{bmatrix}$$

$$X=\begin{bmatrix}X^1\\X^2\\\vdots\\X^m\end{bmatrix}\qquad Y=\begin{bmatrix}Y^{01}\\Y^{02}\\\vdots\\Y^{0m}\end{bmatrix}\qquad Y^{m+1}=\begin{bmatrix}Y^{1,m+1}\\Y^{2,m+1}\\\vdots\\Y^{m,m+1}\end{bmatrix}$$

由式（5-3-9）得：

$$X-T\hat{A}X=TY+Y^{m+1}$$

或

$$(I-T\hat{A})X=TY+Y^{m+1} \tag{5-3-10}$$

因价值型地区间模型中，矩阵 $T\hat{A}$ 的每个元素均为非负，且每列所有元素之和均小于1，故矩阵（$I-T\hat{A}$）满秩，因而上式还可写为：

$$X=(I-T\hat{A})^{-1}(TY+Y^{m+1})$$

或

$$X=(I-T\hat{A})^{-1}TY+(I-T\hat{A})^{-1}Y^{m+1} \tag{5-3-11}$$

由式（5-3-11）可见，地区供应系数矩阵 T 与各地区直接消耗系数矩阵 $\hat{A}$ 在列系数模型中起着重要作用，如果计划期的 $\hat{A}$ 与 T 已知确定，并且知道了计划期各个地区对最终产品的需要量向量 Y 及全国性最终产品需要量向量 Y^{m+1}，利用式（5-3-11）就可以计算出计划期各地区各部门的产量。

为了编制地区间列系数模型，需要两部分资料，现以具体实例说明（见表5-5）。

表 5-5　　**多区域投入产出表**　　单位：亿元

投入＼产出		中间使用										最终使用					总产出
		地区 1			地区 2			地区 3			合计	地区 1	地区 2	地区 3	全国	合计	
		部门 1	部门 2	部门 3	部门 1	部门 2	部门 3	部门 1	部门 2	部门 3							
中间投入	部门 1	25	25		50	25		15	30		170	50	45	15	70	180	350
	部门 2	20			35			10			65	80	70	60	25	235	300
	部门 3		20	55		20	30		15	100	240	10	30	25	45	110	350
	合计	45	45	55	85	45	30	25	45	100	475	140	145	100	140	525	1 000
初始投入	固定资产折旧	5	5	10	10	5	10	5	5	20	75						
	劳动者报酬	30	20	15	55	20	8	10	20	25	203						
	生产税净额和营业盈余	20	30	20	50	30	2	10	30	55	247						
	合计	55	55	45	115	55	20	25	55	100	525						
总投入		100	100	100	200	100	50	50	100	200	1 000						

第一部分资料，将各个地区每个部门生产过程中所消耗的产品，按部门加以列出，无须区分地区来源。这部分资料在编制全国和地区的模型中已经掌握。由表 5-5 中数据可以算出各个地区的直接消耗系数为：

$$A^1=\begin{bmatrix}a_{11}^1 & a_{12}^1 & a_{13}^1\\ a_{21}^1 & a_{22}^1 & a_{23}^1\\ a_{31}^1 & a_{32}^1 & a_{33}^1\end{bmatrix}=\begin{bmatrix}0.25 & 0.25 & 0\\ 0.20 & 0 & 0\\ 0 & 0.20 & 0.55\end{bmatrix}$$

$$A^2=\begin{bmatrix}a_{11}^2 & a_{12}^2 & a_{13}^2\\ a_{21}^2 & a_{22}^2 & a_{23}^2\\ a_{31}^2 & a_{32}^2 & a_{33}^2\end{bmatrix}=\begin{bmatrix}0.25 & 0.25 & 0\\ 0.175 & 0 & 0\\ 0 & 0.20 & 0.60\end{bmatrix}$$

$$A^3=\begin{bmatrix}a_{11}^3 & a_{12}^3 & a_{13}^3\\ a_{21}^3 & a_{22}^3 & a_{23}^3\\ a_{31}^3 & a_{32}^3 & a_{33}^3\end{bmatrix}=\begin{bmatrix}0.30 & 0.30 & 0\\ 0.20 & 0 & 0\\ 0 & 0.15 & 0.50\end{bmatrix}$$

第二部分资料是关于各种产品在地区间流量的数据，这就要求有三个部门产品的地区间流量表（见表 5-6、表 5-7、表 5-8）。

表 5-6　　**第一部门产品的地区间流量**　　单位：亿元

	地区 1	地区 2	地区 3	全国	合计
地区 1	80	0	0	20	100
地区 2	20	120	20	40	200
地区 3	0	0	40	10	50
合计	100	120	60	70	350

表 5-7 **第二部门产品的地区间流量** 单位：亿元

	地区 1	地区 2	地区 3	全国	合计
地区 1	50	45	0	5	100
地区 2	25	60	0	15	100
地区 3	25	0	70	5	100
合计	100	105	70	25	300

表 5-8 **第三部门产品的地区间流量** 单位：亿元

	地区 1	地区 2	地区 3	全国	合计
地区 1	85	0	0	15	100
地区 2	0	40	0	10	50
地区 3	0	40	140	20	200
合计	85	80	140	45	350

现以表 5-8 为例来说明第三部门产品在地区间的流量。

表 5-8 中，地区 1 的第三部门产品的产量为 100 亿元，它供给本地区 85 亿元（r_3^{11}），满足全国最终需求 15 亿元。地区 2 的产量为 50 亿元，它供给本地区 40 亿元（r_3^{22}），满足全国最终需求 10 亿元。地区 3 的产量为 200 亿元，它供给地区 2（r_3^{32}）为 40 亿元，供给本地区为 140 亿元（r_3^{33}），满足全国最终需求 20 亿元。表中最后一行的数字表示报告期各地区对第三部门产品的实际消耗量，即

$$r_3^1=r_3^{11}+r_3^{21}+r_3^{31}=85+0+0=85$$
$$r_3^2=r_3^{12}+r_3^{22}+r_3^{32}=0+40+40=80$$
$$r_3^3=r_3^{13}+r_3^{23}+r_3^{33}=0+0+140=140$$

从而算出地区 p 对地区 q 的第三部门产品的供应系数，即

$$t_3^{pq}=\frac{r_3^{pq}}{r_3^q}\quad (p,q=1,2,3)$$

如：

$$t_3^{11}=\frac{r_3^{11}}{r_3^1}=\frac{85}{85}=1$$

$$t_3^{32}=\frac{r_3^{32}}{r_3^2}=\frac{40}{80}=0.50$$

同理，可算出地区间 i 种产品的供应系数为：

$$t_i^{pq}=\frac{r_i^{pq}}{r_i^q}\quad (p,q=1,2,3;i=1,2,3)$$

有：

$$T=\begin{bmatrix}\hat{T}^{11} & \hat{T}^{12} & \hat{T}^{13}\\ \hat{T}^{21} & \hat{T}^{22} & \hat{T}^{23}\\ \hat{T}^{31} & \hat{T}^{32} & \hat{T}^{33}\end{bmatrix}=\left[\begin{array}{ccc:ccc:ccc}0.8 & 0 & 0 & 0 & 0 & 0 & 0 & 0 & 0\\ 0 & 0.5 & 0 & 0 & 0.43 & 0 & 0 & 0 & 0\\ 0 & 0 & 1 & 0 & 0 & 0 & 0 & 0 & 0\\ \hdashline 0.20 & 0 & 0 & 1 & 0 & 0 & 0.33 & 0 & 0\\ 0 & 0.25 & 0 & 0 & 0.57 & 0 & 0 & 0 & 0\\ 0 & 0 & 0 & 0 & 0 & 0.50 & 0 & 0 & 0\\ \hdashline 0 & 0 & 0 & 0 & 0 & 0 & 0.67 & 0 & 0\\ 0 & 0.25 & 0 & 0 & 0 & 0 & 0 & 1 & 0\\ 0 & 0 & 0 & 0 & 0 & 0.50 & 0 & 0 & 1\end{array}\right]$$

$$\hat{A}=\left[\begin{array}{ccc:ccc:ccc}0.25 & 0.25 & 0 & & & & & & \\ 0.20 & 0 & 0 & & & & & & \\ 0 & 0.25 & 0.55 & & & & & & \\ \hdashline & & & 0.25 & 0.25 & 0 & & & \\ & & & 0.175 & 0 & 0 & & & \\ & & & 0 & 0.20 & 0.60 & & & \\ \hdashline & & & & & & 0.30 & 0.30 & 0\\ & & & & & & 0.20 & 0 & 0\\ & & & & & & 0 & 0.15 & 0.50\end{array}\right]$$

如果根据计划期的情况，适当修正 T 与 $\hat{A}$，再用预测等方法得到计划期各个地区对最终产品的需求量向量 Y 及全国性最终产品需求量向量 Y^4，则利用式（5-3-11）就可以计算出计划期 3 个地区 3 个部门的产量。再按供应系数算出地区间的供应量。

二、地区间行系数模型

地区间列系数模型是在各个地区的供应系数的基础上构造的，它是从消费地出发，各个消费地以固定比例从各个生产地取得所需要的产品。行系数模型则不同，它是从生产地出发的，即一个地区生产的某种产品以固定的比例分配给各个地区（包括本地区）。这个比例称为地区分配系数。

现以 h_i^{pq} 表示 p 地区 i 种产品的生产量中分配给 q 地区的百分比，即

$$h_i^{pq}=\frac{r_i^{pq}}{X_i^p}\quad (p=1,2,\cdots,m;q=1,2,\cdots,m+1;i=1,2,\cdots,n)\tag{5-3-12}$$

$$\because\quad \sum_{q=1}^{m+1} r_i^{pq}=X_i^p\quad (p=1,2,\cdots,m;i=1,2,\cdots,n)\tag{5-3-13}$$

$$\therefore\quad \sum_{q=1}^{m+1} h_i^{pq}=1\quad (p=1,2,\cdots,m;i=1,2,\cdots,n)\tag{5-3-14}$$

当分配系数确定后（根据报告期统计资料计算，再按照计划期情况进行修改），若已知一个地区的生产量，即可算出它对所有地区的供应量，即

$$r_i^{pq}=h_i^{pq}X_i^p\quad (p,q=1,2,\cdots,m;i=1,2,\cdots,n)\tag{5-3-15}$$

而 q 地区所获得的 i 种产品的实际供应量应为：

$$\sum_{p=1}^{m} r_i^{pq} = \sum_{p=1}^{m} h_i^{pq} X_i^p \quad (q=1,2,\cdots,m; i=1,2,\cdots,n) \tag{5-3-16}$$

而 q 地区对 i 种产品的实际需要量应为：

$$r_i^q = \sum_{j=1}^{n} a_{ij}^q X_j^q + Y_i^{0q} \quad (q=1,2,\cdots,m; i=1,2,\cdots,n) \tag{5-3-17}$$

由于每个地区 q 所得到的供应总额与需求总额应保持平衡，故有：

$$\sum_{p=1}^{m} h_i^{pq} X_i^p = \sum_{j=1}^{n} a_{ij}^q X_j^q + Y_i^{0q} \quad (q=1,2,\cdots,m; i=1,2,\cdots,n) \tag{5-3-18}$$

将式（5-3-18）改写为矩阵形式

$$\sum_{p=1}^{m} \hat{H}^{pq} X^p = A^q X^q + Y^{0q} \tag{5-3-19}$$

式中：

$$\hat{H}^{pq} = \begin{bmatrix} h_1^{pq} & & & \\ & h_2^{pq} & & \\ & & \ddots & \\ & & & h_n^{pq} \end{bmatrix}$$

式（5-3-19）可进一步写为：

$$H^T X = \hat{A} X + Y \tag{5-3-20}$$

式中，H^T 表示矩阵 H 的转置矩阵，且

$$H = \begin{bmatrix} \hat{H}^{11} & \hat{H}^{12} & \cdots & \hat{H}^{1m} \\ \hat{H}^{21} & \hat{H}^{22} & \cdots & \hat{H}^{2m} \\ \vdots & \vdots & & \vdots \\ \hat{H}^{m1} & \hat{H}^{m2} & \cdots & \hat{H}^{mm} \end{bmatrix}$$

由于矩阵（$H^T - \hat{A}$）满秩，则：

$$X = (H^T - \hat{A})^{-1} Y \tag{5-3-21}$$

由式（5-3-21）可见，若已知地区直接消耗系数矩阵 $\hat{A}$ 及地区分配系数矩阵 H，又用预测方法得到计划期各地区最终产品的需求向量 Y，通过上式可计算出计划期各地区各部门的产量 X，再按分配系数就可以很容易地算出地区间的分配量。

三、地区间引力模型

地区间引力模型是由列昂惕夫和斯特鲁托（Alan Strout）于 1961 年提出来的。这个模型由以下三个方面组成：

(1)　$X_i^{0q}=\sum_{j=1}^{n}a_{ij}^{q}X_j^{q0}+Y_i^{0q}\quad(q=1,2,\cdots,m;i=1,2,\cdots,n)$　(5-3-22)

式中，X_i^{0q} 为第 q 地区对第 i 种产品的总使用量，X_i^{q0} 为第 q 地区第 i 种产品的产量，a_{ij}^{q} 为第 q 地区生产单位第 j 种产品对第 i 种产品的直接消耗系数，Y_i^{0q} 为第 q 地区对第 i 种产品的最终需要量。

(2)　$X_i^{p0}=\sum_{q=1}^{m}X_i^{pq}\quad(p=1,2,\cdots,m;i=1,2,\cdots,n)$　(5-3-23)

式（5-3-23）表示第 p 地区运给所有地区第 i 种产品的数量之和等于 p 地区的产量。

(3)　$X_i^{0q}=\sum_{p=1}^{m}X_i^{pq}\quad(q=1,2,\cdots,m;i=1,2,\cdots,n)$　(5-3-24)

式（5-3-24）表示所有地区运给 q 地区的第 i 种产品数量之和等于 q 地区的总使用量。

把式（5-3-23）和式（5-3-24）按地区相加就得到

$$\sum_{p=1}^{m}\sum_{q=1}^{m}X_i^{pq}=\sum_{p=1}^{m}X_i^{p0}=\sum_{q=1}^{m}X_i^{0q}=X_i^{00}\qquad(5-3-25)$$

式中，X_i^{00} 为第 i 种产品的全国总产量。

式（5-3-25）表示 i 种产品所有地区的供应量之总和等于这种产品的总使用量，也就是等于这种产品的全国总产量。

在这个模型中假设第 i 种产品的地区间流量是由以下引力方程决定的：

$$X_i^{pq}=\frac{X_i^{p0}X_i^{0q}}{X_i^{00}}\cdot Q_i^{pq}\quad(p,q=1,2,\cdots,m;i=1,2,\cdots,n)\qquad(5-3-26)$$

由式（5-3-26）可以看出：

第一，p 地区供应 q 地区第 i 种产品的数量(X_i^{pq}）与 p 地区第 i 种产品的产量(X_i^{p0}）大小成正比。

第二，X_i^{pq} 与 q 地区对第 i 种产品的使用量(X_i^{0q}）大小成正比。

第三，X_i^{pq} 与第 i 种产品的全国总产量 X_i^{00} 大小成反比。也就是说，如果全国总产量越大，那么别的地区供应 q 地区的数量就越大，而 p 地区供应 q 地区的数量就会减少。

第四，系数 Q_i^{pq} 是常数，它由以下四个辅助参数决定：

$$Q_i^{pq}=(c_i^p+k_i^q)d_i^{pq}\delta_i^{pq}\qquad(p,q=1,2,\cdots,m;i=1,2,\cdots,n)\qquad(5-3-27)$$

这里，d_i^{pq} 为第 i 种产品由地区 p 运到地区 q 所花运费的倒数，它是已知的常数。δ_i^{pq} 为已知常数，如果 p 地区不能向 q 地区运输 i 种产品，则 $\delta_i^{pq}=0$，否则为 1。c_i^p 与 k_i^q 是在报告期统计资料基础上利用最小二乘法能确定的两个参数。

将式（5-3-27）代入式（5-3-26）中，则得：

$$X_i^{pq}=\frac{X_i^{p0}X_i^{0q}}{X_i^{00}}(c_i^p+k_i^q)d_i^{pq}\delta_i^{pq}\quad(p,q=1,2,\cdots,m;i=1,2,\cdots,n)\qquad(5-3-28)$$

如果知道报告期第 i 种产品在各地区之间的供应量 X_i^{pq} 的实际数量，则可利用最小二乘法求出 c_i^p 和 k_i^q 的数值，其方法如下：

令

$$Q_i = \sum_{p=1}^{m}\sum_{q=1}^{m}[\overline{X}_i^{pq} - X_i^{pq}]^2$$

$$= \sum_{p=1}^{m}\sum_{q=1}^{m}\left[\overline{X}_i^{pq} - \frac{\overline{X}_i^{p0}\overline{X}_i^{0q}}{\overline{X}_i^{00}}(c_i^p + k_i^q)d_i^{pq}\delta_i^{pq}\right]^2 \quad (i=1,2,\cdots,n) \qquad (5-3-29)$$

式中：

$\overline{X}_i^{pq}$ ——报告期各地区之间的实际流量；

X_i^{pq} ——利用式（5－3－28）所得到的 p 地区对 q 地区第 i 种产品供应量的估计值；

$\overline{X}_i^{p0}$ ——报告期地区 p 的第 i 种产品的产量；

$\overline{X}_i^{0q}$ ——报告期 q 地区对第 i 种产品的总使用量；

$\overline{X}_i^{00}$ ——报告期第 i 种产品的全国总产量。

又令

$$b_i^{pq} = \frac{\overline{X}_i^{p0}\overline{X}_i^{0q}}{\overline{X}_i^{00}}d_i^{pq}\delta_i^{pq}$$

则式（5－3－29）可写为：

$$Q_i = \sum_{p=1}^{m}\sum_{q=1}^{m}[\overline{X}_i^{pq} - b_i^{pq}(c_i^p + k_i^q)]^2 \quad (i=1,2,\cdots,n) \qquad (5-3-30)$$

对式（5－3－30）求关于 c_i^p 和 k_i^q 的偏导数，并令其等于零，即

$$\frac{\partial Q_i}{\partial c_i^p} = 2\sum_{q=1}^{m}[\overline{X}_i^{pq} - b_i^{pq}(c_i^p + k_i^q)](-b_i^{pq}) = 0$$

$$(p=1,2,\cdots,m;i=1,2,\cdots,n)$$

$$\frac{\partial Q_i}{\partial k_i^q} = 2\sum_{p=1}^{m}[\overline{X}_i^{pq} - b_i^{pq}(c_i^p + k_i^q)](-b_i^{pq}) = 0$$

$$(q=1,2,\cdots,m;i=1,2,\cdots,n) \qquad (5-3-31)$$

由式（5－3－31）可见，对于每种产品 $i(i=1，2，\cdots，n)$，可由 $2m$ 个方程、$2m$ 个未知数中确定出 $c_i^p(p=1,2,\cdots,m)$ 和 $k_i^q(q=1,2,\cdots,m)$。

综上所述，可用引力方程算出 i 种产品（i=1，2，…，n）的地区间流量。列昂惕夫曾经利用这个方法确定了美国 1954 年 9 个地区钢材的 c^p 和 k^q 的数值，并计算和分析了钢材在各地区流动情况。

在上述三类模型中，列系数模型是一个对资料要求较低，理论上又有一定依据的地区间模型。目前世界上很多国家采用该形式编制地区间投入产出表。

思考题

1. 试述地区投入产出模型的特点和作用。

2. 地区投入产出模型有几种？请分析其优缺点。

3. 详细反映输入输出的地区价值型投入产出表的各象限所反映的经济内容是什么？

4. 根据下列投入产出表，

（1）计算各部门的，直接消耗系数；

（2）计算各部门的，完全消耗系数；

（3）计算各部门的，输入产品的直接消耗系数和完全消耗系数；

（4）若直接消耗系数、劳动者报酬系数、生产税净额和营业盈余系数不变，计划期 3 个部门的最终产品的需求量为 75 亿元、30 亿元、20 亿元，试编制计划期投入产出表。

某年度投入产出表　　单位：亿元

		中间产品			最终产品	总产品
		1	2	3		
地区部门	1	20	0	10	70	100
	2	20	20	0	20	60
	3	0	10	20	20	50
输入产品	1	10	0	0		
	2	0	5	0		
	3	0	5	0		
劳动者报酬		25	10	10		
生产税净额和营业盈余		25	10	10		
总计		100	60	50		

5. 试述编制地区间投入产出模型的作用。

6. 地区间投入产出模型有几种？如何加以评价？

第六章

部门与企业投入产出模型

第一节　部门投入产出模型

部门投入产出模型是研究部门内部各种产品（子部门）之间的相互联系，研究某一部门与国民经济各个部门（产品）的相互依存关系的一种重要工具。

全国投入产出表中虽有许多部门的数据，一般来说，它只能包含综合性的部门和大类产品。而实际上每个部门中的产品是众多的，以钢材为例，它可分为线材、特厚钢板、中厚钢板、薄钢板、无缝钢管、焊接钢管、重轨、轻轨等 20 多种大类产品，这些产品的生产消耗和分配去向均有所不同。在全国投入产出表中可以只列钢材一个品名，但要深入研究钢材部门内部产品间的相互依存关系，以及研究它与国民经济各个部门的相互联系，就需要编制特殊部门的投入产出表和模型。

一、部门投入产出模型的特点

部门投入产出模型具有与地区模型相似的特点。

第一，部门模型通常都列有输入产品的具体用途。由于外部门输入产品在部门生产中占有重要的地位，因此在模型中常采用矩阵法列出输入产品的具体用途。

第二，由于净输出与净出口总额占部门净产值总额的比重，比净出口占全国国民收入的比重通常要高得多，所以，部门模型中净产值总额与部门投资消费总额往往有相当大的差额。

第三，部门模型的产品或部门分类比全国模型细得多。

由此可见，部门模型是全国模型的深化和基础。

二、部门投入产出模型的作用

编制部门投入产出表可以有两种不同的理解和作用，对应不同的理解和作用，部门投入产出模型主要有以下两种类型：

一种是按一个主管部门编制的投入产出表。在此模型中，包括该主管部门所属企业生产的主要产品或全部产品，而不论这些企业生产的产品是否是该主管部门的特征产品。例如，在按冶金部这一主管部门编制的投入产出表中，不但包括该部门生产的各种冶金产品，而且该主管部门所属企业生产的非冶金产品也可列入表中，但不属于冶金部主管部门的冶金产品，则不包括在研究范围之内。因此，此表研究的总体是冶金部所属的企业。编制主管部门的投入产出模型能反映某主管部门内部各企业生产的产品之间的生产联系，同时反映该主管部门与国民经济其他部门之间的生产联系。

另一种是按大类产品部门编制的投入产出模型，即所列的产品中包括大类产品部门所属的主要产品或全部产品，而不论这些产品由哪个主管部门所属企业生产。例如，编制冶金部门投入产出表，表中研究的总体是全国冶金生产，即除冶金企业生产的冶金产品包括在内之外，非冶金部门生产的冶金产品也应包括在内，而冶金部门生产的非冶金产品应当扣除。因此，这种模型对于研究该大类产品内部各细分类产品间的内在联系大有好处。

三、部门投入产出模型的结构

部门投入产出模型同样可以分为实物型和价值型两种。部门价值表见表 6-1。

在表 6-1 中，先把研究的部门分成若干子部门或若干种产品。如冶金部门的投入产出表中可以分为铁矿石、各种有色金属矿石、生铁、钢、各种线材、钢板、钢管、有色金属、耐火材料、焦炭等。化工部门的投入产出表中可分为硫酸、硝酸、合成氨、化肥等。

表 6-1　　部门价值表

产出 / 投入			本部门中间使用		其他部门中间使用		最终使用						总产出
			1 2 … n	小计	1 2 … k	小计	消费	基建投资	增加库存等	进口(−)	出口(+)	小计	
中间投入	本部门产品	1	X_{11} … X_{1n}			W_1						Y_1	X_1
		2 ⋮	⋮ Ⅰ ⋮		Ⅱ	⋮			Ⅲ			⋮	⋮
		n	X_{n1} … X_{nn}			W_n						Y_n	X_n
		小计											
	外部门提供的产品	1	E_{11} … E_{1n}									Y_1^g	G_1
		2 ⋮	⋮ Ⅳ ⋮									⋮	⋮
		m	E_{m1} … E_{mn}									Y_m^g	G_m
		小计											

续前表

投入＼产出		本部门中间使用		其他部门中间使用		最终使用						总产出
		1 2 … n	小计	1 2 … k	小计	消费	基建投资	增加库存等	进口（−）	出口（+）	小计	
最初投入	固定资产折旧	D_1 … D_n										
	劳动者报酬 生产税净额 和营业盈余	V_1 … V_n ⋮ M_1 … M_n										
	合计											
总投入		X_1 … X_n										

假设这个部门共分为 n 个子部门或 n 种产品。

从表 6-1 的水平方向看，它反映这个部门生产的各种产品的使用情况。共分为三部分，即本部门中间使用、其他部门中间使用和最终使用。其他部门中间使用是指本部门生产的各种产品作为国民经济其他部门的生产消耗。在表 6-1 中，第Ⅰ部分反映部门内部 n 种产品之间的相互消耗关系，第Ⅱ部分反映本部门产品用于部门外产品的生产消耗关系，第Ⅲ部分反映本部门产品作为最终产品使用的情况。

从表 6-1 的水平方向上，有关系式为：

$$\sum_{j=1}^{n} X_{ij} + W_i + Y_i = X_i \quad (i = 1,2,\cdots,n) \tag{6-1-1}$$

以 a_{ij} 表示本部门内第 j 种产品对第 i 种产品的直接消耗系数，于是就有：

$$\sum_{j=1}^{n} a_{ij}X_j + W_i + Y_i = X_i \quad (i = 1,2,\cdots,n) \tag{6-1-2}$$

将式（6-1-2）改写为矩阵形式

$$AX+W+Y=X$$

或

$$X=(I-A)^{-1}(W+Y) \tag{6-1-3}$$

式中：

A——直接消耗系数矩阵；

W——其他部门中间产品消耗列向量，其元素 W_i 反映其他部门对本部门的第 i 种产品（子部门）的生产消耗量；

Y——本部门的最终使用列向量；

X——本部门产品总产出列向量。

外部门输入产品的分配使用平衡方程为：

$$\sum_{j=1}^{n} E_{ij} + Y_i^g = G_i \quad (i = 1,2,\cdots,m) \tag{6-1-4}$$

以 a_{ij}^g 表示本部门对外部门的直接消耗系数，于是有：

$$\sum_{j=1}^{n} a_{ij}^{g} X_j + Y_i^g = G_i \quad (i = 1,2,\cdots,m) \tag{6-1-5}$$

故有：

$$A^g X + Y^g = G \tag{6-1-6}$$

$$A^g (I-A)^{-1} (W+Y) + Y^g = G \tag{6-1-7}$$

从表6-1的垂直方向看，它反映各种产品或各个子部门产品的中间投入、最初投入与总投入的关系。表中第Ⅳ部分反映国民经济其他部门所提供给本部门的各种原材料、辅助材料、燃料、动力等的消耗情况。表中第Ⅴ部分反映本部门内各种产品在生产过程中所消耗的固定资产价值（折旧额）、劳动者报酬以及生产税净额和营业盈余的数量。

从表6-1的垂直方向上，有关系式：

$$\sum_{i=1}^{n} X_{ij} + \sum_{i=1}^{m} E_{ij} + D_j + V_j + M_j = X_j \quad (j = 1,2,\cdots,n) \tag{6-1-8}$$

将直接消耗系数代入式（6-1-8），并将其矩阵化，故有：

$$(\hat{C} + \hat{E})X + D + V + M = X \tag{6-1-9}$$

由于

$(I - \hat{C} - \hat{E})$ 满秩，故有

$$X = (I - \hat{C} - \hat{E})^{-1}(D + V + M) \tag{6-1-10}$$

其中：

$$\hat{C} = \begin{bmatrix} \sum_{i=1}^{n} a_{i1} & & & \\ & \sum_{i=1}^{n} a_{i2} & & \\ & & \ddots & \\ & & & \sum_{i=1}^{n} a_{in} \end{bmatrix}$$

$$\hat{E} = \begin{bmatrix} \sum_{i=1}^{m} a_{i1}^{g} & & & \\ & \sum_{i=1}^{m} a_{i2}^{g} & & \\ & & \ddots & \\ & & & \sum_{i=1}^{m} a_{in}^{g} \end{bmatrix}$$

第二节　部门投入产出模型的应用

我国最早编制的部门投入产出表，是原化工部规划设计院1980年在中国科学院系统科学研究所的协助下试编的1978年投入产出表。该表是一个实物型部门投入产出表，共分16种主要的化工产品，即硫酸、硝酸、纯碱、烧碱、合成氨、氮肥、磷肥、化学农药、乙烯、丙烯、苯、塑料、合成橡胶、油漆、橡胶制品、染料等。后来，又有能源、船舶、农业、机械电子工业等投入产出表的成功编制，在模型的应用方面积累了不少经验。下面以1983年全国机械电子工业投入产出表为例，对部门投入产出模型的主要应用加以介绍。

机械电子工业是我国产值最大、产品最复杂的一个部门，它既为国民经济各部门提供各种加工设备，又为人民生活提供各种耐用消费品。因此，模型的研制能够为深入研究机械电子工业的内部结构与国民经济各部门之间的经济技术联系，加强对机械电子工业的经济分析、预测和政策研究提供有力的工具。

根据研究需要、数据搜集的可能性以及传统的分类方法，将全国轻、重机械细分为51个部门，非机械部门粗分为20个部门，故该表为包含71个部门的价值表。运用此表可以对机械电子工业部门的结构进行分析；可以利用投入产出与线性规划相结合的方法，对机械电子工业部门的行业结构进行优化计算；也可以利用投入产出模型对有关价格进行研究；等等。下面只是根据这个投入产出表的数据给出有关分析结果。

一、机械电子工业部门的结构分析

1. 产出结构

按当年生产价格计算，我国重机械占全国机械电子工业总产值的3/4，这表明制造生产资料的重机械工业居于主导地位。将表中机械电子工业粗分为八大类，各类所占的比重分别为：农业机械5.9%，工业设备17.18%，交通设备12.64%，电子工业9.62%，生活用机械8.07%，金属制品24.05%，机械修理5.61%，其他16.87%。可见，在我国机械电子工业中，技术比较简单的金属制品和传统的工业设备所占的比重较大，而电子工业这一新技术产业却比较落后，只占9.6%，这表明我国机械电子工业内部行业结构不合理，需进行结构调整。

2. 投入结构

随着新技术的大量涌现，先进国家大大加快技术进步的进程，不断提高原材料的利用率，提高加工深度与劳动生产率。世界上一些国家的投入产出表表明，机械工业的金属材料消耗系数有逐步降低的趋势，而机械电子工业的自身消耗系数有逐步上升的趋势，利用该模型与技术先进国家的模型进行对比，明显地发现：金属材料投入系数很高，而自身投入系数却很低。就金属材料投入系数而言，日本1970年为0.13，我国1983年为0.174；就机械电子工业自身投入而言，日本1970年为0.309，我国1983年才为0.176。这就说明，我国机械电子工业专业化程度很低，有不少企业由于设备陈旧、工艺落后、管理不善，基本上仍停留在原材料消耗型的一般加工水平上。

通过投入结构分析，找出了我国与发达国家在机械电子工业方面的差距，从而也说明了我国机械电子工业发展的潜力。

二、机械电子工业部门结构的合理化研究

采用投入产出与线性规划相结合的方法，建立了机械电子工业发展优化模型。该模型是将51个机械电子工业部门压缩成15个部门，又将非机械电子工业部门合并成一个部门作为最终产品处理，所做的优化模型是含有15个决策变量、51个约束方程，并以机械电子工业净产值最大为目标函数的模型。

根据模型的计算结果，到2000年，电子工业、仪器仪表、汽车、通用零部件和生活用机械五个行业，平均发展速度均超过机械电子工业全行业的平均发展速度，这标志着机械电子工业的行业结构朝合理化方向发展。

三、价格研究

利用机械电子工业51×51部门投入产出表，可对几种调价方案进行测算，从而了解其影响程度并进行比较研究。比如先后测算了黑色金属部门单独调价和黑色金属、电力、煤炭、石油四个部门同时调价两种调整方案，每种调整方案又分为高低两种不同的调价幅度，根据模型的运算结果，经分析，可以提出这样的两点看法：

（1）如果对价格体系进行调整，最好采用少数部门调价、其他部门价格不变的办法，否则，若其他部门价格都做相应调整，就不但不能从根本上改善原来不合理的比价，而且会导致物价全面变动，从而影响分配和再分配的各个领域，致使人们在心理上难以承受，会造成不良影响。

（2）价格调整的幅度不宜过大，若几个影响很广的部门同时提价，且幅度过大，相当一部分企业则会难以承受，甚至会导致轮番涨价，造成成本推动型通货膨胀。因此，首先应对那些极不合理的价格进行适当调整，逐步理顺价格体系。

第三节　企业投入产出模型

企业是国民经济的细胞。提高企业经济效益的途径有两条：一是技术方面的改进（属硬科学），如采用新设备、新工艺、新材料等；二是管理方法和管理水平的提高（属软科学），如合理利用人力物力资源，合理组织规划生产等。技术与管理好比鸟之双翼、车之两轮，缺一不可。投入产出分析也是我国企业现代化管理的重要方法之一。

企业投入产出模型是以数学的形式反映企业的各车间和各产品之间的生产联系、物资供应、设备和劳动资源利用的经济数学模型。这种模型与企业的生产计划、财务成本、物资、劳动工资、销售等管理都有直接关系。

一、企业投入产出模型的特点

企业投入产出表也分实物表与价值表两种类型，其形式与地区表和部门表相似，但在

产品分类、实物表与价值表的结合、统计资料与规划资料的统一、以经济效益为中心的模型应用、微观管理等方面均不同于上述其他模型。

企业投入产出表可以按产品名称分类，也可以按生产工序名称分类，还可以按车间名称分类。一般来说，模型中所包含的产品，不管它们是完成了全部加工过程最后入库的产成品，还是处于生产过程中还需进一步加工的半成品，都一律看成是完整的产品。一个企业的投入产出模型中所包含的产品，通常是不同品种和规格的产品类。当然，应该着重指出的是，无论按什么原则划分产品，均应尽可能符合投入产出分析的同质性和比例性的基本假定。

二、企业投入产出模型的作用

概括起来，建立企业投入产出模型的作用有以下几点：

（1）实现企业现代化管理的重要方法。现代化管理要求用现代科学的方法来代替传统的经验方法，应用企业投入产出模型，可帮助人们有效地考察生产过程中所存在的基本数量关系和数量界限，如通过模型可全面地反映各种产品之间的基本流向和流量，以确定生产的结构，分析主体生产与辅助生产、附属生产的联系及比例等。

（2）为企业以销定产，达到产、供、销平衡提供有力的分析工具。企业为了提高经济效益，必须坚持以销定产的原则，密切地联系企业的产品销售信息，掌握外购材料等供应情况，并结合企业的实际，制定出科学的计划，也只有如此，才能更好地适应市场变化机制，做到产、供、销平衡。

（3）利用企业投入产出模型可制定合理的价格体系，以利于进行产品成本核算，调动生产者的积极性，并为发现企业的优、劣产品，更好地生产、经营与销售，提供数量上的依据。

（4）编制企业投入产出表，对提高部门、地区以及全国投入产出模型的质量起到良好的作用。

三、建立企业投入产出模型的条件

投入产出技术对于大部分企业是适用的。但是如果具备以下几个条件，则应用效果更加明显。

（1）企业的产品品种比较固定且大批量生产。大部分企业均具备此条件，如钢铁、化工、橡胶、纺织等企业，不但生产品种较固定，而且是大批量生产，这样利用投入产出模型来研究品种间的数量关系，效果较好。但是也有一部分企业产品种类繁多且不固定，批量又很小，如生产模具等企业，不太适合编制投入产出表。

（2）工艺过程比较稳定。由于直接消耗系数的稳定性是应用投入产出模型的前提条件，而生产工艺的稳定就意味着有稳定的直接消耗系数，从而可利用报告期投入产出表较好地研究计划期与预测期的问题。

（3）有较好的统计、会计和业务核算的基础。只有企业产品的各项投入与产出基础资料基本齐备、可靠，建立模型所计算的结果才能反映实际，所编制的投入产出表才有意义，利用模型编制计划，安排今后生产活动才会取得好的效果。

四、企业投入产出模型的结构

1. 企业实物模型的结构

企业实物表可见表 6 - 2。

表 6 - 2　　企业实物表

产出 投入		单位	自产产品				最终产品			总产品
			1	…	n	小计	商品量	库存增量	小计	
自产产品	1 ⋮ n		X_{11} ⋮ X_{n1}	Ⅰ	X_{1n} ⋮ X_{nn}			Ⅱ	Y_1 ⋮ Y_n	X_1 ⋮ X_n
外购产品	1 ⋮ k		h_{11} ⋮ h_{k1}	Ⅲ	h_{1n} ⋮ h_{kn}			Ⅳ	f_1 ⋮ f_k	H_1 ⋮ H_k

表 6 - 2 中包括了 n 种自产产品，其中包括自产的特种产品、辅助和附属产品。表中还列出了企业从外部购入的 k 种产品。其中，包括从外部购入的原料、材料、辅助材料、燃料和动力等。

表 6 - 2 被分割成四个象限。第Ⅰ象限反映了自产产品之间的投入和产出的数量依存关系，它们主要是由企业的生产技术条件和管理水平决定的。第Ⅱ象限是第Ⅰ象限在横向上的延伸，它反映了自产产品作为最终产品使用的情况，把第Ⅰ和第Ⅱ象限连起来，就是自产产品按实际用途的分配关系。第Ⅲ象限是第Ⅰ象限在纵向上的延伸，它反映了自产产品在本期生产中，对外购产品的实际消耗量。第Ⅳ象限是由横行 k 种外购产品与纵列最终产品交织而成的，它反映了外购产品用于转手外销或增加库存的数量，把第Ⅲ和第Ⅳ象限连起来，就是外购产品按实际用途的分配关系。

从表 6 - 2 的水平方向上，有如下关系式：

$$\sum_{j=1}^{n} x_{ij} + Y_i = X_i \quad (i = 1,2,\cdots,n) \tag{6-3-1}$$

$$\sum_{j=1}^{n} h_{ij} + f_i = H_i \quad (i = 1,2,\cdots,k) \tag{6-3-2}$$

若将第Ⅰ象限和第Ⅲ象限连起来看，则可看出自产产品对自产产品及外购产品的消耗情况，可以明确回答自产产品消耗了哪些产品和数量多少的问题，但由于计量单位上的不同，表 6 - 2 中不能按列相加。因此，企业实物表在垂直方向上不能形成生产消耗关系式。

为了从数量上确定产品间的生产联系强度，求解线性方程组，并进行各种经济分析及其他应用，这里，首先引入直接消耗系数，分别表示自产产品 j 对自产产品 i 的直接消耗系数和自产产品 j 对外购产品 i 的直接消耗系数。

令

$$a_{ij}=\frac{x_{ij}}{X_j}\quad(i,j=1,2,\cdots,n)\tag{6-3-3}$$

及

$$d_{ij}=\frac{h_{ij}}{X_j}\quad(i=1,2,\cdots,k;\ j=1,2,\cdots,n)\tag{6-3-4}$$

分别表示自产产品 j 对自产产品 i 的直接消耗系数、自产产品 j 对外购产品 i 的直接消耗系数。

直接消耗系数的量值，主要取决于生产技术条件，故又被称为技术系数。同一个企业不同时期的直接消耗系数的对比分析，可以帮助人们考察技术进步情况、改善企业经营管理情况和增产节约的效果。通过同一行业不同企业之间直接消耗系数的比较分析，可以看出不同企业在生产技术水平和管理水平上的差距，并找出增产节约的途径。一个分类详细、完备的直接消耗系数表，对于加强企业的定额管理是十分有益的。

将式（6-3-3）代入式（6-3-1）中，则有：

$$\sum_{j=1}^{n}a_{ij}X_j+Y_i=X_i\quad(i=1,2,\cdots,n)\tag{6-3-5}$$

将式（6-3-5）用矩阵形式表示为：

$$AX+Y=X\tag{6-3-6}$$

或者

$$X=(I-A)^{-1}Y\tag{6-3-7}$$

式（6-3-7）的经济含义非常明显，只要确定了计划期自产产品的销售量与库存增减量等，则可利用以销定产模型式（6-3-7），推算出计划期总产量 X。

再将式（6-3-4）代入式（6-3-2）中，则有：

$$\sum_{j=1}^{n}d_{ij}X_j+f_i=H_i\quad(i=1,\cdots,k)\tag{6-3-8}$$

将式（6-3-8）用矩阵形式表示为：

$$DX+F=H\tag{6-3-9}$$

式中，

$$D=\begin{bmatrix}d_{11}&d_{12}&\cdots&d_{1n}\\\vdots&\vdots&&\vdots\\d_{k1}&d_{k2}&\cdots&d_{kn}\end{bmatrix}\quad F=\begin{bmatrix}f_1\\\vdots\\f_k\end{bmatrix}\quad H=\begin{bmatrix}H_1\\\vdots\\H_k\end{bmatrix}$$

将式（6-3-7）代入式（6-3-9）中，则有：

$$D(I-A)^{-1}Y+F=H\tag{6-3-10}$$

其中，$D(I-A)^{-1}$便是企业自产产品对外购产品的完全消耗系数矩阵，式（6-3-10）将对外购产品的需求量与自产产品的最终产品数量，用线性关系联系起来，即在计划期内，按一定方法预测出企业自产产品及外购产品用于最终产品的数量，再将企业自产产品与外购产品的直接消耗系数进行适当的修正，则由式（6-3-10）很容易算出企业对外购产品的总需求量。

为便于理解，可参见表 6-3。

表 6-3 **某化工厂报告期实物型投入产出表** 单位：百吨(除注明单位外)

投入＼产出			中间产品											最终产品			总产量
			蒸汽	电石	氯气	烧碱	液氯	氯化氢	盐酸	次氯酸钠	环氧氯烃	聚氯乙烯	小计	销售量	库存增量	小计	
自产产品	蒸汽	1				939.33	1.71				14.91	345.56	1 301.51				1 301.51
	电石	2										117.77	117.77		1.14	1.14	118.91
	氯气	3					15.98	113.42		6.00			135.40	8.92		8.92	144.32
	烧碱	4								8.13	0.94	3.90	12.97	152.94	1.82	154.76	167.73
	液氯	5									8.14		8.14	6.97	0.06	7.03	15.17
	氯化氢	6							11.11			103.68	114.79				114.79
	盐酸	7												34.03	−0.12	33.91	33.91
	次氯酸钠	8												47.12	0.58	47.70	47.70
	环氧氯烃	9												7.87	−1.14	6.73	6.73
	聚氯乙烯	10												126.37	1.47	127.84	127.84
外购产品	煤	1	676.79										676.79		65.94	65.94	742.73
	焦炭	2		119.47									119.47		6.82	6.82	126.29
	石灰石	3		240.26									240.26		−13.10	−13.10	227.16
	原盐	4	2.60		130.55	150.78							283.93		−2.40	−2.40	281.53
	电石	5										127.48	127.48				127.48
	工艺电(百万度)	6		39.39	19.39	22.39							81.17				81.17
	水(万吨)	7	48.03	71.34	175.91	203.17	1.74	46.26	8.40	8.30	57.97	526.73	1 147.85				1 147.85
	动力电(万度)	8	164.77	37.94	58.37	67.41	11.19	2.33	0.56	0.60	2.78	458.22	804.17				804.17
	其他材料(万元)	9		56.96	16.38	107.25	4.28	20.38	2.18	4.17	48.23	231.60	491.43		−2.52	−2.52	488.91

在企业实物型投入产出表的基础上，将每一行都乘以相应价格，并把固定资产折旧、工资、车间经费、企业管理费、利润、税金、其他费用等最初投入列入第Ⅴ象限则得到企业报告期价值表。

2. 企业价值模型的结构

企业价值表可见表 6-4。

表 6-4　　企业价值表　　单位：元

产出 投入		中间产品		最终产品					总产出
		1　2　…　n	合计	外销	本厂基建用	增加库存	其他	合计	
自产产品	1	X_{11}　…　X_{1n}						Y_1	X_1
	2								
	⋮	⋮　Ⅰ　⋮					Ⅱ	⋮	⋮
	n	X_{n1}　…　X_{nn}						Y_n	X_n
	合计								
外购产品	1	G_{11}　…　G_{1n}						Y_1^g	G_1
	2								
	⋮	⋮　Ⅲ　⋮					Ⅳ	⋮	⋮
	m	G_{m1}　…　G_{mn}						Y_m^g	G_m
	合计								
固定资产折旧		D_1　…　D_n							
企业管理费		S_1　…　S_n							
工资		V_1　Ⅴ　V_n					Ⅵ		
税金及利润		M_1　…　M_n							
合计									
总投入		X_1　…　X_n							

从表 6-4 的水平方向看，第Ⅰ部分反映企业内部中间产品间的技术联系。第Ⅱ部分反映了本企业所生产产品的最终使用，包括外销量、本厂基建的使用数量以及产成品库存的增加等。第Ⅲ部分反映了外购产品的使用情况，其中一部分反映本企业产品对外购产品的消耗关系，另有一部分是企业办理转手外销的业务。如钢铁企业中，电力、重油、废钢铁等为其外购产品，其中一大部分用于本企业生产的消耗，还有一部分则用于转手外销。表中第Ⅴ部分反映了生产中消耗的固定费用（包括基本折旧、大修理费和管理人员工资等）和新创造价值（包括生产工人工资、税金及利润）。

从表 6-4 的垂直方向看，表中第Ⅰ、Ⅲ、Ⅴ部分表明了企业各种产品的产值和成本的组成情况。其中包括了本厂各种产品生产过程中对自产产品和外购原材料、辅助材料、燃料、动力等的消耗以及对固定资产的折旧、其他货币开支、工人的工资、上缴税金和所得利润等。

下面将用数学形式来表达表 6-4 中的经济联系和平衡关系。

(1) 企业自产产品的分配去向，有如下方程式：

$$\sum_{j=1}^{n} x_{ij} + Y_i = X_i \quad (i = 1,2,\cdots,n) \tag{6-3-11}$$

令

$$a_{ij} = \frac{x_{ij}}{X_j} \quad (i,j=1,2,\cdots,n) \tag{6-3-12}$$

这里，a_{ij}表示企业中第j种自产产品对第i种自产产品的直接消耗系数。

将式（6-3-12）代入式（6-3-11）中，则有：

$$\sum_{j=1}^{n} a_{ij}X_j + Y_i = X_i \quad (i = 1,2,\cdots,n) \tag{6-3-13}$$

将式（6-3-13）改写为矩阵形式

$$AX+Y=X \tag{6-3-14}$$

由于（$I-A$）满秩，故有

$$X=(I-A)^{-1}Y \tag{6-3-15}$$

式（6-3-15）的经济意义是比较明显的。

外购产品的调入与使用平衡则有：

$$\sum_{j=1}^{n} G_{ij} + Y_i^g = G_i \quad (i = 1,2,\cdots,m) \tag{6-3-16}$$

令

$$h_{ij} = \frac{G_{ij}}{X_j} \quad (i=1,2,\cdots,m;\ j=1,2,\cdots,n) \tag{6-3-17}$$

这里h_{ij}表示企业第j种自产产品对第i种外购产品的直接消耗系数。

将式（6-3-17）代入式（6-3-16）中，则有

$$\sum_{j=1}^{n} h_{ij}X_j + Y_i^g = G_i \quad (i = 1,2,\cdots,m) \tag{6-3-18}$$

将式（6-3-18）改写为矩阵形式

$$HX+Y^g=G \tag{6-3-19}$$

式中，

$$H=\begin{bmatrix} h_{11} & h_{12} & \cdots & h_{1n} \\ \vdots & \vdots & & \vdots \\ h_{m1} & h_{m2} & \cdots & h_{mn} \end{bmatrix} \quad G=\begin{bmatrix} G_1 \\ G_2 \\ \vdots \\ G_m \end{bmatrix}$$

$$Y^g=\begin{bmatrix} Y_1^g \\ Y_2^g \\ \vdots \\ Y_m^g \end{bmatrix} \quad X=\begin{bmatrix} X_1 \\ X_2 \\ \vdots \\ X_n \end{bmatrix}$$

由式（6－3－19）可计算出计划期内企业对外购原材料、辅助材料、燃料、动力等的需求量。

将式（6－3－15）代入式（6－3－19）中，则有：

$$H(I-A)^{-1}Y+Y^{g}=G \tag{6-3-20}$$

这里 $H(I-A)^{-1}$ 是企业自产产品对外购产品的完全消耗系数。因此，在计划期内，通过式（6－3－20），能够算出企业对外购产品的总需求量。

（2）从表 6－4 的垂直方向看，则有：

$$\sum_{i=1}^{n} X_{ij}+\sum_{i=1}^{m} G_{ij}+D_{j}+S_{j}+Z_{j}=X_{j} \quad (j=1,2,\cdots,n) \tag{6-3-21}$$

这里 S_j 表示第 j 种产品的企业管理费，Z_j 表示第 j 种产品的新创造价值 (V_j+M_j)。

将式（6－3－12）及式（6－3－17）代入式（6－3－21）中，则有：

$$\sum_{i=1}^{n} a_{ij}X_{j}+\sum_{i=1}^{m} h_{ij}X_{j}+D_{j}+S_{j}+Z_{j}=X_{j} \quad (j=1,2,\cdots,n) \tag{6-3-22}$$

将式（6－3－22）改写为矩阵形式，则有：

$$\hat{C}_{A}X+\hat{C}_{H}X+D+S+Z=X \tag{6-3-23}$$

或

$$(I-\hat{C}_{A}-\hat{C}_{H})X=D+S+Z \tag{6-3-24}$$

式中，

$$\hat{C}_{A}=\begin{bmatrix} \sum_{i=1}^{n} a_{i1} & 0 & \cdots & \cdots & 0 \\ 0 & \sum_{i=1}^{n} a_{i2} & 0 & \cdots & 0 \\ & & & \ddots & \\ 0 & 0 & \cdots & 0 & \sum_{i=1}^{n} a_{in} \end{bmatrix}$$

$$\hat{C}_{H}=\begin{bmatrix} \sum_{i=1}^{m} h_{i1} & 0 & \cdots & \cdots & 0 \\ 0 & \sum_{i=1}^{m} h_{i2} & 0 & \cdots & 0 \\ & & & \ddots & \\ 0 & 0 & \cdots & 0 & \sum_{i=1}^{m} h_{in} \end{bmatrix}$$

X、D、S、Z 均为列向量。

由式（6－3－22）或式（6－3－23）可明显反映出本企业自产产品的价值构成。

第四节　企业投入产出模型的应用

建立企业投入产出模型，能使企业的现代化管理走上一个新的台阶。利用投入产出模型可以模拟一个具体经济系统的内在规律，可以全面而深刻地分析经济系统内部各组成部分之间的数量依存关系，可以制定计划和调整计划；可以确定合理的内部结算价格、出厂价格，进行成本核算，等等。下面以某化工厂实物表（见表 6－3）为基础，对投入产出技术在企业的主要应用做一介绍。

一、在经济分析方面的应用

企业投入产出模型可以全面反映各种产品之间的基本流向和流量，并可利用消耗系数，对企业的各种产品间的比例关系，自产产品与外购产品的比例、产品的自用与外销比例等进行系统的分析。

例如，从直接消耗系数矩阵（见表 6－5）的第 10 列可以看出，在现有技术水平和管理水平下，每生产 1 吨聚氯乙烯直接消耗蒸汽 2.703 1 吨、电石 0.921 2 吨、烧碱 0.030 5 吨、氯化氢 0.811 0 吨。表 6－5 中的其他各列数据，也给出了该列与其余生产环节及外购物料的直接消耗关系。

表 6－5　　**直接消耗系数矩阵（*A*）和（*D*）**　　单位：吨（除注明单位外）

		1	2	3	4	5	6	7	8	9	10
自产产品	1				5.600 3	0.112 7					2.703 1
	2										0.921 2
	3					1.053 4	0.988 1		0.125 8		
	4								0.170 4	0.139 7	0.030 5
	5									1.209 5	
	6							0.327 6			0.811 0
	7										
	8										
	9										
	10										
外购产品	1	0.520 0									
	2		1.004 7								
	3		2.020 5								
	4	0.002 0		0.904 6	0.898 9						
	5										0.997 2
	6(万度)		0.331 3	0.134 4	0.133 5						
	7(百吨)	0.036 9	0.599 9	1.218 9	1.211 3	0.114 7	0.403 0	0.247 7	0.174 0	8.613 7	4.120 2
	8(百度)	0.126 6	0.319 1	0.404 4	0.401 9	0.737 6	0.020 3	0.016 5	0.012 6	0.413 1	3.584 3
	9(百元)		0.479 0	0.113 5	0.639 4	0.282 1	0.177 5	0.064 3	0.087 4	7.166 4	1.811 6

再从列昂惕夫逆矩阵 $(I-A)^{-1}$ 与外购产品的完全消耗系数矩阵即表 6－6 中的第 10 列可见，每生产 1 吨聚氯乙烯需要蒸汽 2.874 1 吨、电石 0.921 3 吨、氯气 0.801 3 吨、烧碱 0.030 5 吨、氯化氢 0.811 0 吨。同时直接或间接需要外购物料，如煤 1.494 4 吨、焦炭 0.925 6 吨、石灰石 1.861 4 吨、原盐 0.758 0 吨、电石 0.997 2 吨、工艺电 4 169 度、水 611.95 吨、动力电约 459 度以及近 251 元的其他材料费等。表中其他各列数据，也都给出了该列与其余生产环节的相应比例和对外购料的需求量。这些数据为编制计划和组织生产提供了可靠的数据基础，为设计同类型企业提供了基本参数，也能借以发现同类型企业的消耗水平上的差异及调整品种的余地等。

表 6－6　　完全消耗系数矩阵 $(I-A)^{-1}$ 和 $D(I-A)^{-1}$　　单位：吨（除注明单位外）

		1	2	3	4	5	6	7	8	9	10
自产产品	1	1			5.600 3	0.113 0			0.954 8	3.128 9	2.874 1
	2		1								0.921 3
	3			1		1.053 4	0.988 1	0.323 7	0.125 8	1.274 1	0.801 3
	4				1				0.170 4	0.139 7	0.030 5
	5					1				1.209 5	
	6						1	0.327 6			0.811 0
	7							1			
	8								1		
	9									1	
	10										1
外购产品	1	0.520 0			2.912 2	0.058 6			0.496 3	1.629 7	1.494 4
	2		1.004 7								0.925 6
	3		2.020 5								1.861 4
	4	0.002 0		0.904 6	0.910 1	0.953 1	0.893 8	0.292 8	0.268 9	1.284 3	0.758 0
	5										0.997 2
	6(万度)		0.331 3	0.134 4	0.133 5	0.141 5	0.132 8	0.043 5	0.039 7	0.189 8	0.416 9
	7(百吨)	0.036 9	0.599 9	1.218 9	1.418 0	1.402 8	1.607 3	0.774 3	0.569 0	10.590 2	6.119 5
	8(百度)	0.126 6	0.319 1	0.404 4	1.110 9	1.178 0	0.419 9	0.154 1	0.252 8	2.273 5	4.594 9
	9(百元)		0.479 0	0.113 5	0.639 4	0.401 7	0.289 7	0.159 2	0.210 7	7.741 6	2.507 4

二、在制定计划和调整计划方面的应用

投入产出模型的一个重要特点，就是它能成功地解决企业以销定产、以销定购的问题。

1. *计划产量与物资需求量的预测*

为了避免资金、材料、人力等的浪费，企业应以订货合同为出发点，来制定生产计划和物资供应计划。假定我们能够通过订货会议和市场预测，确定出计划期的最终产品列向量 (Y)，则可根据式 $X=(I-A)^{-1}Y$ 算出计划期内自产产品的生产量 (X)，同时，也可根据式 $DX=D(I-A)^{-1}Y$ 计算出对外购原材料的需求量。由此，可合理地安排生产与物资采购量。

在企业的技术结构与管理水平不发生重大变化的情况下，用此方式确定的计划方案，

才是比较平衡稳妥的方案，根据这种方案安排生产才有可能达到产、供、销综合平衡。

2. 安排生产进度和编制作业计划

企业计划期的产品品种和数量指标被确定后，还需进一步把计划年度的生产任务按季、月进行分解落实，编制出切合实际的生产进度计划和作业计划。

安排计划期产品的生产进度与编制作业计划的具体方法如下：

第一步，根据企业的生产特点，将全年的商品计划按季或月进行合理分配，从而得出各季度或各月的商品生产任务。关于合理分配商品生产可采用平均分配、集中生产，分期递增或递减等方式，也可将各种方式结合起来确定各季或各月份的生产任务。现以平均分配方式，将上述计划期最终产品平均分配到四个季度，同时考虑到季节、批量和检修等影响，经个别调整后，确定出各季度的最终产品生产计划，用符号 Y^k（$k=1, 2, 3, 4$）来表示四个列向量，其分配结果为：

$$Y^1=(0,0.28,2,40,2,0,11,11,1,35)^T$$
$$Y^2=(0,0.29,2.5,41,2,0,11.5,12,1.5,36)^T$$

Y^3 与 Y^4 分别与 Y^1、Y^2 相同。

第二步，在确定了各季度的商品生产任务后，即可按下式计算出各季度的总产出量：

$$\begin{aligned}X&=(I-A)^{-1}(Y^1+Y^2+Y^3+Y^4)\\&=(I-A)^{-1}Y^1+(I-A)^{-1}Y^2+(I-A)^{-1}Y^3+(I-A)^{-1}Y^4\\&=X^1+X^2+X^3+X^4\end{aligned}$$

式中，X^k（$k=1, 2, 3, 4$）为计划期里第 k 季度的总产品列向量，即

$$X^k=(I-A)^{-1}Y^k \quad (k=1,2,3,4)$$

根据上述计划期已确定的 k 个季度最终产品列向量，则可计算出 k 个季度总产品列向量及外购产品列向量。通过计算可得：

第一季度自产产品总产量与外购产品的消耗量列向量分别为：

$$X^1=(338.46,32.52,38.37,43.07,3.21,31.99,11,11,1,35)^T$$
$$\begin{aligned}H^1=(&176.00,32.68,65.71,71,74.12,34.90,21.68,301.68,\\&215.26,126.31)^T\end{aligned}$$

第二季度自产产品总产量与外购产品的消耗量列向量分别为：

$$X^2=(349.45,33.45,40.60,44.35,3.81,32.96,11.5,12,1.5,36)^T$$
$$\begin{aligned}H^2=(&181.72,33.61,67.60,77.29,35.90,22.46,316.08,\\&222.64,133.68)^T\end{aligned}$$

第三、第四季度分别与第一、第二季度相同，不再赘述。

第三步，利用投入与产出间的线性关系

$$x_{ij}^k=a_{ij}X_j^k \quad (k=1,2,3,4;i,j=1,2,\cdots,n)$$
$$h_{ij}^k=d_{ij}X_j^k \quad (k=1,2,3,4;i=1,2,\cdots,m;j=1,2,\cdots,n)$$

计算出第 k 季度里第 j 种自产产品对第 i 种自产产品的消耗量以及对第 i 种外购产品的消耗量。

经过上述步骤，则可对每个季度各编制出一张实物表。这样，就把全年的生产计划具体落实到各个季度。

此外，还可用同样方法将生产任务落实到月份或更小时间单位上去。由此可见，利用投入产出模型来安排商品进度和编制作业计划，不仅计算简单，而且便于产销协调和均衡生产。

三、在调整生产计划方面的应用

一个计划无论设计得多么协调和严密，也总会随着客观情况的变化而变动，因此，随时调整计划，是企业计划管理的重要内容，也是一项十分烦琐的工作，运用投入产出技术，则可迅速有效地完成调整计划的任务。其调整方法如下：

第一步，根据市场销售情况和企业现有生产能力，确定各自产产品销售量调整数额。

假定通过市场调查得出，一季度的烧碱、盐酸与聚氯乙烯的销售量比原计划分别提高了 7%、10%与 20%，据此行情并结合企业现有生产能力，决定对烧碱、盐酸与聚氯乙烯产品的销售计划分别追加 1 070 吨、340 吨和 2 530 吨，才可以满足市场需求。

第二步，确定企业 10 种自产产品和 9 种外购产品库存量的变化数额。经了解与分析，该企业各种产品和外购产品的库存量比较稳定，由上可知，最终产品增量列向量为：

$$\Delta Y=(0,0,0,10.7,0,0,3.4,0,0,25.3)^T$$

$$\Delta F=(0,0,0,0,0,0,0,0,0)^T$$

第三步，利用公式

$$\Delta X=(I-A)^{-1}\Delta Y$$

及

$$\Delta H=D(I-A)^{-1}\Delta Y+\Delta F$$

则可求出 10 种自产产品的追加数量与 9 种外购产品的追加采购量的列向量。

经计算可得

$$\Delta X=(132.63,23.31,21.37,11.47,0,21.63,3.4,0,0,25.3)^T$$

$$\Delta H=(68.97,23.42,47.09,29.91,25.23,12.12,172.63,128.66,70.82)^T$$

即为了满足市场需求，需要追加 1 070 吨烧碱、340 吨盐酸、2 530 吨聚氯乙烯。为此，则应追加 1.326 3 万吨蒸汽、2 331 吨电石、2 137 吨氯气、1 147 吨烧碱、2 163 吨氯化氢、340 吨盐酸、2 530 吨聚氯乙烯的生产量以及采购 6 897 吨煤、2 342 吨焦炭、4 709 吨石灰石、2 991 吨原盐、2 523 吨电石、1 212 万度工艺电、172.63 万吨水、128.66 万度动力电，并多花费 70.82 万元其他材料费。也只有如此，才能完成欲增加的销售量任务。

四、在制定企业内部结算价格方面的应用

为了适应当前市场的不断变化，提高产品的竞争力，企业必须改进管理，提高经济效

益，充分发挥全体职工的生产积极性。为此，需要在企业内部实行全面经济核算，制定出科学合理的考核标准，即企业内部结算价格。

企业内部结算价格制定得是否合理乃是决定实行全面经济核算制成败的一个关键。制定得合理，则能调动企业职工积极性，提高产品质量，降低产品成本，提高经济效益，否则，则会出现苦乐不均的现象。判断结算价格合理与否的标准是：这种价格本身要有科学依据，并且按此价格进行内部核算，应能使各车间或分厂所得利润数额直接反映职工工作的好坏。投入产出技术为制定企业内部结算价格提供了较为理想的工具。

在制定企业内部结算价格时，应把企业内各车间都视为相对独立的核算单位，把各车间的成品或半成品都视为"商品"在企业内进行流通。而商品是由劳动所创造的，只要职工在生产中所付出的劳动强度、劳动量相同，就能得到相同的"盈利"和报酬。我们知道，在不同的生产工艺环节上生产不同产品的劳动，在复杂程度、熟练程度、技能、技巧等方面是有差别的。这里假定从事不同产品生产的平均单位产品工资额，能够代表劳动间的差异程度，那么，企业内部各生产环节上新投入的工资费用，随着产品在各生产环节上多次辗转加工，逐渐累积在产品内的工资费用即直接工资费与间接工资费，另外加上直接和间接车间经费中的人工费、直接和间接企业管理费中的人工费以及企业的年盈利额（即利润和税金）；再利用单位产品工资率将各种费用（除单位产品工资额外），平均分摊到企业所生产的各种产品上去，从而得到企业内部结算价格模型。

1. 企业内部结算价格模型

设：a_{ij}为单位第j种产品消耗第i种产品的数量；

V_j为生产单位第j种产品的工资额；

C_j为单位第j种产品应分摊的车间经费中的人工费用；

E_j为单位第j种产品应分摊的企管经费中的人工费用；

M_j为单位第j种产品应分摊的盈利额；

P_j为单位第j种产品的企业内部结算价格（或称企业附加价值或称企业内部新增价值）。故有：

$$\sum_{i=1}^{n} a_{ij}P_i + V_j + C_j + E_j + M_j = P_j \quad (j=1,2,\cdots,n) \tag{6-4-1}$$

将式（6-4-1）用矩阵形式表示为：

$$A^T P + V + C + E + M = P \tag{6-4-2}$$

式中，

$$A^T = \begin{bmatrix} a_{11} & a_{21} & \cdots & a_{n1} \\ a_{12} & a_{22} & \cdots & a_{n2} \\ \vdots & \vdots & & \vdots \\ a_{1n} & a_{2n} & \cdots & a_{nn} \end{bmatrix}$$

$$P=\begin{bmatrix}P_1\\P_2\\\vdots\\P_n\end{bmatrix}\quad V=\begin{bmatrix}V_1\\V_2\\\vdots\\V_n\end{bmatrix}\quad C=\begin{bmatrix}C_1\\C_2\\\vdots\\C_n\end{bmatrix}\quad E=\begin{bmatrix}E_1\\E_2\\\vdots\\E_n\end{bmatrix}\quad M=\begin{bmatrix}M_1\\M_2\\\vdots\\M_n\end{bmatrix}$$

将式（6-4-2）移项整理后，可得：

$$P=[(I-A)^{-1}]^T(V+C+E+M) \tag{6-4-3}$$

由式（6-4-3）可见，只要知道 V、C、E、M 四个列向量，就可计算出企业内部结算价格列向量 P。

下面仍以表 6-6 为基础，并参见表 6-7、表 6-8 的数据，求出化工厂厂内结算价格。

表 6-7　单产工资额与车间经费表　单位：百元（除注明单位外）

车间	产品	单产工资额（元/吨）	车间人工费	车间劳保费	车间折旧费	车间行政费
动力	蒸汽	0.47	32.22	441.99	422.45	166.53
电石	电石	12.16	161.70	410.50	152.25	393.54
烧碱	氯气	2.09	188.58	371.25	320.66	332.85
	烧碱	5.51				
氯	液氯	5.98	79.06	161.75	4 927.01	3 859.07
	氯化氢	1.03				
	盐酸	1.05				
	次氯酸钠	2.21				
	环氧氯烃	17.27				
聚氯乙烯	聚氯乙烯	16.68	321.58	407.02	674.56	580.10

表 6-8　利税、企管费用表　单位：百元

利税	企管人工费	企管折旧费	企管行政费
53 024.00	3 498.26	2 794.40	12 441.53

2. 计算 V、C、E、M 四个列向量

（1）计算单位产品工资额列向量。从表 6-7 可知，蒸汽、电石、氯气、烧碱、液氯、氯化氢、盐酸、次氯酸钠、环氧氯烃、聚氯乙烯 10 种产品的单产工资额分别为 0.47、12.16、2.09、5.51、5.98、1.03、1.05、2.21、17.27、16.68，单位为元/吨。单产工资列向量为

$$V=(0.47,12.16,2.09,5.51,5.98,1.03,1.05,2.21,17.27,16.68)^T$$

（2）计算车间经费中的人工费用列向量。车间经费即为组织和管理车间的生产所发生的各项费用，其中包括：车间管理人员和车间工程技术人员的工资和工资附加费，车间办公费，车间的劳动保护费，车间使用的固定资产的折旧费及修理费，车间耗用的润滑油、机物料、低值易耗品的摊销费等。这里所讲的车间经费中的人工费用，只是车间经费中的一部分，它包括车间管理人员和技术人员的工资和工资附加费等直接与活劳动消耗有关的

费用，不包括车间经费中与物质消耗有关的费用。

设该化工厂共有动力、电石、烧碱、氯、聚氯乙烯 5 个基本生产车间。这 5 个基本生产车间一年内所发生的车间人工费分别为 3 222 元、16 170 元、18 858 元、7 906 元和 32 158 元，其中除了 3 个车间各生产一种产品外，其余 2 个车间分别生产两种和五种产品，对于生产多种产品的车间，则需将车间经费中的人工费用，分摊到该车间的各种产品上。其分摊方法可按工资比例系数（或称工资比率）来进行。

假设企业拥有 s 个车间，c_1，c_2，…，c_s分别代表 1，2，…，s 车间经费中的人工费用；m_1，m_2，…，m_s分别代表 1，2，…，s 车间内所生产的产品种类数。

先计算比率如下

$$\alpha_{j_g}^g = \frac{V_{j_g}^g q_{j_g}^g}{q_{j_g}^g \sum_{j_g=1}^{m_g} V_{j_g}^g q_{j_g}^g} = \frac{V_{j_g}^g}{\sum_{j_g=1}^{m_g} V_{j_g}^g q_{j_g}^g} \tag{6-4-4}$$

式中，g 和 j 的取值方式为

$$g=1 \text{ 时}, j_1=1,2,\cdots,m_1$$
$$g=2 \text{ 时}, j_2=1,2,\cdots,m_2$$
$$\cdots\cdots\cdots\cdots$$
$$g=s \text{ 时}, j_s=1,2,\cdots,m_s$$

比率 $\alpha_{j_g}^g$ 是指企业第 g 个车间的第 j_g 种单位产品上的工资额，占第 g 个车间全部产品工资总额的比重。

工资比率列向量记作

$$\alpha=(\alpha_1^1,\cdots,\alpha_{m_1}^1,\alpha_1^2,\cdots,\alpha_{m_2}^2,\cdots,\alpha_1^s,\cdots,\alpha_{m_s}^s)^T \tag{6-4-5}$$

因为各车间所生产的产品种类之和，等于企业产品种类总数，即

$$\sum_{g=1}^{s} m_g = n$$

所以，按上述比率及各车间、各产品的排列顺序，便得到各种单位产品上应分摊的车间经费中人工费用列向量，即

$$\begin{aligned} c &=(c_1\alpha_{j_1}^1,c_2\alpha_{j_2}^2,\cdots,c_s\alpha_{j_s}^s)^T \\ &=(c_1\alpha_1^1,\cdots,c_1\alpha_{m_1}^1,c_2\alpha_1^2,\cdots,c_2\alpha_{m_2}^2,\cdots,c_s\alpha_1^s,\cdots,c_s\alpha_{m_s}^s)^T \end{aligned} \tag{6-4-6}$$

由表 6-7 可见，当 $g=1$ 时，即动力车间全年车间经费中的人工费 $c_1=3\ 222$ 元，全年蒸汽产量 $q_1^1=13.015\ 1$ 万吨，则每吨蒸汽所分摊的车间经费中的人工费为 0.024 8 元。当 $g=3$ 时，即烧碱车间，由于生产烧碱与氯气两种产品，而全年车间经费中的人工费 $c_3=18\ 858$元，全年氯气产量 $q_1^3=1.443\ 2$ 万吨，烧碱产量 $q_2^3=1.677\ 3$ 万吨，生产每吨氯气的工资额为 $V_1^3=2.09$ 元、每吨烧碱的工资额为 $V_2^3=5.51$ 元，则第 3 车间每生产 1 吨氯气应分摊的车间经费中的人工费为

$$c_3\alpha_1^3=\frac{c_3V_1^3}{\sum\limits_{j_3=1}^{2}V_{j_3}^3\cdot q_{j_3}^3}=18\,858\times\frac{2.09}{2.09\times14\,432+5.51\times16\,773}$$

$$=18\,858\times0.000\,017\,05=0.321\,5(\text{元})$$

第 3 车间每生产 1 吨烧碱应分摊的车间经费中的人工费为

$$c_3\alpha_2^3=\frac{c_3V_2^3}{\sum\limits_{j_3=1}^{2}V_{j_3}^3\cdot q_{j_3}^3}=18\,858\times\frac{5.51}{2.09\times14\,432+5.51\times16\,773}$$

$$=18\,858\times0.000\,044\,95=0.847\,7(\text{元})$$

同理，按照式（6-4-4），可将 5 个车间中生产的 10 种产品，所应分摊的车间经费中的人工费全部计算出来。经计算可得

$$\alpha=(0.000\,007\,7,0.000\,084\,1,0.000\,017\,0,0.000\,044\,9,\\0.000\,128\,3,0.000\,022\,1,0.000\,022\,5,0.000\,047\,4,\\0.000\,370\,4,0.000\,078\,2)^T \tag{6-4-7}$$

车间经费中人工费用列向量为

$$C=(0.024\,8,1.359\,9,0.321\,5,0.847\,7,1.014\,1,\\0.174\,7,0.178\,1,0.374\,8,2.928\,7,2.515\,5)^T$$

（3）计算企业管理费中的人工费用列向量。企业管理费即组织和管理整个企业的生产所发生的各项费用，其中包括：企业各职能机构和附属单位职工的工资及附加费、企业办公费、差旅费、文体宣传费、消防费、企业使用的房屋及设备的折旧费和修理费、销售费、低值易耗品摊配费等。这里所讲的企业管理费中的人工费用，只是企业管理费中的一部分，它只是与人的活劳动有关的费用，如企业各职能机构和附属单位职工的工资及工资附加费、差旅费、文体宣传费等，记这部分费用总额为 G。现在仍可按工资比例系数将企业管理费中人工费（G）分摊到企业所生产的各种产品上去。

首先，计算工资比率

$$\beta_j=\frac{V_jq_j}{q_j\sum\limits_{j=1}^{n}V_jq_j}=\frac{V_j}{\sum\limits_{j=1}^{n}V_jq_j}\quad(j=1,2,\cdots,n) \tag{6-4-8}$$

即单位 j 种产品上的工资额与企业全部产品工资总额的比率。因此，单位产品上的工资额与企业全部产品工资总额的比率列向量为

$$\beta=(\beta_1,\beta_2,\cdots,\beta_n)^T \tag{6-4-9}$$

这样，各种单位产品上应分摊的企业管理费中的人工费用列向量为

$$E=G(\beta_1,\beta_2,\cdots,\beta_n)^T \tag{6-4-10}$$

从表 6-8 可见，企业管理费中的人工费总额（G）为 34.982 6 万元，又通过工资比率

$$\beta_j = \frac{V_j}{\sum_{j=1}^{10} V_j q_j} \quad (j=1,2,\cdots,10)$$

的计算，可得比率列向量为

$$\beta=(0.000\,000\,8,0.000\,020\,7,0.000\,003\,6,0.000\,009\,4,\\0.000\,010\,2,0.000\,001\,8,0.000\,001\,8,0.000\,003\,8,\\0.000\,029\,4,0.000\,028\,4)^T \quad (6-4-11)$$

所以，分摊在单位产品上的企业管理费中的人工费用列向量应为

$$E=G(\beta_1,\beta_2,\cdots,\beta_n)^T\\=(0.279\,5,7.232\,0,1.243\,0,3.277\,0,3.556\,5,0.612\,6,\\0.624\,5,1.314\,4,10.271\,1,9.920\,2)^T$$

(4) 计算单位产品上的利税列向量。假设企业的年利税总额为 L，则按照分摊企业管理费中的人工费用完全相同的方法，计算出各种产品应分摊的利税列向量，记作 M，即

$$M=L(\beta_1,\beta_2,\cdots,\beta_n)^T \quad (6-4-12)$$

从表 6-8 可见，该厂全年利税总额为 530.24 万元，则单位产品上的利税列向量为

$$M=(4.236\,8,109.616\,9,18.840\,4,49.670\,2,53.907\,0,\\9.285\,0,9.465\,3,19.922\,2,155.681\,2,150.362\,7)^T$$

3. 计算企业内部结算价格列向量

将上面已经计算出来的单位产品上的直接人工费用列向量 V、C、E 与单位产品上应分摊的利税列向量 M 代入式（6-4-3）中，则得企业内部结算价格列向量 P。

通过计算，数例中 10 种自产产品的企业内部结算价格列向量为

$$P=(5.01,130.37,22.49,87.37,88.72,33.33,22.24,\\41.54,316.76,342.82)^T \quad (6-4-13)$$

这就表明，在企业内部交换产品时，应以此价格为计价标准，即 1 吨蒸汽要卖 5.01 元，1 吨电石要卖 130.37 元，1 吨氯气要卖 22.49 元，1 吨烧碱要卖 87.37 元，1 吨液氯要卖 88.72 元，1 吨氯化氢要卖 33.33 元，1 吨盐酸要卖 22.24 元，1 吨次氯酸钠要卖 41.54 元，1 吨环氧氯烃要卖 316.76 元，1 吨聚氯乙烯要卖 342.82 元等。

企业内部结算价格以企业新创造的价值为基础，它是原来没有的、由于企业的劳动而增添的价值。这种价格既不受企业内部占用生产资料的数量和效率等物质要素的影响，也不受外购原材料、燃料以及其他物质价格涨落等外部条件的影响，各种产品在厂内售价的高低只与它们各自含有的附加劳动量多少成比例，因此，在企业内部使用这种价格，对于所有半成品的工序转移和产成品入库进行结算，才能比较科学、合理地反映投入劳动的数量与质量，也能充分体现各单位提高生产技术水平、改善生产管理和提高劳动效率后所带来的经济效益，根据盈利水平来发放奖金等，从而能消除在企业分配上的苦乐不均的现象。

五、在制定企业出厂价格方面的应用

企业出厂价格是企业产品全部价值的货币表现，它是指以企业现有的技术结构为前提，在保持当前盈利水平的情况下，各种产品所具有的价格，即在企业内部结算价格的基础上，除了要把车间经费和企业管理费中的一切有关物质消耗费用包括进来以外，还要加上企业从外部购入的原料、材料、辅助材料、燃料、动力等的转移费用。因此，企业出厂价格即为企业附加价值与完全外购料转移费之和。

1. 企业出厂价格模型

设企业出厂价格模型为：

$$\tilde{P}=P+W \tag{6-4-14}$$

$$W=[(I-A)^{-1}]^{T}(F+\tilde{C}+\tilde{E}) \tag{6-4-15}$$

式中：

$\tilde{P}$——企业出厂价格列向量；

P——企业内部结算价格列向量；

W——企业外购产品转移价值（完全外购费）列向量；

F——单位产品上直接耗用的外购物料费用列向量；

$\tilde{C}$——单位产品上应分摊的车间经费中的物耗费用列向量；

$\tilde{E}$——单位产品上应分摊的企业管理费中的物耗费用列向量。

下面仍以表 6-4 与表 6-5 为基础，并参考表 6-6、表 6-7、表 6-8 中的数据，求出企业出厂价格。

2. 计算 F、$\tilde{C}$、$\tilde{E}$ 三个列向量

(1) 计算单位产品上直接耗用的外购物料费用列向量（F）。

结合外购原材料单价表（见表 6-9），从表 6-5 可知厂内 10 种自产产品对 9 种外购产品的单位直接耗用量，又从表 6-9 可知外购原材料的单价，则能算出单位产品上直接耗用的外购物料费用列向量为：

$$F=(14.52,444.24,147.92,199.64,36.05,19.57,7.58,\\9.56,755.23,815.84)^{T}$$

表 6-9　外购原材料单价表　单位：元/吨（除注明单位外）

煤	焦炭	石灰石	原盐	电石	工艺电（元/度）	水	动力电（元/度）
25.00	175.00	8.00	52.00	584.00	0.06	0.04	0.10

(2) 计算单位产品上应分摊的车间经费中的物耗费用列向量（$\tilde{C}$）。

车间经费中的物耗费用，包括车间使用的固定资产的基本折旧和大修理费、机物料费、低值易耗品摊配费、办公费、劳动保护费、润滑油费等内容。

假设 $\tilde{C}_1$，$\tilde{C}_2$，…，$\tilde{C}_s$ 分别代表车间 1，车间 2，…，车间 s 的车间经费中的物耗费用，如果仍用式（6-4-5）工资比率列向量来分摊物耗费，则单位产品上应分摊的车间经费中的物耗费列向量为：

$$\widetilde{C}=(\widetilde{C}_1\alpha_1^1,\cdots,\widetilde{C}_1\alpha_{m_1}^1,\widetilde{C}_2\alpha_1^2,\cdots,\widetilde{C}_2\alpha_{m_2}^2,\cdots,\widetilde{C}_s\alpha_1^s,\cdots,\widetilde{C}_s\alpha_{m_s}^s)^T \tag{6-4-16}$$

现将表 6－7 中的最后三列相加，可得列向量为：(103 097，95 629，102 476，894 783，166 168)^T，再用比率列向量 α 按式（6－4－7）进行分摊，则得：

$$\widetilde{C}=(0.792\,1,8.042\,1,1.747\,2,4.606\,2,114.774\,8,19.768\,9,\\ 20.152\,8,42.416\,8,331.465\,2,12.998\,1)^T$$

(3) 计算单位产品上应分摊的企业管理费中的物耗费用列向量 ($\widetilde{E}$)。

企业管理费中的物耗费总额，包括企业的办公费、消防费、运输费、销售费、厂部使用的房屋和设备的折旧费与修理费、低值易耗品的摊配费等内容。

假设 $\widetilde{G}$ 代表企业管理费中的物耗费用总额，如果仍用式（6－4－9）进行分摊，则单位产品上应分摊的企管费中的物耗费用列向量是

$$\widetilde{E}=\widetilde{G}\,(\beta_1,\beta_2,\cdots,\beta_n)^T \tag{6-4-17}$$

现将表 6－8 中的企管折旧费与行政费相加可得 $\widetilde{G}$ 为 152.359 3 万元，并用比率列向量［见式（6－4－11）］进行分摊，则得

$$\widetilde{E}=(1.217\,4,31.497\,3,5.413\,6,14.272\,2,15.489\,7,2.667\,9,\\ 2.719\,8,5.724\,4,44.733\,5,43.205\,2)^T$$

3. 计算企业出厂价格列向量

将上面已经计算出来的单位产品上的直接耗用外购物料费用列向量 F 与单位产品上应分摊的车间与企管物耗费用列向量 $\widetilde{C}$ 及 $\widetilde{E}$ 代入式(6－4－15)中，则得企业完全外购费用列向量 W，然后，再将 W 与企业内部结算价格列向量 P 相加，最终得出企业出厂价格列向量 $\widetilde{P}$。

经计算，数例中企业完全外购费用列向量应为：

$$\begin{aligned} W &=[(I-A)^{-1}]^T(F+\widetilde{C}+\widetilde{E})\\ &=(16.53,483.78,155.08,311.08,331.54,195.24,\\ &\quad 94.42,130.23,1\,612.49,1\,530.22)^T \end{aligned}$$

企业内部结算价格列向量 P 的计算结果如式（6－4－13）所示。那么，该企业出厂价格列向量应为

$$\begin{aligned} \widetilde{P} &=P+W\\ &=(21.54,614.14,177.58,398.45,420.26,228.57,116.66,\\ &\quad 171.77,1\,929.25,1\,873.04)^T \end{aligned}$$

企业出厂价格是在企业现有的技术、管理水平并保持当前盈利水平的条件下，各种产品具有的价格。通过计算，该企业每吨蒸汽卖 21.54 元，每吨电石卖 614.14 元，每吨氯气卖 177.58 元，每吨烧碱卖 398.45 元，每吨盐酸卖 116.66 元，每吨聚氯乙烯卖 1 873.04 元，等等。

由于企业出厂价格是以企业自身劳动消耗为定价原则，而不是以社会必要劳动消耗为定价原则，因此，它同现行市场价格相比会有差距，如果产品出厂价格高于市场价格，则该产品的生产不但不能给企业带来超额利润，反而会降低企业的原有盈利水平，被称为劣

势产品。如果产品的出厂价格低于现行市场价格，则说明该产品的生产会给企业带来超额利润，被称为优势产品。通过企业出厂价格的测定，可以发现企业的优势产品，从而在资金、设备、人力、原材料外购物料允许的条件下，尽量扩大优势产品的生产、压缩劣势产品的生产，以提高企业的盈利水平。

假设报告期数例中电石的市场价为 584 元/吨，聚氯乙烯的市场价为 1 920 元/吨，而电石的出厂价为 614.32 元/吨，聚氯乙烯的出厂价为 1 873.96 元/吨，可见聚氯乙烯为本厂的优势产品，电石为劣势产品，在外购条件允许的情况下，本厂可完全停止电石的生产，而采用外购电石的办法，以满足聚氯乙烯生产的需要。

由于该企业不能控制外购电石的价格，此价格的浮动会对聚氯乙烯的生产直接造成影响，读者可以测算：当外购电石的最高进价为多少时，才能发挥聚氯乙烯产品的优势?

利用企业出厂价格，在实物表的基础上，可以编制出一张价值表。其方法是：将产品的出厂价格分别乘以实物表中自产产品各行数据，并依次填入价值表的第Ⅰ、Ⅱ象限中，再用外购产品的价格分别乘以实物表中外购产品各行。另外，在新创价值部分（包含工资、车间经费、企管费、利税）之前加上折旧费、劳保费与行政费各行，则形成了价值表，由于篇幅所限，此表从略。

六、在成本核算与分析方面的应用

产品成本应包括全部的物化劳动和活劳动消耗，不论这种物化劳动是企业内新增加的还是企业外部购进的，因此，单位产品成本应为单位产品上的完全人工费与完全外购费之和。

1. *产品成本的计算*

设 R 表示产品成本列向量，V、C、E、$\widetilde{C}$、$\widetilde{E}$、F、A 等符号的含义与前相同，那么：

$$R=[(I-A)^{-1}]^T(V+C+E+\widetilde{C}+\widetilde{E}+F) \tag{6-4-18}$$

即为产品成本模型。通过计算可得，数例中的单位成本（元/吨）列向量应为

$$R=(17.30,504.53,158.74,325.05,346.03,200.66,98.05,\\136.97,1\,664.15,1\,585.37)^T$$

利用出厂价格（$\widetilde{P}$）与成本（R），则可计算出单位产品的盈利额（T_j）与产品成本盈利率（r_j），即

$$T_j=\widetilde{P}_j-R_j \quad (j=1,2,\cdots,n) \tag{6-4-19}$$

$$r_j=T_j/R_j \quad (j=1,2,\cdots,n) \tag{6-4-20}$$

经计算，数例中的盈利额（T）与盈利率（r）列向量应为

$$T=(4.24,109.62,18.84,73.40,74.23,27.90,18.61,\\34.80,265.10,287.66)^T$$

$$r=(24.49\%,21.73\%,11.87\%,22.58\%,21.45\%,\\13.90\%,18.98\%,25.41\%,15.93\%,18.14\%)^T$$

由此可知，完全为销售而生产的盐酸、次氯酸钠、环氧氯烃与聚氯乙烯，其中盈利率

最高的产品是次氯酸钠，为25.41%，它相当于环氧氯烃盈利率15.93%的1.6倍，两个盈利率之差为9.48%。这就是说，若用100元的资金投入次氯酸钠的生产要比投入环氧氯烃的生产多盈利9.48元。然而，不能由此就下结论：要减少或停止后者的生产，把资金转而投入前者的生产。因为，从盈利额可见：若少生产1吨环氧氯烃，则减少盈利265.10元，而多生产1吨次氯酸钠，才多得利34.80元。因此，要得出满意的结论，必须结合成本盈利分析及其他决策优化方法，这样才能给企业领导在经营决策时提供最有价值的信息。

2. 分析产品成本的变动

由于产品成本是由全部活劳动与物化劳动所组成，随着企业的技术进步和管理水平的提高，企业的生产技术结构和劳动生产率水平也会发生变化。因此，成本要素的变化定会对产品成本和价格产生影响。随时准确地掌握这种变动的影响程度，是成本管理的重要内容。

通过产品成本或出厂价格模型可以推出成本或出厂价格的变动模型，即为

$$\Delta R=[(I-A)^{-1}]^T(\Delta V+\Delta C+\Delta E+\Delta\widetilde{C}+\Delta\widetilde{E}+\Delta F) \quad (6-4-21)$$

或

$$\Delta\widetilde{P}=[(I-A)^{-1}]^T(\Delta V+\Delta C+\Delta E+\Delta M+\Delta\widetilde{C}+\Delta\widetilde{E}+\Delta F) \quad (6-4-22)$$

式中，ΔR，$\Delta\widetilde{P}$，ΔV，ΔC，ΔE，ΔM，$\Delta\widetilde{C}$，$\Delta\widetilde{E}$，ΔF分别为产品成本、出厂价格、单位产品工资、车间经费中的人工费用、企业管理费中的人工费用、盈利、车间经费中的物耗费、企业管理费中的物耗费、直接外购物耗费等增量列向量。

（1）劳动生产率和管理水平的变动对成本或价格的影响。由于生产工人的劳动熟练程度、技巧和技能的提高，定会减少单位产品生产所耗的工时，从而也减少了单位产品上的工资额，由于管理水平的提高，则会减少车间和企业非生产人员的人数，从而也减少了单位产品上应分摊的车间经费、企业管理费中的人工费用。这样，不仅直接影响本产品的成本或价格变动，也会影响到别种产品的成本和价格。通过式（6-4-21）或式（6-4-22）则能精确地测定出影响程度。

例如，数例中的电石出厂价为614.32元/吨，而外购价为584元/吨，出厂价比外购价高出5%以上，如果电石车间根据自身的条件，挖掘潜力，改善生产与管理水平，则使电石成本有所下降，出厂价格也会下降，企业经济效益定能提高。

对此，可利用式（6-4-21）或式（6-4-22）模拟出多种方案，为企业降低成本、提高效益提供决策信息。

（2）外购料价格的变动对成本或价格的影响。由于外购物料价格的变动是外因造成的，它与本企业的生产技术与管理水平无关，但外购原材料、燃料等物料价格的涨落，却对本企业产品成本或出厂价格的升、降有着重大的影响，为了分清成本或价格变化的原因，有必要在数量上确定外部因素对本企业的影响程度。

数例中，假设企业内部条件不变，仅原煤与水的价格每吨分别上涨5元及0.12元，则可根据下式

$$\Delta R=[(I-A)^{-1}]^T\Delta F$$

或

$$\Delta\widetilde{P}=[(I-A)^{-1}]^{T}\Delta F$$

计算出成本或价格的提高数量。在此，不详加计算。

（3）技术与结构的变动对成本或价格的影响。由于技术进步等原因，会引起产品的生产技术与结构发生变化，也就是消耗结构与消耗水平发生了变化。从成本或价格模型可见，直接消耗系数的变化必然会导致产品成本或价格的变化。篇幅所限，这里不再举例说明。

通过上述案例，对企业投入产出模型及其应用做了详尽的介绍，可以促进经济分析深入化，计划工作科学化，产、供、销平衡数量化，为企业领导的合理决策提供科学有效的方法，以达到降低成本、提高效益、发展生产的目的。

研制企业模型必须经过定性研究和定量研究两个阶段。定性研究是根据企业的生产结构、工艺流程等来确定表式，定量研究是确定产品间的数量联系及密切程度。由于各类企业生产结构与工艺流程都不同，所以企业的表式及产品目录存在很大差异，比如钢铁企业属于多品种多阶段、有复杂工艺联系的生产类型，它除了拥有采矿、选矿、烧结、冶炼、轧制等主体生产环节外，还拥有焦化、耐火、机修、动力、运输等庞大的辅助生产和附属生产体系，消耗着大量的能源。它们之间形成了一种相互联系、相互制约的一环扣一环的复杂系统。石油化工企业是加工多阶段、有专门化生产装置和复杂的工艺联系的大型联合企业，在生产过程中发生着大量的化学反应或物理分解过程。不但有主产品的生产，而且有联产品（副产品）的生产，不但要做物料的平衡，而且要做能源的平衡等。纺织企业是根据原料（棉花或化纤等）形态的变化来划分工序的。机械企业则属于生产产品结构复杂，且为组装型产品的类型。企业投入产出表就要根据不同企业的生产工艺特点来进行设计。

思考题

1. 试述部门投入产出模型的作用和特点。
2. 试述企业投入产出模型的作用。
3. 企业投入产出模型与地区、部门投入产出模型的异同是什么？
4. 将本章关于化工厂示例的运算结果填入下表。

企业内部结算价格和出厂价格计算汇总表 单位：元/吨

		1	2	3	4	5	6	7	8	9	10
单产人工费	直接工资额										
	车间经费中人工费										
	直接人工费										
	完全人工费										
单产利税额											
内部结算价格											
单产外购费	直接外购费										
	完全外购费										
单位产品成本											
单位产品出厂价格											

第七章

投入产出预测与规划模型

投入产出表和投入产出数学模型能够提供丰富的经济信息，将它们有机地联系在一起，可以通过不同的平衡计算，将单项平衡和总体平衡、实物平衡和价值平衡有机地结合，来编制计划和规划。本章第一和第二节首先分别介绍投入产出基本规划模型和局部调整模型。基本规划模型是投入产出平衡规划模型的基本形式，其任务是在该计划模型匡算数据的控制下，通过整体规划核算、局部方案调整的选择，最后形成投入产出规划表，为编制社会经济发展计划提供科学根据。第三和第四节是投入产出基本规划模型的扩展，介绍投入产出方法在能源、就业预测和规划以及经济环境分析等方面的应用。应该注意的是，投入产出方法在预测和规划上的应用日益广泛和深入，本章由于篇幅的限制不能进一步介绍，有兴趣的读者可以参考有关书籍。

第一节　投入产出基本规划模型

建立投入产出预测与规划模型的基础是投入产出表，还要利用由投入产出表计算的各种系数和建立的各种基本模型，因此首先需要对未来的各种消耗系数，特别是直接消耗系数进行预测和修订，这一内容已在第四章第五节有所介绍，这里不再重复。以下预测和规划模型中的直接消耗系数一般是指经过修订之后的规划期消耗系数。

利用投入产出分析方法编制国民经济规划，首先会遇到从何处入手的问题，或者用模型的语言来说，就是将什么量作为外生变量的问题。这一问题与规划编制工作的出发点有着密切的联系，它是规划工作中重要的方法论问题。我们可用投入产出模型模拟不同出发点的规划方法，通过比较，找出一个行之有效的基本规划模型。

一、从最终产品出发的方法

从最终产品出发是国民经济计划编制的重要思路之一，从最终产品出发就是根据规划期消费、资本形成和出口等方面的需要数量，来安排国民经济各部门的生产数量和分配结构，即在保证需要的基础上编制国民经济计划。

从最终产品出发安排计划，需要先安排规划期最终产品量及其结构，而后按投入产出模型计算规划期的总产品量及其结构，即

$$X=(I-A)^{-1}Y \tag{7-1-1}$$

在确定总产出向量 X 和最终产品向量 Y 以及计划期直接消耗系数的基础上，可以编制出计划期的投入产出表。

这一方法要对规划期最终产品 Y 进行预测。应根据 Y 所包括的消费、资本形成、出口等项目，逐项开展预测，而后将它们合并为最终产品，这里既包括总量又包括构成，即以向量形式出现：

$$Y=Y_w+Y_k+Y_f \tag{7-1-2}$$

式中，Y_w、Y_k、Y_f 分别为消费、资本形成、出口列向量。

Y_w 反映计划期的消费总额和构成，这里要分别预测计划期个人和政府消费的总量及其构成。个人消费的确定需要重点考虑人口总量和结构的变化、消费水平提高的需要、新增就业和收入增加引起的消费变化等因素。政府消费一般是根据历史上个人消费和政府消费的比例进行推算，也可以根据计划期科学、文化、卫生和教育事业的发展需要进行预测。在此基础上利用调查资料或报告期的消费结构系数来推算消费结构。

Y_k 反映流动资产和固定资产投资的总量和结构。流动资产投资可以根据一定的增长比例或者与固定资产投资的一定比例来计算。固定资产投资需要区分生产性固定资产投资和非生产性固定资产投资两部分。前者可以根据计划期未完工程以及需要安排的新项目等计算，也可以根据消费的需要预测资料，再考虑计划期投资率的变化计算生产性固定资产投资的总量。后者则要根据计划期的消费情况和城乡住宅建设情况来做预测。在此基础上利用报告期投入产出表的投资结构系数来推算投资的构成。

进出口总量和结构的确定既要考虑国内因素，也要考虑国际环境的变化，一般是根据国民经济各部门产品进出口的增长率，结合相关政策和国际国内环境变化，进行初步匡算。

确定最终需要的总量和结构之后，将 Y 值代入模型式（7-1-1）中，即得到社会总产品向量，作为编制规划的依据。通过 $A\hat{X}$ 计算流量矩阵，并推算第Ⅲ象限数据，编制出规划期投入产出表。

这一方法有如下好处：第一，从最终产品出发就是从最终需求出发，生产目的明确，生产就是为了满足需要；第二，严格按投入产出模型计算，有利于综合平衡；第三，防止生产的盲目性。

目前推行这一方法存在的问题是：第一，我国现行统计数据关于最终产品量的统计资料不够完整，增加了最终产品的数量和结构预测工作的困难；第二，对规划期经济部门的

生产能力及资源条件未能充分考虑，即更多考虑了需要，而可能忽视了生产能力的限制；第三，最终产品是由规划制定者决定的，在一定程度上掺杂了人为因素。

二、从总产品出发的方法

从总产品出发，就是根据国民经济各部门的生产能力，从可能的角度安排国民经济计划。这种方法用投入产出模型表示为：

$$Y=(I-A)X \tag{7-1-3}$$

其步骤是，首先根据资本存量和在建项目数量确定资本的数量和具体结构，然后根据资本的利用效率确定各部门的生产能力，即规划期各经济部门的生产总量 X，而后将总产品量 X 代入模型式（7－1－3），计算出与之对应的最终产品 Y，最后以此安排消费、投资以及出口等。

这一方法最大的好处在于：第一，能够充分考虑规划期各个经济部门的生产能力和各种资源条件，使规划方案建立在稳妥可靠的基础上；第二，基本上保证各部门按比例协调发展，总体上满足了综合平衡的要求；第三，生产规模的计算与规划具有比较齐全的统计资料，为其预测工作准备了好的条件，保证了模型计算的准确性。

这一方法的不足之处是：第一，从生产资源出发确定需要计划，生产目的不够明确；第二，各部门分别进行规划预测，它们之间的比例关系不可能得到全面考虑，综合平衡质量不够；第三，由于对需求考虑不够，可能导致总产品的供求总量和结构的不平衡。

三、从最终产品和总产品中各选部分量入手的方法

这种方法是在综合从最终产品出发和从总产品出发安排计划的优缺点的基础上，以从最终产品出发的方法为基础，并结合从总产品出发的方法，来安排计划。具体做法是：对于最终产品向量中关系国计民生的重要产品且又容易进行预测的产品，首先确定为常数项（部分外生变量），对 Y 中不易预测的分量留作未知数，而它们在 X 中所对应的元素，要给出预测值作为模型已知常量，X 中其余元素作为未知数处理，其数学表达式为：

$$X=(I-A)^{-1}Y \tag{7-1-4}$$

令 $$Y=\begin{bmatrix}Y_m\\C_{n-m}\end{bmatrix}\quad X=\begin{bmatrix}C_m\\X_{n-m}\end{bmatrix}$$

$$A^*=(I-A)^{-1}=\begin{bmatrix}A_{mm} & A_{m(n-m)}\\A_{(n-m)m} & A_{(n-m)(n-m)}\end{bmatrix}$$

由此，式（7－1－4）可写成分块矩阵运算形式

$$\begin{bmatrix}C_m\\X_{n-m}\end{bmatrix}=\begin{bmatrix}A_{mm} & A_{m(n-m)}\\A_{(n-m)m} & A_{(n-m)(n-m)}\end{bmatrix}\begin{bmatrix}Y_m\\C_{n-m}\end{bmatrix} \tag{7-1-5}$$

式中：

C_m——规划期总产品中 m 种产品的生产规模预测值；

X_{n-m}——规划期总产品中（$n-m$）种产品的未知量；

C_{n-m}——规划期最终产品中（$n-m$）种产品的预测值；

Y_m——规划期最终产品中 m 种产品的未知量；

A^*——列昂惕夫逆矩阵的分块矩阵。

根据线性方程组中有 n 个方程和 n 个未知数条件下，具有唯一一组解（系数阵满秩）的原理，上述方法可以得到确定解。根据模型式（7-1-5），则有：

$$C_m = A_{mm} \cdot Y_m + A_{m(n-m)} \cdot C_{n-m} \tag{7-1-6}$$

$$X_{n-m} = A_{(n-m)m} \cdot Y_m + A_{(n-m)(n-m)} \cdot C_{n-m} \tag{7-1-7}$$

由式（7-1-6）解得：$Y_m = A_{mm}^{-1}[C_m - A_{m(n-m)} C_{n-m}]$ （7-1-8）

将式（7-1-8）代入式（7-1-7）中得：

$$X_{n-m} = A_{(n-m)m} A_{mm}^{-1}[C_m - A_{m(n-m)} C_{n-m}] + A_{(n-m)(n-m)} C_{n-m} \tag{7-1-9}$$

从这一方法的数学原理出发，并不要求某种最终产品为预测值，那么对应的产品生产规模一定设为未知数，只要保证方程组中方程数与未知数个数相等即可。可从 X 和 Y 中任意选够 n 个未知数，这就为模型应用增加了灵活性。可以证明在投入产出系数矩阵的条件下，能保证方程组得到唯一一组解。

不难看出，这种方法保证了重要的消费品和投资品能够从最终产品出发安排计划，所以保留了第一种方法的优点，同时，在进行外生变量的预测时，统计资料困难这一问题得到解决或在一定程度上有所缓解，从而使预测及模型计算的准确性得以提高。不足之处是，尽管部分产品进行了生产规模的预测，对生产能力发展有所考虑，但由于是第二位的，考虑得并不充分。

四、从国内生产总值生产出发的方法

从国内生产总值生产出发，是从投入产出表的第Ⅲ象限出发来安排计划。第Ⅲ象限反映各产品部门的最初投入（即增加值）的构成情况，包括固定资产折旧、劳动者报酬、生产税净额和营业盈余等各种最初投入。

该方法的具体做法是，首先对国民经济各部门最初投入（增加值）进行预测，得到向量 N，将其代入按列建立的投入产出原数学模型，计算总产品 X。而后，在采用第二种方法计算最终产品 Y 时，以此作为安排投资和消费的依据。用数学模型表示为：

（1）确定各部门新创造价值向量 N^T；

（2）代入列向模型计算 X：

$$X = (I - \hat{A}_c)^{-1} \cdot N^T \tag{7-1-10}$$

（3）计算最终产品量 Y：

$$Y = (I - A) \cdot X \tag{7-1-11}$$

在上述的第二步中，亦可采用投入产出对称数学模型，即

$$X = (I - R^T)^{-1} \cdot N^T \tag{7-1-12}$$

投入产出表的第Ⅲ象限相关的数据资料，在现行统计中比较齐全完备，可形成时间序列，此方法的资料基础较好，有利于模型外生变量的预测。这一方法的缺陷是，它只是从

价值生产角度考虑问题，容易忽略实物形态的综合平衡。它同样没有兼顾到规划期各部门的生产能力和资源条件。

综上所述，四种方法各有利弊，可以将它们结合起来使用，取其所长，舍其不足，形成一种考虑全面、相互补充的综合性方法，既充分考虑国民经济的各种最终需求，又兼顾生产供给的能力及资源保证。

第二节　投入产出局部调整模型

局部调整工作是指在基本规划方案初步确定的情况下，进行局部调整和修改。局部调整有两层含义：其一是计划方案中只是个别和少量指标的改动；其二是研究一些经济指标在规划期的增量部分的变化，并不包括规划基期年度的实际指标值部分。我们可借用投入产出模型，实现规划调整和计算。

一、最终产品增量引起总产品变化的计算

在基本规划方案的基础上，如果根据实际情况，需要变动最终产品，那么必然会引起总产品的变化，且最终产品中不同部分的变化，将有不同的考虑途径和计算方法。

1. 最终产品中消费品增量引起总产品变化的计算

消费品是最终产品中的主要组成部分，包括个人消费和政府消费。某种或某些消费品需求量的增减，将对总产品产生影响。

（1）第 j 种消费品需求量的增量 ΔW_j 引起的变化计算为

$$\begin{bmatrix}\Delta X_1\\ \Delta X_2\\ \vdots\\ \Delta X_n\end{bmatrix}=\begin{bmatrix}b_{1j}\\ b_{2j}\\ \vdots\\ b_{nj}\end{bmatrix}\cdot\Delta W_j \qquad (7-2-1)$$

式中，b_{ij} 为 $(I-A)^{-1}$ 矩阵中第 j 列元素。

（2）m 种消费品需求增加量 $\Delta W_{\overline{1\cdot m}}$ 引起的变化计算为

$$\begin{bmatrix}\Delta X_1\\ \Delta X_2\\ \vdots\\ \Delta X_n\end{bmatrix}=\begin{bmatrix}b_{11} & b_{12} & \cdots & b_{1m}\\ b_{21} & b_{22} & \cdots & b_{2m}\\ \vdots & \vdots & & \vdots\\ b_{n1} & b_{n2} & \cdots & b_{nm}\end{bmatrix}\begin{bmatrix}\Delta W_1\\ \Delta W_2\\ \vdots\\ \Delta W_m\end{bmatrix} \qquad (7-2-2)$$

式（7－2－2）中，b_{ij} 是从矩阵 $(I-A)^{-1}$ 中选出与第 i 种消费品对应的列（第 i 列），按同样的序号排为 m 列，形成 n 行 m 列矩阵，而后乘以 m 种消费品需求增量列向量 $\Delta W_{\overline{1\cdot m}}$，即可计算各个经济部门总产量的变化量。

（3）全部消费品需求量发生变化引起的总产品变化，可利用下面的公式计算：

$$\Delta X=(I-A)^{-1}\cdot\Delta W=(B+I)\cdot\Delta W \qquad (7-2-3)$$

式（7-2-3）是计算消费品变化引起总产品变化量的通用公式，其中一种或 m 种消费品变化是它的特例。

2. 最终产品中投资增量对总产品影响的计算

用于投资的产品是最终产品的又一重要组成部分。在已确定了某些投资增量 ΔK 之后，计算由此引起的总产品量的变化，可利用公式

$$\Delta X=(I-A)^{-1}\cdot\Delta K=(B+I)\cdot\Delta K \tag{7-2-4}$$

式中，投资增量 ΔK 作为最终产品的一部分，与消费品增量 ΔW 处于相同地位，亦可用于计算一种或 m 种投资产品变化对总产品的影响。在具体考虑投资变化时，要密切结合规划工作的需要。如怎样结合建设项目的安排，考虑投资变化对整个规划方案的影响。

在编制规划时，如果需要某个或某些建设项目上马或下马，就是将项目分解为固定资产并按投入产出部门分类进行归类，构成列向量 ΔK。将 ΔK 代入式（7-2-4）中，计算为了形成这些固定资产（即为完成这些建设项目），国民经济各部门应担负的生产任务（增加量）。其中，把 ΔK 作为最终产品的一部分来考虑。

3. 最终产品增量对总产品影响的计算

最终产品除消费品、投资品外，还包括用于出口的产品，若将诸构成部分统一考虑，其形成最终产品增量 ΔY：

$$\Delta Y=\Delta W+\Delta K+\Delta F$$

式中，ΔF 为用于出口产品增量的列向量。

利用投入产出规划调整模型，

$$\Delta X=(I-A)^{-1}\cdot\Delta Y \tag{7-2-5}$$

应用这一模型时，需注意：第一，ΔY 引起 ΔX 变化的通式，不管是 ΔK、ΔW、ΔF 个别变化还是全部变化，也不管是一种 ΔY_i、m 种 $\Delta Y_{\overline{1\cdot m}}$，还是全部最终产品 ΔY 变化，均可用此式；第二，ΔY 的增量可以为负也可以为正，ΔY 为负数时，式（7-2-5）计算的 ΔX 反映的是该最终产品减少引起的总产品的下降；第三，ΔY 是指最终产品的变化绝对量，不能用变化幅度的相对量（百分比）代入模型；第四，这一形式也可用于实物模型，即

$$\Delta Q=(I-A)^{-1}\cdot\Delta Y \tag{7-2-6}$$

二、总产品增量引起变化的计算

在调整规划中，由于某经济部门生产任务或规模发生变化，将引起规划方案中其他一些指标发生变化。

如果某一部门生产任务增量为 ΔX_j，那么对最终产品的影响为

$$\begin{bmatrix}\Delta Y_1\\ \Delta Y_2\\ \vdots\\ \Delta Y_n\end{bmatrix}=\begin{bmatrix}-a_{1j}\\ -a_{2j}\\ \vdots\\ 1-a_{jj}\\ \vdots\\ -a_{nj}\end{bmatrix}\cdot\Delta X_j \tag{7-2-7}$$

式中除了第 j 部门 ΔY_j 是随着部门任务增量 ΔX_j 的增加而增加以外，其他部门的最终产品与 ΔX_j 的变化方向相反，即 ΔX_j 增加，ΔY_i（$i\neq j$）减少。

m 个经济部门生产任务同时改变，引起最终产品变化为：

$$\begin{bmatrix}\Delta Y_1\\ \Delta Y_2\\ \vdots\\ \Delta Y_n\end{bmatrix}=\begin{bmatrix}1-a_{11} & -a_{12} & \cdots & -a_{1m}\\ -a_{21} & 1-a_{22} & \cdots & -a_{2m}\\ \vdots & \vdots & & \vdots\\ -a_{n1} & -a_{n2} & \cdots & 1-a_{nm}\end{bmatrix}\begin{bmatrix}\Delta X_1\\ \Delta X_2\\ \vdots\\ \Delta X_m\end{bmatrix} \tag{7-2-8}$$

所有部门生产规模发生变化对最终产品的影响为

$$\Delta Y=(I-A)\cdot\Delta X \tag{7-2-9}$$

该模型是计算 ΔX 变化引起 ΔY 变化的通式，也是模型式（7－2－5）的逆运算形式，后者应用中的几个问题也适用于该模型。

三、总产品增量和最终产品增量引起投入产出表第Ⅲ象限有关指标的变化

1. 总产品增量引起的第Ⅲ象限指标的变化

第Ⅲ象限指标主要包括折旧 G、劳动者报酬 V 和社会纯收入（包括生产税净额和营业盈余）M，如调整总产品，必然会改变这些指标，计算式如下：

$$(1)\ \Delta G_X=A_g\cdot\Delta\hat{X} \tag{7-2-10}$$

即

$$(\Delta G_1,\Delta G_2,\cdots,\Delta G_n)=(a_{g1},a_{g2},\cdots,a_{gn})\begin{bmatrix}\Delta X_1 & & & 0\\ & \Delta X_2 & & \\ & & \ddots & \\ 0 & & & \Delta X_n\end{bmatrix}$$

$$\Delta G_X^0=A_G\cdot\Delta X \tag{7-2-11}$$

即

$$\Delta G_X^0=(a_{g1},a_{g2},\cdots,a_{gn})\begin{bmatrix}\Delta X_1\\ \Delta X_2\\ \vdots\\ \Delta X_n\end{bmatrix}=\sum_{i=1}^{n}a_{gi}\Delta X_i=\sum_{i=1}^{n}\Delta G_i$$

同样有

$$(2)\ \Delta V_X=A_V\cdot\Delta\hat{X}\qquad \Delta V_X^0=A_V\cdot\Delta X \tag{7-2-12}$$

$$(3)\ \Delta M_X=A_m\cdot\Delta\hat{X}\qquad \Delta M_X^0=A_m\cdot\Delta X \tag{7-2-13}$$

式中，ΔG_X、ΔV_X、ΔM_X 分别是由于 ΔX 引起的 G、V、M 增加量行向量，可分出各经济部门的增加量；ΔG_X^0、ΔV_X^0、ΔM_X^0 分别是由于 ΔX 引起的 G、V、M 增加量总量，不再分出各经济部门增加量；ΔX、$\Delta\hat{X}$ 分别是总产品增加量列向量和对角矩阵。

2．最终产品增量引起的第Ⅲ象限指标的变化

（1）折旧增量计算式为

$$\Delta G_Y = B_G \cdot \Delta \hat{Y} \tag{7-2-14}$$

该计算式的推导过程为，由式（7－2－11）有

$$(\Delta G_1, \Delta G_2, \cdots, \Delta G_n) = (a_{g1}, a_{g2}, \cdots, a_{gn}) \begin{bmatrix} \Delta X_1 & & & 0 \\ & \Delta X_2 & & \\ & & \ddots & \\ 0 & & & \Delta X_n \end{bmatrix}$$

$$= (a_{g1}, a_{g2}, \cdots, a_{gn})(I-A)^{-1} \begin{bmatrix} \Delta Y_1 & & & 0 \\ & \Delta Y_2 & & \\ & & \ddots & \\ 0 & & & \Delta Y_n \end{bmatrix}$$

$\because$ $(a_{g1}, a_{g2}, \cdots, a_{gn})(I-A)^{-1} = (b_{g1}, b_{g2}, \cdots, b_{gn})$

$$\therefore \quad (\Delta G_1, \Delta G_2, \cdots, \Delta G_n) = (b_{g1}, b_{g2}, \cdots, b_{gn}) \begin{bmatrix} \Delta Y_1 & & & 0 \\ & \Delta Y_2 & & \\ & & \ddots & \\ 0 & & & \Delta Y_n \end{bmatrix}$$

同理可以得到

$$\Delta G_Y^0 = B_G \cdot \Delta Y \tag{7-2-15}$$

即

$$\Delta G_Y^0 = (b_{g1}, b_{g2}, \cdots, b_{gn}) \begin{bmatrix} \Delta Y_1 \\ \Delta Y_2 \\ \vdots \\ \Delta Y_n \end{bmatrix}$$

（2）劳动者报酬增量计算式为

$$\Delta V_Y = B_V \cdot \Delta \hat{Y} \qquad \Delta V_Y^0 = B_V \cdot \Delta Y \tag{7-2-16}$$

（3）社会纯收入增量计算式为

$$\Delta M_Y = B_m \cdot \Delta \hat{Y} \qquad \Delta M_Y^0 = B_m \cdot \Delta Y \tag{7-2-17}$$

3．总产品增量与最终产品增量引起的第Ⅲ象限指标变化的比较

前两组计算式分别是从不同角度研究的第Ⅲ象限变化，计算出的结果也有很大差别。以下我们以劳动者报酬为例加以讨论，总产品和最终产品的变化均能引起劳动者报酬的改

变，但它们引起变化的结果大不相同。

$$\Delta V_X=(\Delta V_{X1},\Delta V_{X2},\cdots,\Delta V_{Xn}) \tag{7-2-18}$$

向量中元素 $\Delta V_{Xj}=a_{Vj}\cdot\Delta X_j$ 是第 j 部门由于生产任务的增加，该部门需要增加的劳动者报酬（ΔV_{Xj}）。

由于最终产品增量引起的劳动者报酬变化

$$\Delta V_Y=(\Delta V_{Y1},\Delta V_{Y2},\cdots,\Delta V_{Yn}) \tag{7-2-19}$$

向量中元素 $\Delta V_{Yj}=b_{Vj}\cdot\Delta Y_j$

从计算式 $B_V=A_V\cdot(I-A)^{-1}$ 可知：

$$b_{Vj}=\sum_{i=1}^{n}a_{Vi}\cdot b_{ij} \tag{7-2-20}$$

$$\Delta V_{Yj}=\sum_{i=1}^{n}a_{Vi}\cdot b_{ij}\cdot\Delta Y_j \tag{7-2-21}$$

ΔV_{Yj} 的含义是：第 j 部门由于最终产品的增加 ΔY_j，引起对劳动者报酬的完全消耗量，即国民经济各部门劳动者报酬增加量之和。

$$\text{显然，}\Delta V_{Xj}\neq\Delta V_{Yj} \tag{7-2-22}$$

其矩阵向量形式 $\Delta V_X\neq\Delta V_Y$

同样道理，还可以说明：

$$\Delta G_X\neq\Delta G_Y \tag{7-2-23}$$

$$\Delta M_X\neq\Delta M_Y \tag{7-2-24}$$

但是，我们注意到，无论是总产品还是最终产品增量所引起的第Ⅲ象限指标变化总量是相等的，即

$$\Delta G_X^0=A_G\cdot\Delta X=A_G\cdot(I-A)^{-1}\cdot\Delta Y=B_G\cdot\Delta Y=\Delta G_Y^0 \tag{7-2-25}$$

另有

$$\Delta V_X^0=\Delta V_Y^0 \tag{7-2-26}$$

$$\Delta M_X^0=\Delta M_Y^0 \tag{7-2-27}$$

综上所述，我们在进行规划方案的局部调整时，首先应该弄清研究的角度，以及率先变化的是一些什么量值。而后，严格按照投入产出模型所表明的数量依存关系，选择适当的系数向量和矩阵，最后计算出由这些量值引起的其他经济指标的变化，从而实现全面的调整。只有这样按部就班地进行，才不会发生不必要的重复计算，或违背投入产出模型的经济数量关系等问题。

第三节　能源、就业预测与规划

投入产出模型除了在国民经济总体规划和规划局部调整中的应用之外，还在与国民规

划有关的资源规划方面发挥着重要的作用。国民经济规划或计划与能源、劳动力等重要资源直接相关，投入产出方法可以通过编制能源和劳动投入产出表，并建立相应的投入产出模型，进行能源、就业的预测和规划。

一、能源投入产出模型的表式

能源问题涉及的面很广，解决能源问题的数学模型也不应该是单一的，而应是一个相互联系的模型体系。在能源系统的模型中，各种类型的模型是相互联系互为补充的，但是它们又有相对的独立性。为了解决有限能源的问题，可以单独编制不同性质的模型。为了分析能源的结构、能量的转化、能源的生产和消费，以及预测国民经济发展对能源的需求，可以独立地编制能源问题的投入产出模型。

能源投入产出模型，就是把能源作为主要分析对象的一种投入产出模型。在该模型中，我们是将能源作为整个国民经济的一部分来研究的，是在普遍的经济联系中，来确定能源产品的供求关系和预测产品的未来需要。这是因为整个社会的经济活动，有赖于能源部门为它提供所需的能源，而能源部门的生产和扩大再生产又有赖于整个国民经济为它提供非能源的物资和设备。就是说，国民经济总的发展水平是决定能源需求的直接和重要的因素，反过来，能源部门生产所需的物资又对原材料和基础工业有举足轻重的影响。因此，在经济和技术的紧密联系中考察能源是一种合理的设想。

按上述的想法，可以把整个国民经济部门划分成能源和非能源两大类。假定在我们考察的经济系统中，共有 n 种产品，它们是以产品的经济用途和生产消耗的同类性为原则划分的。前面 m 种产品是能源产品，比如炼焦煤、无烟煤、动力煤、焦炭、原油、汽油、柴油、重油、液化石油气、天然气、沼气、原子能、太阳能、植物性燃料等。后面的（$n-m$）种产品是耗用能源的重要产品，比如黑色冶金产品、有色冶金产品、化学工业产品、建筑材料。

部门间生产和消费的复杂关系，用投入产出的语言描述如下：进行任何一种生产活动，都必须有必要的物质上的准备，要购进一些必要的投入品，要投入必要数量的以原材料、辅助材料、电力等为内容的劳动对象，要投入必要数量的以机器、设备、厂房建筑、耐用工具等为内容的劳动手段，要投入必要数量的具有一定劳动技能的合乎使用目的的劳动力。另一方面，正因为有了以上的人力和物力的投入，进行生产活动的结果是，定然会有一定数量的符合某种使用目的的产品被加工出来，这些被加工出来的产品，就是所谓的产出。产出的产品，按其用途（按产品的使用价值），要么供给国民经济其他部门当作生产性投入（中间消耗），要么以消费、资本形成、出口等形式供给最终使用。

国民经济各生产部门之间的联系，就是指在它们中间不断进行的投入与产出的关系。生产过程同时是再生产过程，是生产性的消费过程。各部门之间不断进行的投入产出活动，是一种物质的变换。将上述 n 种能源和非能源产品依次编号，然后把它们纵横交叉地叠加在一起，再把各种产品的最终使用放在横行的尾部，便构成一个数表（见表 7-1）。这样一张简要的数表把所有部门之间的投入与产出关系都囊括进来了。

表 7-1 能源产品的实物表

投入 \ 产出			计量单位	物质生产部门							最终产品			总产出
				能源产品				非能源产品			消费	资本形成	合计	
				1	2	…	m	$m+1$	…	n				
物质生产部门	能源产品	1		X_{11}	X_{12}	…	X_{1m}	$X_{1(m+1)}$	…	X_{1n}	W_1	K_1	Y_1	X_1
		2		X_{21}	X_{22}	…	X_{2m}	$X_{2(m+1)}$	…	X_{2n}	W_2	K_2	Y_2	X_2
		⋮		⋮	⋮		⋮	⋮		⋮	⋮	⋮	⋮	⋮
		m		X_{m1}	X_{m2}	…	X_{mm}	$X_{m(m+1)}$	…	X_{mn}	W_m	K_m	Y_m	X_m
	非能源产品	$m+1$		$X_{(m+1)1}$	$X_{(m+1)2}$	…	$X_{(m+1)m}$	$X_{(m+1)(m+1)}$	…	$X_{(m+1)n}$	W_{m+1}	K_{m+1}	Y_{m+1}	X_{m+1}
		$m+2$		$X_{(m+2)1}$	$X_{(m+2)2}$	…	$X_{(m+2)m}$	$X_{(m+2)(m+1)}$	…	$X_{(m+2)n}$	W_{m+2}	K_{m+2}	Y_{m+2}	X_{m+2}
		⋮		⋮	⋮		⋮	⋮		⋮	⋮	⋮	⋮	⋮
		n		X_{n1}	X_{n2}	…	X_{nm}	$X_{n(m+1)}$	…	X_{nn}	W_n	K_n	Y_n	X_n

该表虽然是以考察能源产品为主要目的，但实际上它把所有列入模型的 n 种产品的全部投入产出关系都包括进来了。这种表式不仅能提供能源产品之间的投入与产出之间的数量关系，而且能提供能源产品与非能源产品的投入与产出关系，以及非能源产品之间的投入与产出的关系。故称表 7-1 为一个投入产出表。表中，X_i 为第 i 种产品以实物表现的年产出总量；X_{ij} 为第 i 种产品在 1 年内流入到 j 产品的实物量，或说 j 产品在 1 年内所耗用的第 i 种产品的实物量；Y_i 为在 1 年内用在消费、资本形成、出口等方面的第 i 种产品的实物量，即第 i 种最终产品数量。

表 7-1 内横向（水平方向），表明了横行各种产品的年总产出量，按用途（使用价值）进行分配和使用的情况。用数学公式可表示为如下方程组：

$$X_{i1}+X_{i2}+\cdots+X_{im}+X_{i(m+1)}+\cdots+X_{in}+Y_i=X_i \quad (i=1,2,\cdots,n) \tag{7-3-1}$$

此式在经济内容上说明，横行部门 i 的年总产出量 X_i 中，有 X_{i1}，X_{i2}，…，X_{in} 是提供给纵行第 1、第 2……第 n 个部门当作生产性投入的产品量，有 Y_i 的产品是以最终产品的形式用在消费、资本形成、出口等方面的。

上式用加总求和的符号可写成

$$X_i=\sum_{j=1}^{n}X_{ij}+Y_i \quad (i=1,2,\cdots,n) \tag{7-3-2}$$

在投入产出模型中，数量 X_{ij} 通常称为部门间流量，亦即所谓中间产品数量。对横行部门 i 来说，它是分配给纵列 j 部门的产品数量，对纵列 j 部门来说，它是使用横行部门 i 的产品数量，亦即 j 部门的一种生产性消耗。总和 $\sum_{j=1}^{n}X_{ij}$ 则是 i 部门产品中提供给国民经济所有生产部门当作生产性消耗的中间产品总量。这时，部门 i 以生产资料所有者的资格出现。最终产品 Y_i 与中间产品不同，它在本期不再投入生产过程来制造其他产品，亦即不反馈于本期生产过程。这时横行的部门 i，又以最终产品 Y_i 的生产者资格，亦即消费资料的生产者资格出现。可见，一个部门既可以是生产资料的生产部门（属于社会生产的第Ⅰ部类），又可以是生活资料的生产部门（属于社会生产的第Ⅱ部类）。只有当 Y_i 本期和积累起来当作以后时期消费的全部消费品为零时，部门 i 才是纯粹生产资料生产部门。相反，只有 i 部门提供给本期的全部中间产品和最终产品中生产性投资及生产性储备全为零时，i 部门才是单纯的消费资料的生产部门。

总体来说，表 7-1 的每一行都是一个实物产品平衡表。式（7-3-1）中 n 个方程式，就代表了表 7-1 横行 n 种产品的 n 个实物平衡表的联合。

从竖的方向（纵列）来分析表 7-1 的资料，可以看到各列对横行各种产品的使用数量，从而知道消耗了什么和消耗了多少。例如，X_{1j}，X_{2j}，…，X_{nj}，分别代表在本年 j 产品的生产中，对横行的第 1、第 2……第 n 种产品的使用（消耗）总量。所以，表 7-1 的纵向可以用来分析各部门的消耗构成，亦即投入构成。

以 n 个物质生产部门为序，纵横交叉组成的表 7-1 棋盘式部分，是能源投入产出表的基础部分，它反映了物质生产部门之间的经济联系和生产技术性联系。其中的前 m 种能源产品相互交叉组成的小的棋盘式部分，反映了能源产品之间的数量依存关系，它代表各种能源产品之间的内部变化。比如用煤来发电，原油经过炼制得到汽油、柴油、重油等石油制品，都可以看成是一种能源的转换。横行 m 种能源产品与纵列（$n-m$）种非能源产品交叉组成的部分，则反映了能源对非能源的供应。横行（$n-m$）种非能源产品与纵列 m 种能源产品交叉组成的部分，则反映了能源对于非能源产品的消耗。由横行（$n-m$）种非能源产品与纵列（$n-m$）种非能源产品交叉组成的部分则表明非能源产品之间的数量联系。

下面介绍能源产品的价值表（见表 7-2）。

表 7-2　　能源产品的价值表

投入 \ 产出		中间产品			最终产品			总计
		能源部门 1 … m	非能源部门 (m+1) … n	合计	消费	资本形成	合计	
中间投入	能源部门 1 … m	$A_{11}\hat{X}_1$	$A_{12}\hat{X}_2$				Y_1	X_1
	非能源部门 (m+1) … n	$A_{21}\hat{X}_1$	$A_{22}\hat{X}_2$				Y_2	X_2
	小计							
初始投入	折旧							
	劳动者报酬							
	社会纯收入							
	小计							
总计		X_1^T	X_2^T					

表 7-2 中，下标 1、2 分别表示生产能源的各部门、生产非能源的各部门。根据表 7-2，可以列出类似于基本投入产出模型的方块模型：

$$\begin{bmatrix} X_1 \\ X_2 \end{bmatrix}=\begin{bmatrix} A_{11} A_{12} \\ A_{21} A_{22} \end{bmatrix}\begin{bmatrix} X_1 \\ X_2 \end{bmatrix}+\begin{bmatrix} Y_1 \\ Y_2 \end{bmatrix}$$

$$\begin{bmatrix} X_1 \\ X_2 \end{bmatrix} = \begin{bmatrix} I-A_{11} & -A_{12} \\ -A_{21} & I-A_{22} \end{bmatrix}^{-1} \begin{bmatrix} Y_1 \\ Y_2 \end{bmatrix} \tag{7-3-3}$$

或

$$\begin{cases} X_1 = A_{11}X_1 + A_{12}X_2 + Y_1 \\ X_2 = A_{21}X_1 + A_{22}X_2 + Y_2 \end{cases} \tag{7-3-4}$$

根据上述模型可进行各种能源分析。通过 A_{11}、A_{12} 可以分析所有能源与非能源部门对能源的直接消耗情况（若是实物系数，可进一步折成标准煤能量，称之为综合能耗）。通过矩阵 $\begin{bmatrix} I-A_{11} & -A_{12} \\ -A_{21} & I-A_{22} \end{bmatrix}^{-1} = \begin{bmatrix} B_{11} B_{12} \\ B_{21} B_{22} \end{bmatrix} + I$ 中的 B_{11}、B_{12}，可以研究完全能耗情况。

由能源投入产出表可以类似研究水资源和土地占用投入产出表。水资源投入产出表的思路，仍是把所有部门分成 k 个产水部门与（$n-k$）个不产水部门。在此不再详细说明了。

二、能源投入产出模型在预测规划方面的应用

规划工作本质上是进行预测和确定未来时期的经济发展。规划的程序应该遵照“需要在先，规划在后”的原则，从需要出发进行综合平衡，使得各部门间保持一定的比例。

需要区分生产性消耗和生活性消耗两种形式，并保证生产性消耗和生活性消耗相适应。生产性消耗是中间的消耗，其消耗的对象是中间产品，生活性消耗是最终消费，即消费的对象是能供人们吃、穿、住、行的各种形式的消费品。投入产出模型中的最终产品，主要由消费品组成，但也包括生产性的投资和出口产品。后者虽然也是生产性消耗，但它们已经退出本期的生产而供以后时期使用。所以，对本期生产来说，它们也是最终的需求。

报告期的经济结构，直接消耗系数和完全消耗系数，经过少量的调整就可以被用来做规划预测之用。“需要在先，规划在后”的原则，在我们这里就具体表现为，要根据规划期的国民经济对能源和非能源产品的最终需求 Y_1 和 Y_2 的数量与构成，来决定规划期和经济部门应生产什么和生产多少，使得既能满足最终需求，又能保持合理的部门比例。

投入产出模型还可以用来分析改变经济结构对各种能源需求量的影响问题。这里所说的经济结构，并非指部门之间的技术结构，而是指耗能量不同的各部门相对发展速度的改变，所引起的对耗能总量的影响。例如，放慢重工业的发展速度，加快轻工业的发展速度，就能做到在先进技术结构条件下，国民经济总的发展速度快于能源的发展速度。

对国民经济进行调整，从需要出发，按农、轻、重的次序安排国民经济的发展，就表现在改变规划期最终产品的数量和构成与报告期最终产品的数量和构成上。这种最终产品结构上的变化，必然会影响到生产结构的变化，从而引起对能源需求量的变化。这种变化的数量影响，在利用投入产出模型做规划预测时，就得到了准确的反映。

由于技术的进步和管理水平的提高，节约能源的效果表现在模型中直接消耗系数和完

全消耗系数量值的降低上，从而促使单位产品的直接和完全综合能耗的降低，这时完成同样多的总产出量可以耗用更少的能源。也可以说，同样多的能源能够生产出更多的非能源产品或在更大程度上满足对能源的最终需求。

三、劳动投入产出模型的表式

所谓的劳动投入产出模型，就是以劳动时间表现的投入产出模型。劳动时间（人年、人日或人时），是对不同部门和不同产品的劳动消耗量或就业量进行描述的理想尺度。建立劳动投入产出模型，主要是研究国民经济各部门的劳动就业结构，预测就业数量和结构的发展趋势。

在一般的产品投入产出表中，只是在实物表中将各部门的就业人数作为初始投入的向量表示，但却没有全面反映各部门劳动和产品生产的投入和产出的联系，劳动投入产出表的编制填补了这一空白。劳动投入产出表及其模型有两种，即活劳动投入产出表及模型和完全劳动投入产出表及模型。这里只简单介绍活劳动投入产出表与模型，及其在就业规划和预测中的应用。

活劳动投入产出表采用一般投入产出表的形式编制，纵横栏棋盘式对应，可以反映各部门之间活劳动的消耗关系。其一般表式如表 7－3 所示。

表 7－3　　活劳动投入产出表

劳动投入＼劳动产出		中间产品					最终产品	总计
		1	2	…	n	小计	l_i	L_i
中间投入	1	l_{11}	l_{12}	…	l_{1n}	$\sum l_{1j}$	l_1	L_1
	2	l_{21}	l_{22}	…	l_{2n}	$\sum l_{2j}$	l_2	L_2
	⋮	⋮	⋮		⋮	⋮	⋮	⋮
	n	l_{n1}	l_{n2}	…	l_{nn}	$\sum l_{nj}$	l_n	L_n
	小计	$\sum l_{i1}$	$\sum l_{i2}$	…	$\sum l_{in}$	$\sum\sum l_{ij}$		
活劳动	L_j	L_1	L_2	…	L_n			
总计	H_j	H_1	H_2	…	H_n			

在表 7－3 中，L_j 为 j 部门中投入的活劳动量，即 j 部门年平均工作人员数，以人年表示。l_{ij} 为 j 部门消耗的 i 部门商品中凝结的当年活劳动消耗量，即 i 部门劳动者活劳动的转化和价值转移，也就是部门间的劳动流量。L_i 为 i 部门消耗当年活劳动的劳动量，当 $i=j$ 时，$L_i=L_j$。l_i 为用于最终产品的活劳动量。H_j 为部门 j 以人年表示的劳动投入量，即 j 列各元素的总计，由于 H_j 只包括 j 所直接消耗的各部门中间产品中所物化的当年活劳动投入，以及与 j 部门就业劳动力的劳动投入量之和，因此 H_j 并非完全劳动消耗量。

表 7－3 中的平衡关系式为：

$$\sum_{j=1}^{n} l_{ij} + l_i = L_i \quad (i = 1,2,\cdots,n) \tag{7-3-5}$$

若设 $t_i=L_i/X_i$，即 i 部门单位产品所包含的活劳动量，在此含义上称 t_i 为 i 部门产品的劳动消耗系数。

活劳动投入产出表一般是在产品投入产出表的基础上编制的。产品投入产出表行模型为：

$$\sum_{j=1}^{n} X_{ij} + Y_i = X_i \quad (i = 1,2,\cdots,n)$$

两端同时乘以 t_i，有：

$$\sum_{j=1}^{n} X_{ij}t_i + Y_it_i = X_it_i \quad (i = 1,2,\cdots,n) \qquad (7-3-6)$$

式（7－3－5）和式（7－3－6）相同，后者表明活劳动投入产出表与产品投入产出表在编制上的关系。根据产品投入产出模型，a_{ij} 为直接消耗系数，即单位 j 产品消耗 i 产品的数量。由 t_i的定义，可以进一步推导出：

$$t_{ij} = a_{ij}t_i = t_ix_{ij}/X_j = l_{ij}/X_j \qquad (7-3-7)$$

可以定义 t_{ij} 为活劳动消耗系数，即以劳动量表示的直接消耗系数。

由式（7－3－7）可以得到 $l_{ij} = t_{ij}X_j$，代入式（7－3－5）得到：

$$\sum_{j=1}^{n} t_{ij}X_j + l_i = L_i \quad (i = 1,2,\cdots,n) \qquad (7-3-8)$$

在既定的产品投入产出表数学模型的基础上，若已知 t_i和 t_{ij} 就可以根据式（7－3－5）和式（7－3－8）计算或编制活劳动投入产出表。

但是由表 7－3 可以看到，列的总计是：

$$\sum_{i=1}^{n} l_{ij} + L_j = H_j \quad (j = 1,2,\cdots,n) \qquad (7-3-9)$$

或

$$\sum_{i=1}^{n} t_ix_{ij} + L_j = H_j \quad (j = 1,2,\cdots,n) \qquad (7-3-10)$$

或

$$\sum_{i=1}^{n} X_jt_{ij} + L_j = H_j \quad (j = 1,2,\cdots,n) \qquad (7-3-11)$$

显然，这里不存在产品投入表中的行的总和等于列的总和的平衡关系。在 $L_i = L_j$（当 $i = j$ 时）的条件下，式（7－3－9）中的 H_j 比式（7－3－5）中的 L_i 多出 $\sum_{i=1}^{n} l_{ij}$ 。这是各 i 部门产品当年投入的活劳动以中间产品形态转移到 j 部门产品中的价值。这只是部分价值转移，而不是全部价值转移，所以 $\sum_{i=1}^{n} l_{ij}$ 只计算了 j 部门产品生产中的直接物质消耗的活劳动。H_j 还不是 j 部门的完全劳动消耗量。

在表 7-3 中，行与列的主要平衡关系是：

(1) $L_i = L_j$ （当 $i=j$ 时）

(2) $\sum_{i=1}^{n} L_i = \sum_{j=1}^{n} L_j$

(3) $\sum_{i=1}^{n} \sum_{j=1}^{n} l_{ij} = \sum_{j=1}^{n} \sum_{i=1}^{n} l_{ij}$

可以看出，活劳动投入产出表反映的是社会劳动力在国民经济各部门当年的占用量和投入量，它揭示了当年活劳动消耗转化为中间投入、初始投入以及中间产品和最终产品的劳动量，只反映直接的活劳动消耗量，而不包括间接联系中的活劳动投入量。

一般活劳动投入产出表的编制步骤如下：

(1) 根据有关的统计资料和调查资料，确定各部门的年平均工作人员数（以人年为单位）。

(2) 根据产品投入产出表各部门产值或产量数据和调查得来的各部门工作人员数据，计算产品劳动消耗系数 t_i。

(3) 将产品投入产出表第Ⅰ、第Ⅱ象限各行元素分别乘以 t_i，将产品流量换算为以劳动量表示的流量。

(4) 在抽象了固定资产折旧的条件下，对投入产出表的第Ⅲ象限的换算比较简单，即直接以各该部门的工作人员数 L_j 填列。

活劳动投入产出表的编制具有很大的作用。第一，研究和分析国民经济发展中劳动和产出之间的关系，通过劳动就业结构揭示劳动资源的分配和合理使用程度。第二，计算各种产品的劳动占用量，便于更好地分析研究劳动生产率和经济效益等问题。第三，活劳动投入产出表的纵列资料揭示了活劳动消耗和物化劳动消耗的联系。第四，根据活劳动投入产出表及其模型提供的资料，可以进一步计算完全劳动消耗，并为研究价格问题提供了有力的工具。

活劳动投入产出模型，还为预测和安排国民经济的发展对劳动力的需要提供了工具。根据产品生产和劳动消耗系数的有关预测资料，利用活劳动投入产出模型可以直接计算某一时期各部门劳动投入和产出的数据，即进行就业的预测和规划。

另外，可以用投入占用产出分析基本模型来进行就业的规划和预测，由于篇幅的限制，这里从略。

第四节　经济环境投入产出模型与应用

在发展经济的同时保护环境，走可持续发展道路，是我国的一项基本国策。因此，运用投入产出方法研究解决与环境的关系问题，为支持政府实施可持续发展战略提供重要的决策依据显得尤为重要。本节重点介绍经济环境投入产出模型，以建立经济和环境投入产出分析的基本框架。

一、简化的经济环境投入产出模型

自1970年以来，国际上有不少学者，如列昂惕夫、哈托格等，利用投入产出技术研究环境和污染治理问题。我国自20世纪80年代末期开始了这方面的研究工作，一些地区陆续编制了不同的经济环境投入产出表。[①] 经济环境投入产出表又称环境污染与治理矩阵，是在经济表的基础上，扩展了环境内容而形成的。天津市根据1987年投入产出表编制了天津市1987年33个部门和4个治理污染部门的经济环境投入产出表部分。[②] 下面介绍这一简化的经济环境投入产出表部分，它由9个部分组成（见表7-4）。

表7-4 经济环境投入产出表（价值型）

投入 \ 产出	中间使用		最终使用和最终需求领域产生的污染	总产出及总产污
	产业部门	治污部门		
中间投入	$[x_{ij}]$ (Ⅰ)	$[e_{ij}]$ (Ⅱ)	$[y_{ij}]$ (Ⅲ)	X
最初投入	$[p_{ij}]$ (Ⅳ)	$[k_{ij}]$ (Ⅴ)	(Ⅵ)	
总投入	X^T			
污染物	$[q_{ij}]$ (Ⅶ)	$[f_{ij}]$ (Ⅷ)	$[r_{ij}]$ (Ⅸ)	Q

注：产业部门（1，…，n），污染物（1，…，m）。

表7-4内的字符分别代表如下意义：

x_{ij}为第j个产业部门消耗第i个部门产品或劳务的数量，$[x_{ij}]=(x_{ij})_{n\times n}$；

e_{ij}为第j个治污部门消耗第i个部门产品或劳务的数量，$[e_{ij}]=(e_{ij})_{n\times m}$；

y_{ij}为最终需求领域当中第j项活动使用的第i个部门产品或劳务的数量，$[y_{ij}]=(y_{ij})_{n\times k}$；

p_{ij}为第j个产业部门第i项最初投入，$[p_{ij}]=(p_{ij})_{h\times n}$；

k_{ij}为第j个治污部门第i项最初投入，$[k_{ij}]=(k_{ij})_{h\times m}$；

q_{ij}为第j个产业部门生产过程中产生第i种污染物的数量，$[q_{ij}]=(q_{ij})_{m\times n}$；

f_{ij}为第j个治污部门治污过程中产生第i种污染物的数量，$[f_{ij}]=(f_{ij})_{m\times m}$；

r_{ij}为最终需求领域第j项活动产生第i种污染物的数量，$[r_{ij}]=(r_{ij})_{m\times k}$；

X为第n个产业部门的总产出列向量，$X=\begin{pmatrix}X_1\\X_2\\\vdots\\X_n\end{pmatrix}$；

Q为第m种污染物的总产出列向量，$Q=\begin{pmatrix}Q_1\\Q_2\\\vdots\\Q_m\end{pmatrix}$。

① 钟契夫. 投入产出分析. 北京：中国财政经济出版社，1993：393.

② 李强，刘起运. 当代中国投入产出实证与探新. 北京：中国统计出版社，1999：115-118.

第Ⅰ部分、第Ⅲ部分和第Ⅳ部分与经济表的内容基本一致，第Ⅰ部分和第Ⅳ部分反映各产业部门在产业活动中的中间投入和最初投入状况。第Ⅰ部分和第Ⅳ部分与经济表的不同之处在于，这两部分当中不包括各产业部门治理污染的中间投入和最初投入，经济环境投入产出表将这部分内容独立出来，放在新增加的第Ⅱ部分和第Ⅴ部分之中，而在经济环境投入产出表中，生产的消耗与治理污染的消耗集为一体，都反映在第Ⅰ部分和第Ⅳ部分之中。第Ⅲ部分反映最终需求领域使用产品和劳务的状况。在投资项目中，可以增加其中项，以反映本年度进行环境保护投资活动使用产品和劳务的状况。第Ⅵ部分是一个空表。

经济环境投入产出表扩展了治污和产污两大类共 5 个部分的内容，从治污的角度看，扩展出第Ⅱ部分和第Ⅴ部分，反映各产业部门在治理污染过程中的中间投入和最初投入，在产业活动中，特别是工业生产中，企业治理污染的活动是生产活动的组成部分，经济环境投入产出表将这两部分内容分离出来是为了反映整个社会治理污染的规模、水平和强度。经济环境投入产出表与经济表在行平衡关系方面保持一致，它的第Ⅰ部分按行与第Ⅱ部分相加所得的中间使用行合计，与经济表的中间使用行合计是一样的。因此，各填报单位在填报中间投入和最初投入数据时，应将本单位中间投入和最初投入的总量构成作为控制数，将治理污染的中间投入和最初投入数据作为其中项填报，这样，既不破坏经济表的平衡关系，又满足了经济环境投入产出表的编表要求。

从产污的角度来看，经济环境投入产出表扩展出第Ⅶ部分、第Ⅷ部分和第Ⅸ部分，用实物量纲反映产污、治污和排污的状况，第Ⅷ部分反映治污过程中产生的二次污染物，第Ⅸ部分反映最终需求领域中产生的污染物。产污是指产业活动和最终需求领域产生的污染物，产污是由生产方式（如工艺、设计、管理）和生活方式决定的，反映产业活动和生活与污染物的基本关系；治污是指采取一定的治理措施治理的污染物，治污是由社会治理污染物能力（如治理方法、治理规模、治理投资等）决定的，它反映产业活动和治理活动的基本关系。排污是指产业活动和生活领域排放的污染物，它反映产业活动和环境容量的基本关系，也反映了某些污染物需要社会统一治理的规模，例如污水。从企事业单位的角度考察，上述三种污染物有以下平衡关系：产污量＝治污量＋排放量。

在经济环境投入产出表中一般使用产污量数据，利用治理量数据计算污染物的去除率，测算污染物的排放水平，以确定产业活动对环境的影响和社会治理污染物的水平。因而，经济环境投入产出表（价值型）实际是价值型与实物型的混合，如表 7－5 所示。

表 7－5　　经济环境投入产出表（实物型）

	中间使用		最终使用和最终需求领域产生的污染	总产出及总产污
	实物产品	治污部门		
中间投入	（Ⅰ）	（Ⅱ）	（Ⅲ）	X
污染物	（Ⅳ）	（Ⅴ）	（Ⅵ）	Q

经济环境投入产出表（实物型）扩展的环境内容与经济环境投入产出表（价值型）相比，其不同之处是产业部门分类与实物产品分类不同，没有产业部门和治污部门的最初投入部分。经济环境投入表（实物型）扩展了三个产污部分和一个治理污染的中间投入部分，其经济技术含义与经济环境投入产出表（价值型）的相应部分是一致的。

经济环境投入产出模型的数学表达式为

$$\sum_{j=1}^{n} x_{ij} + \sum_{j=1}^{m} e_{ij} + \sum_{j=1}^{k} y_{ij} = X_i \tag{7-4-1}$$

$$\sum_{j=1}^{n} q_{ij} + \sum_{j=1}^{m} f_{ij} + \sum_{j=1}^{k} r_{ij} = Q_i \tag{7-4-2}$$

二、经济环境投入产出模型的应用

不同形式的经济环境投入产出表的表式不同，侧重点有所不同，其应用方面也不完全一样。以天津市 1987 年经济环境投入产出表为例，其应用主要表现在以下四个方面：

第一，用于经济与环境的投入产出分析。可以通过经济、环境投入产出表分析各主要污染物的来源，分析各产业部门的污染物排放量、单位产值的污染物排放量（产污系数），还可以进一步用完全产污系数分析经济结构与环境污染的关系，分析治污费用与经济发展之间的关系。

第二，在经济与环境统计中的应用。在环境统计指标中增加治理污染的物质消耗和能源消耗等总量指标，通过经济环境投入产出表将污染治理作为经济生产部门对待，污染治理的投入、治理污染的基本建设投资和运转费用可以进入经济核算。易于发现环境统计中的误差并进行必要的调整。同时，对一些难以调查的数据，如重要污染物的排放量也可以用经济环境投入产出模型进行推算。

第三，在制定和调整环境管理规划中的应用。经济环境投入产出表提供的直接产污系数和完全产污系数等，为环境管理提供了定量的环境经济信息。随着我国经济的快速发展，环境问题也日益突出，为了在经济发展过程中合理利用和保护环境资源，可以利用经济环境投入产出模型进行优化选择，对产业结构调整进行模拟，并计算出对经济的整体影响。

第四，用于中、短期的环境经济预测。具体预测需要分步进行，首先要根据经济和社会发展的需要，预测各部门的总产品和最终产品；然后根据单位产值的污染物排放量（产污系数）和单位最终产品的产污量等数据进行计算和预测，利用式（7-4-1）和式（7-4-2），预测 Q 值，为满足预测年的环境指标，可借助于辅助模型预测出投入的治理费用和环境投资。天津市的经济环境投入产出表，通过建立平衡方程进行环境经济预测。①

$$\begin{bmatrix} X \\ Q \end{bmatrix} = \begin{bmatrix} (I-A) & -\hat{E}_\alpha \\ -W & (I-\hat{F}_\alpha) \end{bmatrix}^{-1} \begin{bmatrix} Y \\ Z \end{bmatrix} \tag{7-4-3}$$

部门总产值 X 的预测模型（1987 年）为

$$X_j^{t^0} = (1+r_j^{t^0}) X_j^0 \tag{7-4-4}$$

在不考虑最终需求领域产污量的情况下，预测产污量 Q 的模型简化为

$$WX^{t^0} + \hat{F}_\alpha WX^{t^0} = Q \tag{7-4-5}$$

① 李强，刘起运．当代中国投入产出实证与探新．北京：中国统计出版社，1999：129．

式中，WX^{t^0}为各产业部门各类产污列向量，$\hat{F}_{\alpha}WX^{t^0}$为治污部门各类产污列向量。

天津市根据以上公式，进行了三个方案的预测，为环境管理部门提供了参考依据。

思考题

1. 介绍并比较四种不同出发点的规划方法。
2. 说明投入产出规划局部调整模型。
3. 简要说明投入产出方法在能源、就业预测和规划中的应用。

第八章

投入产出技术与经济系统分析

投入产出方法通过编制投入产出表，提供了大量的经济系数，形成了各种数学模型。投入产出表将国民经济各部门及其各项经济活动连接为结构严密的有机整体，既提供了大量反映经济单位的个体指标，又有表现经济总体的综合指标，并充分揭示了国民经济整体中各个组成部分之间错综复杂的联系，使其成为分析经济比例关系和经济联系、揭示各产业部门（各类产品）之间的内在依存关系的重要工具。投入产出表派生出来的大量系数和参数本身具有重要的经济意义，同时可以进行不同时间、不同地区、不同部门的对比分析，成为全面深入的经济分析的重要条件和途径。投入产出表对应的数学模型可以揭示更深层次的经济联系，从总体上观察国民经济的发展状况，加强宏观经济分析和调控。

经济研究的实践表明，投入产出表和投入产出模型已经成为经济分析的有效工具，在计划和规划制定与分析、经济系统分析、政策模拟、理论价格测算、大型经济优化分析模型的建立等越来越多的经济研究领域发挥着不可替代的作用。本章专门介绍投入产出技术在经济系统分析，特别是在经济联系分析、经济结构分析、经济效益分析、时空对比分析等方面的应用，其他应用见本书相关章节。

第一节　经济联系分析

投入产出表也称部门联系平衡表，它通过投入产出表本身和投入产出模型充分揭示部门间的各种经济联系。投入产出表全面反映社会再生产的全过程，通过一定表式，将生产与分配使用、各种消耗和产出、产品的使用价值运动和价值运动等有机地联系在一起，并通过各种系数计算揭示国民经济各部门、再生产各环节的数量联系。

为了便于分析说明，我们将 2000 年中国投入产出表（延长表）合并为包括农业、工业、建筑业、运输邮电业、商业饮食业和其他部门的六部门表（见表 8－1）。其中农业包括

表 8-1 2000 年中国六部门投入产出表* 单位：万元

投入＼产出		中间使用						
		农业	工业	建筑业	运输邮电业	商业饮食业	其他部门	中间使用合计
中间投入	农业	40 355 500	87 137 140	857 150	126 774	9 102 805	2 259 347	139 838 717
	工业	54 155 700	857 478 452	120 237 685	36 572 622	46 738 120	70 306 397	1 185 488 975
	建筑业	569 970	1 463 485	132 635	2 081 578	733 634	8 644 111	13 625 413
	运输邮电业	3 689 724	36 739 540	15 390 851	4 130 580	5 328 326	20 098 486	85 377 507
	商业饮食业	5 026 066	61 226 164	14 412 425	2 097 770	14 618 017	12 079 942	109 460 384
	其他部门	7 725 305	38 985 270	11 109 085	6 236 363	19 287 095	34 924 951	118 268 068
	中间投入合计	111 522 265	1 083 030 051	162 139 831	51 245 687	95 807 995	148 313 235	1 652 059 064
增加值	固定资产折旧	5 968 377	81 477 421	4 498 838	19 920 752	5 441 584	28 748 121	146 055 093
	劳动者报酬	134 431 208	169 575 213	39 053 239	22 579 368	40 165 853	93 391 043	499 195 924
	生产税净额	4 150 515	83 420 894	5 471 364	3 381 509	18 537 801	19 162 197	134 124 281
	营业盈余	8 410 304	90 622 467	10 407 195	8 580 662	9 389 516	16 683 324	144 093 468
	增加值合计	152 960 405	425 095 994	59 430 636	54 462 291	73 534 755	157 984 685	923 468 767
总投入		264 482 670	1 508 126 045	221 570 467	105 707 979	169 342 750	306 297 920	2 575 527 831

续前表

投入＼产出		最终使用								其他	总产出
		最终消费					资本形成总额	净出口	最终使用合计		
		居民消费			政府消费	最终消费合计					
		农村居民消费	城镇居民消费	居民消费合计							
中间投入	农业	64 185 461	45 369 909	109 555 370	0	109 555 370	11 088 056	416 615	121 060 042	3 583 911	264 482 670
	工业	87 703 513	124 157 111	211 860 624	0	211 860 624	87 576 445	11 471 095	310 908 165	11 728 905	1 508 126 045
	建筑业	0	0	0	0	0	216 877 094	−162 236	216 714 858	−8 769 804	221 570 467
	运输邮电业	6 563 144	9 963 689	16 526 832	0	16 526 832	754 627	6 039 257	23 320 717	−2 990 245	105 707 979
	商业饮食业	11 563 065	23 167 656	34 730 721	0	34 730 721	3 658 077	14 292 605	52 681 403	7 200 963	169 342 750
	其他部门	27 666 124	43 375 805	71 041 929	117 053 000	188 094 929	5 043 700	3 116 723	196 255 353	−8 225 500	306 297 920
	中间投入合计	197 681 306	246 034 170	443 715 476	117 053 000	560 768 477	324 998 000	35 174 060	920 940 537	2 528 230	2 575 527 831
增加值	固定资产折旧										
	劳动者报酬										
	生产税净额										
	营业盈余										
	增加值合计										
总投入											

* 按当年生产者价格计算。

农、林、牧、渔业；工业包括工业，采矿业，制造业，电力、燃气及水的生产和供应业等；运输邮电业包括交通运输和仓储业、邮政业、旅客运输业；商业饮食业包括批发和零售业、住宿和餐饮业；“其他部门”包括的部门较多，主要是信息传输、计算机服务和软件业，银行业，证券业，保险业，其他金融活动，房地产业，租赁和商务服务业，科学研究、技术服务和地质勘查业，水利、环境和公共设施管理业，居民服务和其他服务业，教育、卫生、社会保障和社会福利业，文化、体育和娱乐业，公共管理和社会组织等部门的合并；建筑业与原延长表一致。

通过计算可以得到2000年投入产出表的直接消耗系数表（见表8-2）和完全消耗系数表（见表8-3）。

表8-2　　2000年投入产出表直接消耗系数

	农业	工业	建筑业	运输邮电业	商业饮食业	其他部门
农业	0.152 582 8	0.057 778 4	0.003 868 5	0.001 199 3	0.053 753 7	0.007 376 3
工业	0.204 760 9	0.568 572 1	0.542 661 2	0.345 977 9	0.275 997 2	0.229 536 0
建筑业	0.002 155 0	0.000 970 4	0.000 598 6	0.019 691 8	0.004 332 2	0.028 221 3
运输邮电业	0.013 950 7	0.024 361 1	0.069 462 6	0.039 075 4	0.031 464 7	0.065 617 4
商业饮食业	0.019 003 4	0.040 597 5	0.065 046 7	0.019 845 0	0.086 322 1	0.039 438 5
其他部门	0.029 209 1	0.025 850 1	0.050 137 9	0.058 996 1	0.113 893 8	0.114 022 8

表8-3　　2000年投入产出表完全消耗系数

	农业	工业	建筑业	运输邮电业	商业饮食业	其他部门
农业	0.232 804 7	0.187 708 7	0.125 204 2	0.079 227 8	0.141 910 0	0.075 067 8
工业	0.705 825 8	1.619 178 7	1.604 867 2	1.049 723 5	0.983 305 8	0.857 080 6
建筑业	0.006 506 2	0.008 055 1	0.009 512 8	0.026 126 4	0.013 091 5	0.036 815 0
运输邮电业	0.043 220 2	0.081 027 7	0.129 864 8	0.080 867 5	0.078 448 4	0.109 032 4
商业饮食业	0.061 529 6	0.127 139 4	0.154 499 2	0.078 668 4	0.151 845 6	0.095 472 2
其他部门	0.072 393 2	0.104 803 5	0.136 590 5	0.116 804 9	0.187 404 7	0.177 795 9

一、直接经济联系分析

直接经济联系的基本表现是成品生产与原料投入之间的相互关系。利用投入产出方法可以分析这种投入与产出之间的经济关系。具体地说，可以用投入产出中许多重要的经济系数反映经济活动中的若干直接经济联系。

1. 投入产出表本身体现的经济联系分析

填入投入产出表的所有数据均为特定年度内发生的经济流量，按其在表中所处的位置，可以分为中间产品流量、最终产品流量和增加值流量。中间产品流量矩阵从列向看，第 j 列的各数据是 j 部门所消耗的各部门产品数量，直接反映 j 部门对其他部门的依存关系及其程度，而该列的总和是 j 部门年度内消耗的产品总量。从中间产品流量矩阵的行向看，第 i 行反映 i 部门产品分配给国民经济各部门用作中间投入的数量，而 i 行的总和是 i 部门当年生产的中间产品的总量。最终产品流量是各部门生产的消费产品、投资产品和出口产品的数量，增加值流量是各部门固定资产折旧、劳动者报酬、生产税净额和营业盈余的数量。这些数据本身直接反映国民经济各部门与经济总体之间、各部门之间的技术经济联系。

2. 直接消耗系数分析

根据定义，直接消耗系数 a_{ij} 反映了任何两个部门之间的直接经济联系，即 j 产品生产与 i 产品（流动资产）生产之间的求与供的关系。直接消耗系数本身就是 j 部门单位产值中对各部门产品的消耗量，即通常所说的消耗定额。计算这些消耗定额，按部门及消耗产品顺序规则地排列在一起，形成直接消耗系数矩阵，可以清楚地从列向看出该部门消耗的各种产品、消耗数量等。同时，从投入产出表的编表方法可以知道，直接消耗系数是部门内生产单位产品的平均消耗定额，因此可以用每一企业的单位消耗定额与它比较，即可看出该企业消耗水平与全国平均水平的优劣比较，并可以进一步分析其原因。

a_{ij} 值越大，说明了部门之间的联系越紧密。可以将各部门的直接消耗系数由大到小排列，以反映部门之间的经济联系的强弱。

根据 2000 年中国六部门投入产出表，我们可以将各部门的 a_{ij} 由大到小排列在表 8-4 中。

从直接消耗系数大小看，工业部门自身的依赖性最强，达到 0.569，建筑业对工业的依赖性次之，达到 0.543，运输邮电业对工业的依赖性再次之，达到 0.346。

表 8-4　　各部门直接消耗系数由大到小排列表

	农业			工业	
工业	0.205	48.56%	工业	0.569	79.17%
农业	0.153	36.19%	农业	0.058	8.05%
其他部门	0.029	6.93%	商业饮食业	0.041	5.65%
商业饮食业	0.019	4.51%	其他部门	0.026	3.60%
运输邮电业	0.014	3.31%	运输邮电业	0.024	3.39%
建筑业	0.002	0.51%	建筑业	0.001	0.14%
	建筑业			运输邮电业	
工业	0.543	74.16%	工业	0.346	71.37%
运输邮电业	0.069	9.49%	其他部门	0.059	12.17%
商业饮食业	0.065	8.89%	运输邮电业	0.039	8.06%
其他部门	0.050	6.85%	商业饮食业	0.020	4.09%
农业	0.004	0.53%	建筑业	0.020	4.06%
建筑业	0.001	0.08%	农业	0.001	0.25%
	商业饮食业			其他部门	
工业	0.276	48.78%	工业	0.230	47.40%
其他部门	0.114	20.13%	其他部门	0.114	23.55%
商业饮食业	0.086	15.26%	运输邮电业	0.066	13.55%
农业	0.054	9.50%	商业饮食业	0.039	8.14%
运输邮电业	0.031	5.56%	建筑业	0.028	5.83%
建筑业	0.004	0.77%	农业	0.007	1.52%

表8-4中百分数一栏表示在某部门对各部门的经济联系总和中，该部门对其中任意部门的依赖程度。可以从百分数的大小清楚看出部门之间的依存关系及其强度。例如，运输邮电业83.54%的消耗来自工业和其他部门，而对于工业、其他部门和其自身的消耗达到91.6%。建筑业74.16%的消耗来自工业部门，而对工业、商业饮食业、其他部门和运输邮电业的消耗就达到总消耗的99.39%。工业部门自身的消耗达到总消耗的79.17%，对农业的消耗达到总消耗的8.05%，两者之和达到87.22%。

3. 直接消耗系数的矩阵分析

对直接消耗系数的矩阵分析也称综合消耗系数分析。根据直接消耗系数矩阵的基本经济意义，对其各行列元素分别求和，并得到相应的解释。

首先，从矩阵列向看，定义$a_{cj}=\sum_i a_{ij}$为j部门的物质消耗系数，反映了j部门与所有部门的直接经济联系，即j产品的生产与所有产品生产之间的求与供的关系。a_{cj}越大，说明某一部门与所有其他部门之间的联系越紧密。

n个部门的物质消耗系数构成物质消耗系数行向量A_c。$A_c=(a_{c1},\ a_{c2},\ \cdots,\ a_{cn})=\bar{I}A$，其中，$\bar{I}$为单位行向量。2000年中国六部门投入产出表的$A_c=(0.422,\ 0.718,\ 0.732,\ 0.485,\ 0.566,\ 0.484)$，可以看出，建筑业对其他行业的依赖关系最强，而农业对其他行业的依赖关系最弱。

其次，从直接消耗系数矩阵行向看，$a_{ie}=\sum_j a_{ij}$反映了所有部门生产与某一部门生产之间的求与供的关系。从直接消耗系数的定义可知，直接消耗系数矩阵的同行元素a_{i1}，a_{i2}，…，a_{in}是国民经济各部门对i种产品的单位消耗，那么，$a_{ie}=\sum_j a_{ij}$则是国民经济n个部门平均生产单位产值对i种产品的消耗总量。

定义直接消耗系数矩阵的行向结构系数β_{ij}^a：

$$\beta_{ij}^a=\frac{a_{ij}}{a_{ie}}$$

因此，β_{ij}^a就是j部门对i种产品的单位消耗占全部n个部门单位消耗总量的比例。

如果将a_{ie}除以n，得到$\bar{a}_i=\frac{1}{n}a_{ie}$，即是国民经济平均生产单位产品对$i$产品的消耗量。以$\bar{a}_i$为参照值，比较$i$行$a_{ij}$的大小，分析$i$种产品在各部门单位消耗中的地位。

4. 直接消耗系数矩阵列向延伸部分的经济分析

直接消耗系数矩阵列向延伸可以形成固定资产折旧系数、劳动者报酬系数、生产税净额系数和营业盈余系数四个行向量。

首先，分析固定资产折旧系数。固定资产折旧系数$a_{gj}=g_j/X_j(j=1,2,\cdots,n)$，反映$j$部门对各种固定资产的消耗关系，向量形式为$A_g=(a_{g1},a_{g2},\cdots,a_{gn})$。2000年中国六部门投入产出表中，$A_g=(0.023,\ 0.054,\ 0.020,\ 0.188,\ 0.032,\ 0.094)$。可以看出，各类产品的生产对固定资产（折旧部分）的依赖程度极为悬殊，运输邮电业及其他部门对固定资产（折旧部分）的依赖程度最强，建筑业对固定资产（折旧部分）的依赖程度最弱。

其次，分析直接劳动者报酬系数。直接劳动者报酬系数$a_{vj}=v_j/X_j(j=1,2,\cdots,n)$反

映了某一部门 j 对劳动力的依赖程度。显然，a_{vj} 一般以价值形式表示，即单位产值的工资报酬，但它反映各部门对活劳动量的需求，可以用实物形式表示，即人力资源的耗用。a_{vj} 越大，说明某一部门对劳动力的依赖程度越强，或者说劳动力密集度越高。向量形式为 $A_v=(a_{v1},a_{v2},\cdots,a_{vn})$。2000 年中国六部门投入产出表中，$A_v=$(0.508，0.112，0.176，0.214，0.237，0.305)。可以看出，农业对劳动力的依赖性最强，其他部门次之，工业对劳动力的依赖程度远远低于其他的部门。

此外，我国新国民经济核算体系中投入产出表第Ⅲ象限分为固定资产折旧、直接劳动者报酬以及生产税净额和营业盈余，因此，还可以对生产税净额系数和营业盈余系数进行分析。生产税净额和营业盈余合称为社会纯收入，因此，各部门生产税净额系数和营业盈余系数之和为社会纯收入系数 a_{mj}，a_{mj} 反映了某一部门 j 单位产值创造的社会纯收入。向量形式为 $A_m=(a_{m1},a_{m2},\cdots,a_{mn})$。2000 年中国六部门投入产出表中，$A_m=$(0.047，0.115，0.072，0.113，0.165，0.117)。可以看出，2000 年我国各部门单位产值中创造的生产税净额和营业盈余，商业饮食业最高，为 0.165，而农业最低，为 0.047。

二、完全经济联系分析

在国民经济各部门的经济联系中，直接性关系只是其中的一部分，而更多的经济联系是间接性的。因此，要完全分析经济联系不仅要把直接联系包括进去，而且要把间接联系包括进去。投入产出方法通过引进各种完全系数来分析部门间的间接经济联系。完全系数是在直接系数基础上进一步派生出来的，完全系数不是由有关流量数据简单计算比值得来的，而是将国民经济视为一个整体，从部门间的直接联系推算出它们之间的完全联系。

1. 完全消耗系数分析

完全消耗系数 b_{ij} 反映了两个部门之间的完全经济联系。它不仅包含直接消耗系数 a_{ij}，而且包含间接消耗系数 c_{ij}，$b_{ij}=a_{ij}+c_{ij}$，c_{ij} 表示 j 产品所消耗的各种物质资料又进一步对 i 产品的完全消耗。因此，b_{ij} 实质上是生产单位 j 最终产品所完全消耗 i 种中间产品的数量。

由于 $b_{ij}=a_{ij}+c_{ij}$，即直接消耗加间接消耗，根据 b_{ij} 的经济含义，计算完全消耗系数的关键在于计算间接消耗 c_{ij}，即由于消耗其他产品而间接消耗的 i 种产品。j 部门由于消耗 k 种产品而间接消耗了 i 种产品，假设其完全消耗系数为 b_{ik}，则 $b_{ik}\times a_{kj}$ 为通过 k 而间接消耗的 i 种产品。因此，j 对 i 的全部间接消耗为 $\sum\limits_{k=1}^{n} b_{ik}\times a_{kj}$，$j$ 对 i 的完全消耗系数为：

$$b_{ij}=a_{ij}+\sum_{k=1}^{n} b_{ik}\times a_{kj}$$

以矩阵形式表示为：$B=A+BA$，即 $B(I-A)=A$。所以

$$B=A(I-A)^{-1}=[I-(I-A)](I-A)^{-1}=(I-A)^{-1}-I$$

2000 年中国六部门投入产出表完全消耗系数如表 8-3 所示。通过将直接消耗系数与完全消耗系数进行对比（见表 8-5），可以看出大多数完全消耗系数比直接消耗系数大很多，因此部门间经济联系中，间接联系的比重比较高，其中最高的是运输邮电业对农业的消耗，其完全消耗系数是直接消耗系数的 66 倍多，因此间接联系是运输邮电业与农业经

济联系的主体。

表 8-5 完全消耗系数与直接消耗系数比值表

	农业	工业	建筑业	运输邮电业	商业饮食业	其他部门
农业	1.53	3.25	32.36	66.06	2.64	10.18
工业	3.45	2.85	2.96	3.03	3.56	3.73
建筑业	3.02	8.30	15.89	1.33	3.02	1.30
运输邮电业	3.10	3.33	1.87	2.07	2.49	1.66
商业饮食业	3.24	3.13	2.38	3.96	1.76	2.42
其他部门	2.48	4.05	2.72	1.98	1.65	1.56

对于完全消耗系数，我们也可以分部门由大到小进行排序，从而分析部门间完全经济联系的大小和部门间经济依存关系。

2. 完全消耗系数矩阵分析

与直接消耗系数矩阵分析相似，完全消耗系数矩阵分析实际是根据完全消耗系数矩阵的基本经济意义，对其各行列元素分别求和，并得到相应的解释。

首先是完全消耗系数矩阵列向求和，$b_{0j}=\sum_i b_{ij}(j=1,2,\cdots,n)$，$b_{0j}$ 称为影响力（带动力）系数，反映了 j 部门增加一个单位最终产品时，对各个部门产品的需求所波及的程度。影响力系数越大，表示该部门对国民经济各部门生产的需求带动作用越大。各部门影响力系数构成影响力系数向量：$B_0=(b_{01},b_{02},\cdots,b_{0n})$。$B_0$ 也称完全物质消耗系数行向量。

$b_{00}=\sum_j\sum_i b_{ij}=\sum_j b_{0j}$ 为国民经济所有部门的总体的影响力，$S=\frac{1}{n}b_{00}$ 则为国民经济平均影响力。用各部门影响力与国民经济平均影响力进行比较有：$\delta_j=\frac{b_{0j}}{S}(j=1,2,\cdots,n)$，由计算式可知，$\delta_j$ 就是 j 部门的影响力与国民经济各部门平均影响力之比，δ_j 有三种可能，即 $\delta_j>1$，$\delta_j=1$，$\delta_j<1$，其中 $\delta_j>1$ 的部门的影响力超过国民经济平均影响力，将会对国民经济发展产生更大的影响或带动作用，可以作为国民经济发展的主导产业和部门。

$$
\begin{array}{ll}
 & \qquad\qquad\qquad\quad \sum_j b_{ij} \\
B=\begin{bmatrix} b_{11} & b_{12} & \cdots & b_{1n} \\ b_{21} & b_{22} & \cdots & b_{2n} \\ \vdots & \vdots & & \vdots \\ b_{n1} & b_{n2} & \cdots & b_{nn} \end{bmatrix} & \left.\begin{matrix} b_{10} \\ b_{20} \\ \vdots \\ b_{n0} \end{matrix}\right\} B_{(i)} \\
\sum_i b_{ij}\ \underbrace{b_{01},b_{02},\cdots,b_{0n}}_{B_{(j)}} & b_{00}=\sum_i\sum_j b_{ij}
\end{array}
$$

2000 年中国投入产出表的影响力系数向量：$B_0=(1.122，2.128，2.161，1.431，1.556，1.351)$，平均影响力 $S=1.625$，由此可以看到，建筑业和工业的影响力超过平均影响力，而农业和其他部门的影响力则较小。

其次是完全消耗系数矩阵行向求和，$b_{i0}=\sum_j b_{ij}(i=1,2,\cdots,n)$。有些学者称 b_{i0} 为感

应度系数，反映了各部门均增加一个单位最终产品时，i 部门由此而受到的需求感应程度，即 i 部门对各部门生产的供给推动程度。但对这一定义存在争议。[①]

3. 完全消耗系数矩阵列向延伸的经济分析

完全消耗系数矩阵列向延伸可以形成三个行向量，即完全劳动者报酬系数、完全固定资产折旧系数和完全社会纯收入（这里包括生产税净额和营业盈余）系数。

完全劳动者报酬系数 $b_{vj}(j=1,2,\cdots,n)$ 反映单位产品完全投入的劳动成本数量。如同关于物质资料的完全消耗系数一样，自然存在关于劳动的完全消耗系数。完全劳动者报酬系数可以反映产品的真正劳动密集程度。

$$\because\quad b_{vj}=a_{vj}+\sum_{i}b_{vi}a_{ij} \tag{8-1-1}$$

即

完全劳动者报酬＝直接劳动者报酬＋全部间接劳动者报酬

其矩阵形式为

$$B_v=A_v+B_vA \tag{8-1-2}$$

有

$$B_v=A_v(I-A)^{-1}$$

或

$$B_v=A_v(I+B) \tag{8-1-3}$$

式中，A_v为直接劳动者报酬系数行向量，$A_v=(a_{v1},a_{v2},\cdots,a_{vn})$，$B_v$为完全劳动者报酬系数行向量，$B_v=(b_{v1},b_{v2},\cdots,b_{vn})$。2000 年中国六部门投入产出表中，$A_v=(0.508, 0.112, 0.176, 0.214, 0.237, 0.305)$，可以得到：$B_v=A_v(I+B)=(0.753, 0.471, 0.528, 0.448, 0.532, 0.546)$

可以看出，劳动密集程度最高的是农业，次高的是商业饮食业，次低的是工业，最低的是运输邮电业。这一现实与直接劳动者报酬系数有所不同，后者最低的是工业，次低的是建筑业。

同样可以计算完全固定资产折旧系数和完全社会纯收入系数，计算式为：

$$B_g=A_g\,(I-A)^{-1} \tag{8-1-4}$$

$$B_m=A_m\,(I-A)^{-1} \tag{8-1-5}$$

由式（8-1-4）和式（8-1-5）可以计算出完全固定资产折旧系数和完全社会纯收入系数行向量，并进行相关经济分析。

定义 $B_n=B_v+B_m+B_g$ 为完全增加价值系数，则有

$$B_n=B_v+B_m+B_g=\bar{I}=(1,1,\cdots,1)$$

$$\because\quad B_n=B_g+B_v+B_m$$

① 刘起运，程卫平. 宏观经济预测与规划. 北京：中国物价出版社，1998：219.

$$
\begin{aligned}
&= (A_g + A_v + A_m)(I - A)^{-1} \\
&= (\bar{I} - A_c)(I - A)^{-1} \\
&= (\bar{I} - \bar{I}A)(I - A)^{-1} \\
&= \bar{I}(I - A)(I - A)^{-1} \\
&= \bar{I}
\end{aligned}
$$

$$
\begin{aligned}
\therefore\quad & B_n = B_g + B_v + B_m = \bar{I} \\
& b_{gj} + b_{vj} + b_{mj} = 1
\end{aligned}
$$

第二节　经济结构分析

利用投入产出表提供的经济部门产出指标，即流量指标计算结构比例系数，可以进行经济结构分析，例如两大部类比例分析、农轻重比例分析、部门产值结构分析、中间产品比例分析、最终产品比例分析、消费和投资的比例分析、初始投入比例分析、GDP 生产构成分析等。下面从生产结构和分配结构两个方面进行介绍。

一、生产结构分析

1. 产品部门结构分析

利用投入产出表给出的各部门总产量 $X_j(j=1, 2, \cdots, n)$ 和国民经济生产总量 $\sum\limits_j X_j$，计算各类产品总量占总产品的比重 $X_j / \sum\limits_j X_j$，可以反映出社会产品的结构。根据 2000 年中国的六部门投入产出表，可以得到工业产品占总产品的 58.56%，居第一位，其后依次为其他部门（11.89%）、农业（10.27%）、建筑业（8.60%）、商业饮食业（6.58%）和运输邮电业（4.10%）。

若将部门归并为三次产业或农、轻、重，可以进行相应的部门结构分析。可以看出，2000 年第二产业（工业、建筑业）仍占我国总产出的近 2/3，第三产业仍然相对滞后。

2. 产品部类结构分析

根据马克思的再生产理论，社会产品可以分为生产资料与消耗资料两类。这两类资料自然应该保持合适的比例。其中，生产资料总量等于中间产品总量加总投资加净出口，消耗资料总量等于总消费与其他项的和。可以在此基础上计算两大部类的比例。

根据各大部类产品的部门结构，可以进一步分析两大部类各自的价值构成，即

第Ⅰ部类：$C_1+G_1+V_1+M_1=P_1$

第Ⅱ部类：$C_2+G_2+V_2+M_2=P_2$

式中，C、G、V、M 可根据各部门物耗系数 a_{cj} 与固定资产折旧系数 a_{gj}、劳动者报酬系数 a_{vj}、社会纯收入系数 a_{mj} 乘以各大部类中各个部门的产品量得到。

二、分配结构分析

从分配去向看，总产品分为中间产品与最终产品。中间产品是经济体当年生产又进入

当年生产过程的产品，被分别分配到各部门作为中间投入，并形成投入产出表的流量矩阵，即第Ⅰ象限。最终产品是当年生产并且脱离了当年生产过程的产品，最终产品是产品的直接去向，包括最终消费 W、资本形成总额 K 和净出口 F，并形成投入产出表的第Ⅱ象限。中间产品是为最终产品服务的，中间产品的去向由最终产品的去向及其完全消耗系数所决定。总产品的去向由某类最终产品加上为该类最终产品服务的中间产品构成。分配结构分析就是投入产出表产出方向的经济分析，即投入产出表行向进行的分析，通过计算各种产出系数揭示产品的分配结构。

1. 分配系数分析

分配系数用各部门的总产出与中间产品对应行向各元素相除得到（见表8-6），即 $r_{ij}=X_{ij}/X_i$，其中 i，$j=1$，2，…，n。r_{ij} 表示 j 部门消耗的 i 种中间产品在 i 种产品总产出中所占的比例。将分配系数写成矩阵形式为：

$$R=\begin{pmatrix} r_{11} & r_{12} & \cdots & r_{1n} \\ r_{21} & r_{22} & \cdots & r_{2n} \\ \vdots & \vdots & & \vdots \\ r_{n1} & r_{n2} & \cdots & r_{nn} \end{pmatrix}$$

分配系数矩阵从行向看，表明该部门产品中用于国民经济各部门作为中间产品的部分占其总产品的比重。

表 8-6　　2000 年中国六部门投入产出表分配系数表

	农业	工业	建筑业	运输邮电业	商业饮食业	其他部门
农业	0.152 6	0.329 5	0.003 2	0.000 5	0.034 4	0.008 5
工业	0.035 9	0.568 6	0.079 7	0.024 3	0.031 0	0.046 6
建筑业	0.002 6	0.006 6	0.000 6	0.009 4	0.003 3	0.039 0
运输邮电业	0.034 9	0.347 6	0.145 6	0.039 1	0.050 4	0.190 1
商业饮食业	0.029 7	0.361 6	0.085 1	0.012 4	0.086 3	0.071 3
其他部门	0.025 2	0.127 3	0.036 3	0.020 4	0.063 0	0.114 0

2. 总产品的分配结构分析

总产品的分配有中间使用和最终使用两个方面。中间使用是社会生产的手段，最终使用是社会生产的目的。将分配系数矩阵行向求和，即 $r_{iu}=\sum_{j=1}^{n} r_{ij}$，表示第 i 种产品作为中间产品的数量占总产出量的比值，称为直接物资分配系数，记为行向量 R_u：

$$R_u=(r_{1u},r_{2u},\cdots,r_{nu})$$

第Ⅱ象限第 i 行元素与总产出的比例，记为 $r_{iy}=Y_i/X_i$，称为 i 部门的最终产品比重系数。记为行向量 R_y：

$$R_y=(r_{1y},r_{2y},\cdots,r_{ny})$$

显然，

$$R_u + R_y = \bar{I}$$

R_u和R_y可以揭示各部门总产品的基本分配结构。根据 2000 年中国六部门投入产出表，在 257 553 亿元总产品中，中间使用的产品为 165 206 亿元，最终使用的产品为 92 094 亿元。因此，中间产品率为 64.1%，最终产品率为 35.8%。

3. 中间产品的分配结构分析

利用中间产品流量 X_{ij} 与中间产品总量 $\sum_j \sum_i X_{ij}$ 相比较，即计算 $X_{ij} / \sum_j \sum_i X_{ij}$，可以分析各部门的各种中间消耗占中间产品总量的比重。

利用每种中间产品的总量 $\sum_j X_{ij} (i=1,2,\cdots,n)$ 与中间产品总量 $\sum_j \sum_i X_{ij}$ 相比较，即计算 $\sum_j X_{ij} / \sum_j \sum_i X_{ij}$，可以分析各部门作为中间消耗的产品占中间产品总量的比重，了解各部门产品在社会生产中的地位与作用。

4. 最终产品的分配结构分析

最终产品是产品的直接去向，包括最终消费 W、资本形成总额 K 和净出口 F。中间产品是为最终产品服务的，因此，中间产品的去向由最终产品的去向及其完全消耗系数所决定。总产品的去向由某类最终产品加为该类最终产品服务的中间产品构成。其公式为：

$$X=(I-A)^{-1}Y=(I+B)Y=(I+B)(W+K+F)$$

由上式可得：

$$X_W=(I+B)W=BW+W \tag{8-2-1}$$

$$X_K=(I+B)K=BK+K \tag{8-2-2}$$

$$X_F=(I+B)F=BF+F \tag{8-2-3}$$

式中，X_W 是为消费服务的总产品，X_K 是为投资服务的总产品，X_F 是为出口服务的总产品。W、K 和 F 分别为消费、投资（资本形成总额）和出口的列向量。若不考虑其他项最终产品向量，$X=X_W+X_K+X_F$。

以第Ⅱ象限第 i 行元素为分子计算出的产出系数，表示 i 产品用作各最终使用的产品量占总产出的比例。该系数包括最终消费系数、投资（资本形成总额）系数和出口系数，其总和为最终产出系数。它们的向量形式为：

$$R_Y=(r_{1Y}, r_{2Y}, \cdots, r_{nY})^T \quad (r_{iY}=Y_i/X_i)$$

$$R_W=(r_{1W}, r_{2W}, \cdots, r_{nW})^T \quad (r_{iW}=W_i/X_i)$$

$$R_K=(r_{1K}, r_{2K}, \cdots, r_{nK})^T \quad (r_{iK}=K_i/X_i)$$

$$R_F=(r_{1F}, r_{2F}, \cdots, r_{nF})^T \quad (r_{iF}=F_i/X_i)$$

由于 $Y_i=W_i+K_i+F_i$，所以 $R_{iY}=r_{iW}+r_{iK}+r_{iF}$，写成矩阵形式为：

$$R_Y=R_W+R_K+R_F$$

这些系数可以揭示各类最终产品占该种产品总量的比重。在投入产出表中，最终产品项目还有更进一步的细分，例如消费分为居民消费和政府消费，居民消费又分为农村居民消费和城镇居民消费，根据这些分类数据可以进一步分析最终产品的分配结构。

另外，可以分析各类最终产品的部门结构。例如，根据 $W=\sum_i W_i$ 可以计算消费品总量，计算 $\delta_i=\frac{W_i}{W}$，则 δ_i 为 i 部门生产的消费品占消费品总量的比例。同样可以分析投资和出口的部门结构。

第三节　经济效益分析

利用投入产出表中的投入量和产出指标的比例关系数据，可以分析各部门的经济效益。如投入要素技术定额分析，包括物质投入分析、劳动投入分析和折旧分析；各种产出效率分析，包括产值利润率、成本盈利率、固定资产产出率、劳动生产率、能源效益分析等。

一、成本效益分析

利用如下系数可以从不同角度进行成本效益分析。

（1）物耗产值率 $X_j\Big/\sum_i X_{ij}(j=1,2,\cdots,n)$。其中，$\sum_i X_{ij}$ 为 j 部门中间的投入总量（物耗总量），物耗产值率反映 j 部门单位物耗的产值，是在 j 部门中间产品的使用效率。

（2）分产品的物耗产值率 $X_j/X_{ij}(i,j=1,2,\cdots,n)$，即直接消耗系数的倒数，反映 j 部门生产过程中消耗单位 i 种产品时的产值，即在 j 部门中 i 种中间产品的使用效率。

（3）折旧产值率 $X_j/G_j(j=1,2,\cdots,n)$。其中，G_j 表示 j 部门折旧额。折旧产值率反映各部门单位折旧所能创造的产值。

（4）工资产值率 $X_j/V_j(j=1,2,\cdots,n)$。其中，V_j 表示 j 部门劳动者报酬。工资产值率反映各部门单位工资投入所能创造的产值，是各部门劳动投入的效率指标。

（5）物耗工资率 $V_j\Big/\sum_i X_{ij}(j=1,2,\cdots,n)$。其中，$V_j$ 为 j 部门劳动者报酬。物耗工资率反映各部门单位物质消耗所能创造的劳动者报酬（工资）额。

（6）物耗社会纯收入率 $M_j\Big/\sum_i X_{ij}(j=1,2,\cdots,n)$。其中，$M_j$ 为 j 部门的社会纯收入总额，包括生产税净额和营业盈余。物耗社会纯收入率反映各部门单位物质消耗所能创造的社会纯收入（生产税净额和营业盈余）。

（7）物耗净产值率（V_j+M_j）$\Big/\sum_i X_{ij}(j=1,2,\cdots,n)$。物耗净产值率是物耗工资率与物耗社会纯收入率之和，反映各部门单位物质消耗所能创造的净产值。

（8）成本产值率 $X_j\Big/\left(\sum_i X_{ij}+D_j+V_j\right)(j=1,2,\cdots,n)$。成本产值率反映各部门单位成本投入所带来的产值。

（9）成本社会纯收入率 $M_j\Big/\left(\sum_i X_{ij}+D_j+V_j\right)(j=1,2,\cdots,n)$。成本社会纯收入率反映各部门单位成本投入所带来的社会纯收入。

（10）成本净产值率 $(V_j+M_j)\Big/\left(\sum_i X_{ij}+D_j+V_j\right)(j=1,2,\cdots,n)$。成本净产值率反映各部门单位成本投入所带来的净产值。

此外，还有折旧净产值率、工资净产值率等，都可以从不同侧面反映国民经济各部门的成本效益。

二、技术效益分析

产品生产的增长越来越依赖于技术进步。通过不同年份投入产出表的对比，可以分析由于技术进步所带来的经济效益情况。技术进步带来的效益一般表现为两种方式：一是节约消耗，包括物质消耗和劳动力消耗；二是提高劳动生产率。利用投入产出模型主要可以分析技术进步所造成的消耗的节约情况。

将不同年份各种反映消耗的参数进行对比，可以分析各个部门由于技术进步而引起的各种消耗的节约。这些系数包括产品投入产出表的直接消耗系数、劳动投入产出表的直接劳动消耗系数等。技术的进步可以使这些系数降低，也可以使不同部门的消耗系数的对比关系发生变化。例如在建筑业中，由于技术进步，更多地用塑料制品代替钢材作为建筑材料，在直接消耗系数中表现为钢的消耗系数下降，而塑料的消耗系数提高。将不同时期有关的直接消耗系数进行比较，则可以看出不同国家技术进步的不同影响。

技术进步的效益比较还可以通过完全消耗系数、完全劳动消耗系数做比较。

三、资源效益分析

资源效益广义地讲也是一种成本效益，它反映产出对资源的耗费与占用的效率。这里的资源包括能源、水资源、土地等。随着国民经济的发展，能源、水资源、土地的有限性问题愈益突出，逐步成为制约经济社会进步的“瓶颈”。因此，提高各种资源的利用率和使用效率便是一项具有战略性的任务。

利用一般投入产出表和模型，可以简单分析部分资源的使用效率，如电力、煤炭等产品的使用效率，包括各部门单位电力和煤炭消耗所创造的产值、各部门对电力和煤炭的耗费占用情况等。但是，投入产出方法对资源效率的全面分析需要编制能源、水资源、土地投入产出表，并计算各种消耗系数，建立相应投入产出数学模型。第七章表 7－1 和表 7－2 分别是简单能源产品的实物表和价值表。水资源投入产出表可以按照基本相同的思路，把所有部门分成 k 个产水部门与 $(n-k)$ 个不产水部门编制，也可以在投入产出表的第Ⅰ、Ⅲ象限间插入分部门的水消耗。[①]

在编制能源、水资源、土地投入产出表的基础上，计算资源占用系数来反映资源利用效率。例如，关于土地占用，可以计算土地直接占用系数：

$$I_{rj}=\frac{L_{rj}}{X_j}$$

该式表示 j 部门单位产出占用 r 类土地数量，然后求完全土地占用系数：

① 李强，刘起运．当代中国投入产出实践与研究．北京：中国统计出版社，1999：150.

$$S_{rj}=I_{rj}+\sum_{k}I_{rk}B_{kj}$$
$$S=L(I+B)=L(I-A)^{-1}$$

第四节　时空对比分析

一、时空对比分析及其基本要求

世界上很多国家在定期编制投入产出表，中国国家统计局同样定期编制全国投入产出表，各地区和大型企业也编制地区和企业投入产出表。因此，除了进行上述利用特定投入产出表的经济分析之外，可以进行不同国家和地区同时期投入产出表的对比分析，也可以进行同一国家或地区不同时期投入产出表的对比分析，我们称之为时间和空间的对比分析，即时空对比分析。

由于每一张投入产出表都包含大量的数据和信息，时空对比分析可以全方位、多角度进行，主要包括以下几个方面：

（1）投入产出表本身数据的对比分析，例如各部门产值、消耗数量和结构、新创造价值总量和构成、各部门产品分配使用去向、中间使用和最终使用的数量与构成等的对比和分析。

（2）经济结构和经济效益的对比分析，这是投入产出表本身数据的延伸分析，是在上述每张投入产出表的经济结构和经济效益分析基础上，进行不同投入产出表对比，分析产品部门结构和经济效益等方面存在的问题及其发展趋势。

（3）直接消耗系数的对比分析，研究各部门直接技术经济联系的发展趋势。直接消耗系数在短期内一般是比较稳定的，不会有太大幅度的变化，但随着时间的推移，生产工艺、技术水平、经济管理水平和价格水平等影响因素的变化会导致直接消耗系数的较大改变。可以通过各部门系数的对比，研究系数的变化幅度、变化趋势和变化原因，还可以从对比中预测未来年度的系数变动值。

（4）完全消耗系数的对比分析，研究各部门直接技术经济联系和间接技术经济联系的发展趋势。由于完全消耗系数是在直接消耗系数基础上派生出来的，随着时间的推移，直接消耗系数的变化必然引起完全消耗系数的变化，不同时期完全消耗系数的对比分析同样可以揭示技术、管理水平的变化情况。但是，需要注意的是，完全消耗系数 b_{ij} 的变化不但反映 i、j 两个部门直接消耗的变化，而且还表现了除 i、j 两个部门以外其他部门的技术、管理水平的变化。这一特点在进行该系数不同地区的对比分析时同样表现出来。

（5）直接消耗系数和完全消耗系数的衍生系数的对比分析。

需要注意的是，投入产出时空对比分析要求投入产出表之间必须具有可比性，需要有对比的基础。第一，同一国家或地区投入产出表时间上的对比分析，要求不同投入产出表在部门和产品分类上没有大的变化，部门要基本能够对应，部门包括的范围基本一致。第二，不同地区、不同国家的投入产出表空间上的对比分析，要求在统计口径上基本一致，时间上大体相近。由于不同地区或国家技术经济联系的差异和经济管理水平的不同，同类系数（如直接消耗系数）的数值往往有较大差距，对比分析要在可比的口径下进行。

因此，在对两张投入产出表进行时空对比分析时，首先需要对两张表在部门分类和部门内涵方面存在的差距进行调整，即进行相同口径之下的两张表的合并与分解，以保持相对的一致性。

二、时空对比分析举例——1987年和2000年中国六部门投入产出表的对比分析

为了说明时空对比分析的基本方法和内容，这里将第八章第一节给出的由2000年中国投入产出表（延长表）合并形成的六部门投入产出表，同1987年中国六部门投入产出表进行对比。1987年中国投入产出表有简化的6×6表，具体见中国投入产出表（1987年度）第181页。

1. 1987年和2000年中国六部门投入产出表的基本说明和比较

虽然这两张投入产出表都是六部门投入产出表，但是1987年表的部门分类是农业、工业、建筑业、货运邮电业、商业饮食业、非物质生产部门，而2000年表的部门分类为农业、工业、建筑业、运输邮电业、商业饮食业和其他部门。其中第六个部门的差距很大，1987年表的非物质生产部门比2000年表的其他部门的范围小很多。另外，建筑业的范围也有所不同，1987年表中建筑业的产品只能作为积累，其用作中间产品的部分是零。

由于国民经济核算体系的改革，两张表的第Ⅱ、Ⅲ象限的设置也有所差别。1987年表第Ⅲ象限为固定资产折旧、劳动者收入、福利基金、利润和税收及其他，而2000年表为固定资产折旧、劳动者报酬、生产税净额和营业盈余。其中固定资产折旧基本对应，1987年表的劳动者收入和福利基金合并基本等同于2000年表的劳动者报酬，1987年表的利润和税收及其他合并基本等同于2000年表的生产税净额和营业盈余的合并，我们称其为社会纯收入。因此两张投入产出表的对比可以在这种合并的基础上进行。

从表面看，两张表第Ⅱ象限的差别较大，但是消费项主要体现在划分上的差别，内涵基本相同。1987年表的积累总额与2000年表的资本形成基本一致，净出口项都是出口减去进口，其他项则均为误差调整。

2. 表中数据的直接对比

这种对比比较简单，但是比较有意义。例如，可以看到1987年生产总值和国民收入分别为25 663亿元和11 424亿元，而2000年的生产总值和GDP分别为257 553亿元和92 347亿元，还可以分析生产总值和国民收入或GDP的构成情况，研究各部门生产的投入来源及其产品的具体分配使用去向。

3. 直接消耗系数的对比分析

直接消耗系数反映各部门之间的直接技术联系，表8-7为1987年投入产出表直接消耗系数，表8-2为2000年投入产出表直接消耗系数。直接消耗系数的对比可以首先将其对应位置数据进行比较，分析各部门间技术联系的变化。

表 8-7　　1987 年投入产出表直接消耗系数

	农业	工业	建筑业	货运邮电业	商业饮食业	非物质生产部门
农业	0.147	0.099	0.004	0.001	0.069	0.008 5
工业	0.131	0.472	0.641	0.278	0.239	0.238
建筑业	0	0	0	0	0	0
货运邮电业	0.009 8	0.018 4	0.024	0.009	0.000 9	0.022
商业饮食业	0.009	0.044	0.038	0.021	0.032	0.021
非物质生产部门	0.017	0.024	0.007	0.062	0.170	0.078

通过直接消耗系数矩阵各数据从大到小按顺序排列，可以比较部门间主要直接联系。从全社会看，1987 年建筑业对工业的依赖性最强，达到 0.641，工业部门自身的依赖性次之，达到 0.472，货运邮电业对工业的依赖性再次之，达到 0.278。而 2000 年中，工业部门自身的依赖性最强，达到 0.569，建筑业对工业的依赖性次之，达到 0.543，运输邮电业对工业的依赖性再次之，达到 0.346。

另外，可以通过表 8-4 的形式将各部门直接消耗系数由大到小排列，并进行对比。表 8-8 为 1987 年投入产出表农业直接消耗系数排列表。

表 8-8　　1987 年投入产出表农业直接消耗系数由大到小排列

	农业	
农业	0.147	46.8%
工业	0.131	41.7%
非物质生产部门	0.017	5.4%
货运邮电业	0.010	3.2%
商业饮食业	0.009	2.9%
建筑业	0	0
合计	0.314	100%

通过与表 8-4 中农业部门的对比，可以清楚地看出农业中间消耗结构的明显变化，农业对工业产品的中间消耗大幅度增加，而对农产品的中间消耗则明显减少。

由各部门中间消耗的百分比也可以分析部门依赖关系的变化。例如，可以计算得到，1987 年，建筑业 89.6%的消耗来自工业部门，而对工业、商业饮食业和货运邮电业的消耗就达到总消耗的 98.3%。工业部门自身的消耗达到总消耗的 71.8%，对农业的消耗达到总消耗的 15.1%，两者之和达到 86.9%。而在 2000 年，运输邮电业 83.54%的消耗来自工业和其他部门，而对于工业、其他部门和其自身的消耗达到 91.6%。建筑业 74.16%的消耗来自工业部门，而对工业、商业饮食业、其他部门和运输邮电业的消耗就达到总消耗的 99.39%。工业部门自身的消耗达到总消耗的 79.17%，对农业的消耗达到总消耗的 8.05%，两者之和达到 87.22%。

直接消耗系数矩阵列向求和可以得到物质消耗系数，并形成物质消耗系数行向量。

1987 年表的 A_c =（0.314，0.657，0.714，0.371，0.511，0.368）。可以看出，建筑业与其他行业的依赖关系最强，而农业与其他行业的依赖关系最弱，两者相差 1 倍以上。在 2000 年表中，A_c =（0.422，0.718，0.732，0.485，0.566，0.484）。可以看出，建筑业同样与其他行业的依赖关系最强，而农业与其他行业的依赖关系最弱，但是具体数据有着明显的变化。

4. 直接消耗系数延伸部分的对比分析

直接消耗系数 A 矩阵列向延伸可以合并形成固定资产折旧系数、劳动者报酬系数、社会纯收入系数三个行向量。1987 年表和 2000 年表在这些内容上存在一定差距，但也有可比性。

1987 年表和 2000 年表的固定资产折旧系数行向量分别为（0.022，0.048，0.021，0.153，0.045，0.092）和（0.023，0.054，0.020，0.188，0.032，0.094）。可以看到，十几年中各类产品的生产，对固定资产（折旧部分）的依赖程度变化较大，但运输邮电业和其他部门对固定资产的依赖性最强，建筑业对固定资产（折旧部分）的依赖性最弱，这一基本格局并未变化。

1987 年表和 2000 年表的劳动者报酬系数行向量分别为（0.561，0.075，0.195，0.186，0.325，0.259）和（0.508，0.112，0.176，0.214，0.237，0.305）。可以看到，农业对劳动力的依赖性最强，工业对劳动力的依赖程度仍然远远低于所有其他各部门。

5. 完全消耗系数的对比分析

由于完全消耗系数是在直接消耗系数基础上派生出来的，随着时间的推移，直接消耗系数的变化必然引起完全消耗系数的变化，不同时期完全消耗系数的对比分析同样可以揭示技术、管理水平的变化情况。表 8－3 为 2000 年投入产出表的完全消耗系数，表 8－9 为 1987 年投入产出表的完全消耗系数。通过相同位置的对比可以看出各部门完全联系的变化。例如各部门对工业的完全消耗仍然是最大的，并且各部门对工业的完全消耗都有了明显增加。

表 8－9　　1987 年投入产出表完全消耗系数

	农业	工业	建筑业	货运邮电业	商业饮食业	非物质生产部门
农业	0.215	0.247	0.173	0.078	0.163	0.081
工业	0.343	1.059	1.364	0.626	0.639	0.563
建筑业	0	0	0	0	0	0
货运邮电业	0.020	0.043	0.054	0.024	0.028	0.036
商业饮食业	0.028	0.099	0.106	0.053	0.069	0.051
非物质生产部门	0.039	0.080	0.070	0.097	0.219	0.113

分别用 1987 年表和 2000 年表的完全消耗系数与前述的直接消耗系数比较。可以看出，1987 年，大多数完全消耗系数比直接消耗系数高出 1 倍以上，其中最高的达 78 倍（货运邮电业对农业的消耗），较高的还有建筑业对农业的消耗（43 倍多），建筑业对非物质生产部门的消耗（10 倍），非物质生产部门对农业的消耗（9 倍）。在 2000 年表中，大多数完全消耗系数比直接消耗系数大很多，部门间经济联系中，间接联系的比重仍然比较高，但其中最高的是运输邮电业对农业的消耗，其完全消耗系数是直接消耗系数的 66 倍

多，比 1987 年有了明显的下降。

通过完全消耗系数矩阵的列向可以求得影响力系数向量，1987 年中国投入产出表的影响力系数向量：$B_0=(0.645, 1.528, 1.607, 0.878, 1.118, 0.844)$，平均影响力 $S=1.103$。2000 年中国投入产出表的影响力系数向量：$B_0=(1.122, 2.128, 2.161, 1.431, 1.556, 1.351)$，平均影响力 $S=1.625$。可以看出，各部门影响力系数和平均影响力都有了明显提高，建筑业和工业的影响力仍然最大，而农业和其他部门的影响力则较小。

还可以用 1987 年和 2000 年的投入产出表，进行经济结构和经济效益等诸多方面的对比分析。

思考题

1. 说明投入产出方法的直接经济联系分析和完全经济联系分析的基本内容。
2. 证明 $B_v+B_m+B_g=\bar{I}$，并说明其经济含义。
3. 说明投入产出方法的经济结构分析的基本内容。
4. 什么是时空对比分析？试述时空对比分析的基本内容。

第九章

投入产出技术与政策模拟分析

模拟又称仿真，即通过建模与计算机运算来模仿客观存在的真实事物，并将计算出的不同方案做比较，说明“如果这样，将会怎样”的问题，再从多方案中选择一个优化方案的过程。政策模拟则是利用模型来对政策的实施结果做试验，以便说明不同经济政策带来的后果与影响。由于投入产出模型反映了国民经济各部门、再生产各环节间的内在联系，当把与各种经济政策有关的一些变量，如价格、工资、税收等，作为已知的控制变量代入模型中时，就能模拟各种不同经济政策可能带来的结果；也可利用这些模拟资料，为制定经济政策提供依据。

第一节　价格政策的模拟

在我国建立社会主义市场经济的过程中，价格是一个十分重要的宏观经济调节杠杆，政府可以通过调控手段有意识地使价格接近或背离价值，从而调节社会产品的生产、流通和分配。为了充分地发挥价格的经济调节作用，必须建立合理的价格体系，并从方法上解决如何计算调节物价带来的各种影响的问题。而投入产出模型是计算合理价格体系、调价影响的有力工具，也是制定宏观调价方案的重要手段。

一、计算合理价格体系

假设现行劳动者报酬能反映各类商品生产过程中的劳动力消耗，那么在给定各类商品统一的生产税净额和营业盈余率后，利用投入产出模型就能计算出各种商品的价格。我们已知投入产出表各列形成的关系，反映了各部门产品的价值形成过程，也就是实际生产中产品价格的形成及组成。价格计算的公式为：

$$p_j = \sum_{i=1}^{n} a_{ij} p_i + a_{vj} + a_{mj} \quad (j = 1,2,\cdots,n) \tag{9-1-1}$$

式（9-1-1）中，p_j 和 p_i 分别为 j 部门和 i 部门产品的价格。需要注意的是，这里的 a_{ij} 为实物形态的直接消耗系数，$\sum_{i=1}^{n} a_{ij} p_i$ 为生产单位 j 产品所消耗的全部物资的价值量；而 $a_{vj}+a_{mj}$ 表示生产单位 j 产品的初始投入。需要指出的是，如果 a_{ij} 采用价值形态，则式（9-1-1）的计算结果 p_j 就是价格指数。

式（9-1-1）用矩阵形式表示则为：

$$P = A^T P + \overline{V} + \overline{M} \tag{9-1-2}$$

$$P=(I-A^T)^{-1}(\overline{V}+\overline{M}) \tag{9-1-3}$$

在式（9-1-2）和式（9-1-3）中，A 表示各部门的直接消耗系数矩阵，$\overline{V}$ 表示各部门劳动消耗系数的列向量，$\overline{M}$ 表示各部门生产税净额和营业盈余率的列向量，P 表示当产品供需相等时的均衡价格列向量。这就说明，在已知直接消耗系数矩阵、劳动消耗系数列向量以及生产税净额和营业盈余率列向量的条件下，我们可以计算出各部门产品的价格。

二、计算调价的影响

当政府自觉运用价值规律来调节生产、流通和分配时，往往要根据生产中出现的新情况和市场的供需情况，来及时调整部分商品的价格。但各类商品的价格之间又有着密切的联系，某一类商品（部门）价格的变动，会使与其有生产联系的商品（部门）成本发生变化，从而引起其他商品（部门）价格的变动。这里的影响有直接的，也有间接的。例如，当铁矿石价格变动时，会直接影响生铁和钢的价格，而生铁和钢的价格变动，又会影响到机器制造、造船、汽车制造等的成本，因而铁矿石价格间接对此三类产品的价格产生影响。所以在调整某些商品的价格时，需要计算由于这些商品提价而对其他商品成本产生的影响，进而计算出对一系列商品价格产生的连锁反应。利用投入产出模型就可以做这种计算，只是在计算时要有一定的假设条件，它们是：

（1）商品（部门）价格的变动，都是由于成本中物质消耗的价格而非数量变化而引起的，即式（9-1-1）中 a_{ij} 不变，p_i 变，不考虑由工资或生产税净额和营业盈余变化而给价格带来的影响，并假设工资或生产税净额和营业盈余都不变。

（2）不考虑在原材料、燃料、动力价格提高后，企业可能采取的各种降低物耗的措施，以及其他降低成本的措施。

（3）在价格形成中，不考虑折旧的变化。

（4）不考虑供求对价格的影响。

在上述四种假设下，分别论述各种计算方法与计算方式。

（一）一种商品（部门）价格变动对其他商品（部门）价格的影响

由于不考虑工资、生产税净额和营业盈余的变化，所以全部价格变化都是由劳动对象价格变动而引起的，其计算公式为：

$$\Delta P_j=\sum_{i=1}^{n} a_{ij}\Delta P_i \quad (j=1,2,\cdots,n) \tag{9-1-4}$$

或

$$\Delta P_j-\sum_{i=1}^{n} a_{ij}\Delta P_i=0 \quad (j=1,2,\cdots,n) \tag{9-1-5}$$

式中，ΔP_i、ΔP_j 为 i 种或 j 种商品（部门）价格变化的指数，a_{ij} 为投入产出表的直接消耗系数。

式（9-1-4）的展开式为：

$$\left.\begin{aligned}\Delta P_1&=a_{11}\Delta P_1+a_{21}\Delta P_2+\cdots+a_{n-1,1}\Delta P_{n-1}+a_{n1}\Delta P_n\\ \Delta P_2&=a_{12}\Delta P_1+a_{22}\Delta P_2+\cdots+a_{n-1,2}\Delta P_{n-1}+a_{n2}\Delta P_n\\ \Delta P_{n-1}&=a_{1,n-1}\Delta P_1+a_{2,n-1}\Delta P_2+\cdots+a_{n-1,n-1}\Delta P_{n-1}+a_{n,n-1}\Delta P_n\end{aligned}\right\} \tag{9-1-6}$$

将式（9-1-6）经过移项后，得到：

$$\begin{aligned}a_{n1}\Delta P_n&=(1-a_{11})\Delta P_1-a_{21}\Delta P_2-\cdots-a_{n-1,1}\Delta P_{n-1}\\ a_{n2}\Delta P_n&=-a_{12}\Delta P_1+(1-a_{22})\Delta P_2-\cdots-a_{n-1,2}\Delta P_{n-1}\\ a_{n,n-1}\Delta P_n&=-a_{1,n-1}\Delta P_1-a_{2,n-1}\Delta P_2-\cdots+(1-a_{n-1,n-1})\Delta P_{n-1}\end{aligned} \tag{9-1-7}$$

式（9-1-5）用矩阵表示为：

$$\Delta P-A^T\Delta P=0$$

即

$$(I-A^T)\Delta P=0 \tag{9-1-8}$$

而式（9-1-7）用矩阵表示为：

$$\begin{bmatrix}a_{n1}\\a_{n2}\\\vdots\\a_{n,n-1}\end{bmatrix}\Delta P_n=(I-A_{n-1}^T)\begin{bmatrix}\Delta P_1\\\Delta P_2\\\vdots\\\Delta P_{n-1}\end{bmatrix} \tag{9-1-9}$$

由式（9-1-9）可以得到第 n 种商品（部门）价格提高 ΔP_n 后，第 1 至第（$n-1$）种商品（部门）价格提高幅度的计算公式，即

$$\begin{bmatrix}\Delta P_1\\\Delta P_2\\\vdots\\\Delta P_{n-1}\end{bmatrix}=[(I-A_{n-1})^{-1}]^T\begin{bmatrix}a_{n1}\\a_{n2}\\\vdots\\a_{n,n-1}\end{bmatrix}\Delta P_n \tag{9-1-10}$$

式中，A_{n-1}^T 为由投入产出表中原 n 阶直接消耗系数矩阵，去掉第 n 行第 n 列后，剩下的（$n-1$）阶直接消耗系数转置矩阵。

在式（9-1-10）中，$\begin{bmatrix} a_{n1} \\ a_{n2} \\ \vdots \\ a_{n,n-1} \end{bmatrix} \Delta P_n$ 表示第 n 种商品（部门）价格提高 ΔP_n 后，通过直接消耗系数计算出对其他第 1 至第（$n-1$）种商品（部门）价格的直接影响。再乘以 $[(I-A_{n-1})^{-1}]^T$，则表示对其他商品（部门）价格的全部直接与间接影响。为了运算方便，式（9-1-10）可以化简，得到：

$$\begin{bmatrix} \Delta P_1 \\ \Delta P_2 \\ \vdots \\ \Delta P_{n-1} \end{bmatrix} = \begin{bmatrix} \frac{\tilde{b}_{n1}}{\tilde{b}_{nn}} \\ \frac{\tilde{b}_{n2}}{\tilde{b}_{nn}} \\ \vdots \\ \frac{\tilde{b}_{n,n-1}}{\tilde{b}_{nn}} \end{bmatrix} \Delta P_n \qquad (9-1-11)$$

式中，$\tilde{b}_{nj}$ 为投入产出逆系数矩阵 $(I-A)^{-1}$ 中第 n 行各元素值。

用式（9-1-11）计算一种商品（部门）价格变化所引起的影响，相对用式（9-1-10）计算，可以不必再对矩阵（$I-A_{n-1}$）求逆。该式的证明如下：

将（$I-A$）与（$I-A$）$^{-1}$分块，令

$$(I-A)=\begin{bmatrix} I-A_{n-1} & -U \\ -V & 1-a_{nn} \end{bmatrix}$$

$$(I-A)^{-1}=\begin{bmatrix} B_{n-1} & T \\ S & \tilde{b}_{nn} \end{bmatrix}$$

$\because \quad (I-A)^{-1}(I-A)=I$

$$\therefore \quad \begin{bmatrix} B_{n-1} & T \\ S & \tilde{b}_{nn} \end{bmatrix}\begin{bmatrix} I-A_{n-1} & -U \\ -V & 1-a_{nn} \end{bmatrix}=\begin{bmatrix} I_{n-1} & 0 \\ 0 & 1 \end{bmatrix} \qquad (9-1-12)$$

由式（9-1-12）得到：

$$S(I-A_{n-1})-\tilde{b}_{nn}V=0$$

$$S=\tilde{b}_{nn}V(I-A_{n-1})^{-1}$$

$$V(I-A_{n-1})^{-1}=\frac{S}{\tilde{b}_{nn}} \qquad (9-1-13)$$

∵根据定义：$V=(a_{n1} \quad a_{n2} \quad \cdots \quad a_{n,n-1})$

$S=(\tilde{b}_{n1} \quad \tilde{b}_{n2} \quad \cdots \quad \tilde{b}_{n,n-1})$

$$\therefore \quad (a_{n1} \quad a_{n2} \quad \cdots \quad a_{n,n-1})(I-A_{n-1})^{-1}=\frac{(\tilde{b}_{n1} \quad \tilde{b}_{n2} \quad \cdots \quad \tilde{b}_{n,n-1})}{\tilde{b}_{nn}}$$

又根据矩阵性质 $(AB)^T=B^TA^T$

则式（9-1-10）中的$[(I-A_{n-1})^{-1}]^T\cdot(a_{n1}\quad a_{n2}\quad\cdots\quad a_{n,n-1})^T$

$$=[(a_{n1}\quad a_{n2}\quad\cdots\quad a_{n,n-1})(I-A_{n-1})^{-1}]^T$$

$$=\left(\frac{\tilde{b}_{n1}}{\tilde{b}_{nn}}\quad\frac{\tilde{b}_{n2}}{\tilde{b}_{nn}}\quad\cdots\quad\frac{\tilde{b}_{n,n-1}}{\tilde{b}_{nn}}\right)^T$$

$$\therefore\begin{bmatrix}\Delta P_1\\ \Delta P_2\\ \vdots\\ \Delta P_{n-1}\end{bmatrix}=\begin{bmatrix}\dfrac{\tilde{b}_{n1}}{\tilde{b}_{nn}}\\ \dfrac{\tilde{b}_{n2}}{\tilde{b}_{nn}}\\ \vdots\\ \dfrac{\tilde{b}_{n,n-1}}{\tilde{b}_{nn}}\end{bmatrix}\Delta P_n$$

［例］利用第二章中表2-2的数据，如果商业部门价格提高20%，试计算对其他各部门价格的影响。

从表9-1中可知商业部门的$(I-A)^{-1}$中的系数。

表9-1　商业部门的$(I-A)^{-1}$中的系数

部门	农业	轻工业	重工业	建筑业	运输业	商业
商业	0.019 9	0.042 5	0.041 7	0.045 9	0.042 9	1.044 5

用式（9-1-10）计算对其他各部门价格的影响力：

$$\begin{bmatrix}\Delta P_1\\ \Delta P_2\\ \Delta P_3\\ \Delta P_4\\ \Delta P_5\end{bmatrix}=\begin{bmatrix}0.0199/1.0445\\ 0.0425/1.0445\\ 0.0417/1.0445\\ 0.0459/1.0445\\ 0.0429/1.0445\end{bmatrix}\times 0.20=\begin{bmatrix}0.0038\\ 0.0081\\ 0.0080\\ 0.0088\\ 0.0082\end{bmatrix}$$

计算结果表明，若商业部门价格提高20%，则农业部门价格上升0.38%，轻工业部门价格上升0.81%，重工业部门价格上升0.8%，建筑业价格上升0.88%，运输业价格上升0.82%。

如果要计算其他任一部门（i部门）产品价格提高的影响，只需将表9-1中该部门的一行逆系数列出，把$\tilde{b}_{ii}$作为分母，其他的$\tilde{b}_{ij}$作为分子，也同样能利用式（9-1-11）计算调价的影响。

（二）两种或两种以上商品（部门）调价，对其他各类商品（部门）价格的影响

1. 计算两种商品（部门）调价影响的公式

由式（9-1-5），也能推导得到计算两种商品（部门）调价的影响公式：

$$\begin{bmatrix}a_{n-1,1}\\ a_{n-1,2}\\ \vdots\\ a_{n-1,n-2}\end{bmatrix}\Delta P_{n-1}+\begin{bmatrix}a_{n1}\\ a_{n2}\\ \vdots\\ a_{n,n-2}\end{bmatrix}\Delta P_n=(I-A_{n-2}^T)\begin{bmatrix}\Delta P_1\\ \Delta P_2\\ \vdots\\ \Delta P_{n-2}\end{bmatrix}\qquad(9-1-14)$$

经过移项整理后得到：

$$\begin{bmatrix}\Delta P_1\\ \Delta P_2\\ \vdots\\ \Delta P_{n-2}\end{bmatrix}=[(I-A_{n-2})^{-1}]^T\begin{bmatrix}a_{n-1,1} & a_{n1}\\ a_{n-1,2} & a_{n2}\\ \vdots & \vdots\\ a_{n-1,n-2} & a_{n,n-2}\end{bmatrix}\begin{bmatrix}\Delta P_{n-1}\\ \Delta P_n\end{bmatrix} \tag{9-1-15}$$

2. 计算 K 种商品（部门）调价影响的公式

可以用分块矩阵来计算这种影响。令

$$\Delta P=\begin{bmatrix}\Delta P_1\\ \Delta P_2\end{bmatrix}$$

$$\Delta P_1=\begin{bmatrix}\Delta P_1\\ \Delta P_2\\ \vdots\\ \Delta P_{n-k}\end{bmatrix}\quad \Delta P_2=\begin{bmatrix}\Delta P_{n-k+1}\\ \Delta P_{n-k+2}\\ \vdots\\ \Delta P_n\end{bmatrix}$$

式中，ΔP_{n-k+1}，…，ΔP_n 表示 k 种要调价商品（部门）价格的增量；ΔP_1，…，ΔP_{n-k} 表示（$n-k$）种商品（部门）受到调价影响后，其价格的增量。

将$(I-A^T)$也分块，成为

$$(I-A^T)=\begin{bmatrix}I-A_{11}^T & -U\\ -V & I-A_{22}^T\end{bmatrix}$$

式中，$(I-A_{11}^T)$ 为由（$n-k$）行、（$n-k$）列组成的 a_{ij} 系数转置矩阵：

$$(I-A_{11}^T)=\begin{bmatrix}1-a_{11} & \cdots & -a_{n-k,1}\\ \vdots & & \vdots\\ -a_{1,n-k} & \cdots & 1-a_{n-k,n-k}\end{bmatrix}$$

U 为由（$n-k$）行、k 列组成的 a_{ij} 系数转置矩阵：

$$-U=\begin{bmatrix}-a_{n-k+1,1} & \cdots & -a_{n1}\\ \vdots & & \vdots\\ -a_{n-k+1,n-k} & \cdots & -a_{n,n-k}\end{bmatrix}$$

V 为由 k 行、（$n-k$）列组成的 a_{ij} 系数转置矩阵：

$$-V=\begin{bmatrix}-a_{1,n-k+1} & \cdots & -a_{n-k,n-k+1}\\ \vdots & & \vdots\\ -a_{1n} & \cdots & -a_{n-k,n}\end{bmatrix}$$

$(I-A_{22}^T)$ 为由 k 行 k 列组成的 a_{ij} 系数转置矩阵：

$$(I-A_{22}^T)=\begin{bmatrix}1-a_{n-k+1,n-k+1} & \cdots & -a_{n,n-k+1}\\ \vdots & & \vdots\\ -a_{n-k+1,n} & \cdots & 1-a_{nn}\end{bmatrix}$$

由式（9-1-8），可得到用分块矩阵表示的计算调价影响的公式：

$$\begin{bmatrix} I-A_{11}^T & -U \\ -V & I-A_{22}^T \end{bmatrix}\begin{bmatrix} \Delta P_1 \\ \Delta P_2 \end{bmatrix}=\begin{bmatrix} 0 \\ 0 \end{bmatrix} \tag{9-1-16}$$

将式（9-1-16）展开得到

$$(I-A_{11}^T)\Delta P_1-U\Delta P_2=0$$

则

$$\Delta P_1=[(I-A_{11})^{-1}]^T U\Delta P_2 \tag{9-1-17}$$

或

$$\begin{bmatrix} \Delta P_1 \\ \Delta P_1 \\ \vdots \\ \Delta P_{n-k} \end{bmatrix}=[(I-A_{11})^{-1}]^T\begin{bmatrix} a_{n-k+1,1} & \cdots & a_{n1} \\ \vdots & & \vdots \\ a_{n-k+1,n-k} & \cdots & a_{n,n-k} \end{bmatrix}\begin{bmatrix} \Delta P_{n-k+1} \\ \Delta P_{n-k+2} \\ \vdots \\ \Delta P_n \end{bmatrix} \tag{9-1-18}$$

第二节　工资政策的模拟

利用投入产出模型可以计算工资（或劳动者报酬）变动对价格的影响，以及对收入、消费及生产的影响。这些计算能帮助我们从国民经济角度，综合分析工资与收入、生产及消费之间的联系，为制定宏观工资政策提供依据。

一、工资对价格的影响

从第一节价格模型式（9-1-1）中可以看到，工资与劳动者报酬总水平的变化，或某一部门工资（或劳动者报酬）的变化，都会引起各部门价格相应的变动。假设：

（1）除工资（或劳动者报酬）变化外，折旧、生产税净额和营业盈余以及各部门产品生产中各种消耗均不变。

（2）劳动生产率和劳动消耗不变。

工资（或劳动者报酬）的变化，必然引起各部门产品成本变化，并使价格随之变动，而利用式（9-1-1）就能计算工资（或劳动者报酬）对价格的影响。

由于我国农业部门中并不采用工业或其他行业的工资制度，农业的劳动者报酬随其生产总量和农产品收购价格变化而变化，所以工资制度与工资政策对农业的劳动者报酬的直接影响不大。但农业劳动者报酬的变化，同样也会对价格产生影响，因此在研究工资对价格影响的同时，也可研究农业劳动者报酬对价格的影响。

[例] 利用表9-2中的数据，计算轻工业与重工业部门工资各提高5%时，对各部门价格的影响。其计算步骤为：

（1）计算轻工业与重工业部门新的工资系数：

已知投入产出表中轻、重工业的劳动者报酬与产出分别为121亿元、261亿元与2 430亿元、2 610亿元，那么工资提高后新的工资系数为：

$$a_{v1}=\frac{121\times 1.05}{2\ 430}=0.052\ 3$$

$$a_{v2}=\frac{261\times 1.05}{2\ 610}=0.105$$

（2）计算由工资变化而引起的价格变动，其计算公式为：

$$\begin{bmatrix}P_1\\P_2\\P_3\\P_4\\P_5\\P_6\end{bmatrix}=[(I-A)^{-1}]^T\ (\overline{D}+\overline{V}+\overline{M}) \tag{9-2-1}$$

式中，$\overline{V}$ 为经过变化以后的各部门工资（或劳动者报酬）系数列向量。计算结果与计算中所用的各类数据，均列在表 9－2 中。表 9－2 中的数据表明，当轻工业和重工业部门工资各提高 5%时，会使各部门产品价格都有不同程度的上升，其中，农业价格上升 0.142 5%，轻工业价格上升 0.501 3%，重工业价格上升 0.914 9%，建筑业价格上升 0.445 0%，运输业价格上升 0.202 6%，商业价格上升 0.181 2%。

表 9－2　　完全需求系数与初始投入系数

	$[(I-A)^{-1}]^T$						初始投入系数与价格指数			
	农业	轻工业	重工业	建筑业	运输业	商业	折旧系数	劳动者报酬系数	利税系数	价格指数
农业	1.222 0	0.105 3	0.228 4	0.000 0	0.014 7	0.019 9	0.019 8	0.500 0	0.165 1	1.001 425
轻工业	0.475 0	1.437 7	0.333 0	0.000 0	0.027 6	0.042 5	0.020 1	0.052 3	0.260 0	1.005 013
重工业	0.129 3	0.141 3	1.735 2	0.000 0	0.055 6	0.041 7	0.100 0	0.105 0	0.260 2	1.009 149
建筑业	0.288 0	0.225 1	0.780 7	1.000 0	0.069 3	0.045 9	0.030 6	0.200 0	0.059 7	1.004 450
运输业	0.053 8	0.072 5	0.371 3	0.000 0	1.035 5	0.042 9	0.200 0	0.217 8	0.297 8	1.002 026
商业	0.171 6	0.313 1	0.211 0	0.000 0	0.021 3	1.044 5	0.068 7	0.200 0	0.369 7	1.001 812

二、工资对收入的影响

这里指的是工资、价格与收入间的关系，利用投入产出模型，可做以下两方面的计算：

（一）计算实际收入提高的幅度

一般来说，工资（或劳动者报酬）提高就会使收入增加，但在提高工资（或劳动者报酬）的同时，价格也会有所上升，并且消费品价格指数也会发生变化，使得实际收入提高的幅度低于工资提高的幅度。利用式（9－2－1），就能计算出工资提高后消费品物价指数上升的幅度，并借以了解实际收入可能增加的程度。

（二）计算为保持一定的收入水平工资与物价间轮流产生的影响

这里有两种不同的情况。一是当物价提高以后（例如调整价格），消费品物价指数会随之上升，从而影响人民实际收入水平下降。若要解决这个问题，就要考虑增加工资。从上述工资对物价的影响来看，又会引起物价的进一步上涨，并出现物价→工资→物价的“轮流增加”的情况。

二是当工资提高以后，也影响到消费品物价指数的上升，如果要使实际收入不低于一定的水平，还要考虑工资进一步随物价的上涨而提高，则会出现工资→物价→工资的“轮流增加”的局面。

用投入产出模型提供的公式，可以对上述两种情况做模拟计算，了解上述“轮流增加”的过程是怎样进行的，其特点是什么。从理论上分析，这两种“轮流增加”的影响会逐步减弱，根据实际的计算结果可以知道它们是如何逐步收敛的，收敛点在什么地方。这些都能为制定工资政策或价格政策提供依据。

三、工资对消费与生产的影响

工资（或劳动者报酬）的增加，除了用于储蓄与个人积累（如私人建房）外，全部用于消费。在不包括非物质生产部门的投入产出表中，只列出了物质生产部门的工资（或劳动者报酬）部分，而表中的消费总量，则包括了非物质生产部门职工的消费，形成消费总量大于劳动者报酬的总量。利用这样的投入产出模型，可做以下计算：

1. 直接计算工资（或劳动者报酬）对消费的影响

当物质生产部门工资（或劳动者报酬）增加时，若假设非物质生产部门的工资也按同比例增加，则在做一定储蓄与个人积累的扣除后，就能计算出消费的总增加量，再利用投入产出表中的消费结构系数 d_{iw}，就能计算出由于工资（或劳动者报酬）的增加，所需各种消费品增加的数量。其计算公式为

$$\Delta W_i = d_{iw} \cdot \Delta \widetilde{V} \tag{9-2-2}$$

式中，$\Delta \widetilde{V}$ 为增加的总工资（或劳动者报酬）中，可用于消费的部分；ΔW_i 为需要增加的第 i 种消费品的数量。

当投入产出表中消费的项目再细分时，例如划分城市消费与农村消费时，就可以分别计算由职工工资增加对各类消费品的需求，及由农村劳动者报酬增加对各类消费品的需求。

2. 计算消费需求对生产的影响

工资提高以后，除了直接对各类消费品提出需求外，还会对各部门生产发生影响。用投入产出模型可计算，为满足提高工资而增加的消费品需求，各部门生产量应该达到的水平。其计算公式为

$$\Delta X = (I - A)^{-1} \Delta W \tag{9-2-3}$$

式中，ΔX 为满足新增消费品需求而应达到的各部门的生产量。

$$\Delta X = \begin{bmatrix} \Delta X_1 \\ \Delta X_2 \\ \vdots \\ \Delta X_n \end{bmatrix}$$

ΔW 为工资提高以后对各类消费品的追加需求，即通过式（9-2-2）计算出来的数量。

$$\Delta W=\begin{bmatrix}\Delta W_1\\ \Delta W_2\\ \vdots\\ \Delta W_n\end{bmatrix}$$

把计算出来的 ΔX 与各部门实际生产能力或可能增加的产量做比较，可以衡量工资提高以后市场的需求与生产供给的平衡情况。

3. 计算工资（或劳动者报酬）对生产的影响

在投入产出模型中，可以通过计算工资（或劳动者报酬）系数与工资（或劳动者报酬）和消费的比例系数来计算工资（或劳动者报酬）对生产的影响。其计算过程如下：

首先假设：

（1）在投入产出表的最终产品中，分为消费（Y_w）与非消费（Y_0）两大部分；

（2）初始投入中只考虑工资（或劳动者报酬）的变化，而不考虑生产税净额和营业盈余的变化；

（3）每单位工资（或劳动者报酬）所对应的消费数量比较稳定，有规律可循。

其次，列出投入产出的基本平衡等式与有关系数的计算式：

$$X=AX+Y_w+Y_0 \quad (9-2-4)$$

$$\because \quad a_{vj}=\frac{V_j}{X_j}$$

$$\therefore \quad V_j=a_{vj}X_j \quad (9-2-5)$$

$$e_{wj}=\frac{y_{wj}}{V_j} \quad (9-2-6)$$

式（9－2－4）、式（9－2－5）、式（9－2－6）中，各符号的含义为：

Y_w为在最终产品中，属于消费部分的列向量；

Y_0为在最终产品中，非消费部分列向量；

y_{wj}为j部门产品中用于消费的数量，或在总消费中，由j部门产品组成的数量；

e_{wj}为j部门每单位工资（或劳动者报酬）相应需要该部门提供的消费品数量。

将式（9－2－5）代入式（9－2－6），得到：

$$y_{wj}=e_{wj}\cdot a_{vj}X_j \quad (9-2-7)$$

式（9－2－7）用矩阵表示为：

$$Y_w=(\hat{E}_w\hat{A}_v)X \quad (9-2-8)$$

式中，Y_w为由y_{wj}组成的列向量；$\hat{E}_w\hat{A}_v$为由$e_{w1}a_{v1}$，$e_{w2}a_{v2}$，…，$e_{wn}a_{vn}$等元素组成的对角矩阵；X为由各部门总产品组成的列向量。

最后，推导得到工资（或劳动者报酬）与总生产量间的关系式。将式（9－2－8）代入式（9－2－4），得到：

$$X=AX+(\hat{E}_w\hat{A}_v)X+Y_0 \quad (9-2-9)$$

$$[I-A-(\hat{E}_w\hat{A}_v)]X=Y_0 \tag{9-2-10}$$

$$X=[(I-A-(\hat{E}_w\hat{A}_v))]^{-1}Y_0 \tag{9-2-11}$$

这表明当某些部门的工资（或劳动者报酬）有变化时，a_{vj}系数就要发生变化，在其他条件不变的情况下，通过式（9-2-11）就能计算出其对各部门生产的影响。当然，式（9-2-11）也表明，如果已知最终产品中非消费品列向量，则可计算出总产品的列向量。

第三节　利税政策的模拟

利用投入产出模型，还能计算利税对价格的影响，以及计算税收变化可能对投资与生产、收入与消费的影响。我们这里所说的利税概念，相当于投入产出表中的生产税净额和营业盈余项。

一、利税对价格的影响

作为初始投入的组成部分，利税的变动同样与价格密切相关。利税的变动将对各个部门产品的价格产生影响。下面我们通过一个例子来分析这个影响过程。

利用以下投入产出表数据（见表9-3），假设其他条件（劳动生产率、生产结构等）不变，计算农业部门和轻工业部门的利税分别提高5%和4%给各部门价格带来的影响。

表9-3　**某投入产出数据表**　单位：亿元

部门		中间产品					最终产品			总产出
		农业	轻工业	重工业	其他	小计	消费	投资	小计	
中间投入	农业	96	224	179	160	659	894	47	941	1 600
	轻工业	16	672	77	160	925	1 118	197	1 315	2 240
	重工业	320	336	1 024	320	2 000	220	340	560	2 560
	其他	48	336	256	160	800	480	320	800	1 600
	小计	480	1 568	1 536	800	4 384	2 712	904	3 616	8 000
初始投入	劳动者报酬	952	269	461	400	2 082				
	生产税净额和营业盈余	168	403	563	400	1 534				
	小计	1 120	672	1 024	800	3 616				
总投入		1 600	2 240	2 560	1 600	8 000				

计算步骤如下：

（1）计算各部门的直接工资系数a_{vj}与利税系数a_{mj}，其计算公式为：

$$a_{vj}=\frac{v_j}{X_j},\ a_{mj}=\frac{m_j}{X_j}\quad (j=1,2,3,4)$$

并计算出各部门的物质消耗系数$a_{cj}=\sum_{i=1}^{4}a_{ij}$，得到表9-4。

表 9-4　　各部门相关系数

	农业	轻工业	重工业	其他
物质消耗系数	0.3	0.7	0.6	0.5
工资系数	0.595	0.12	0.18	0.25
利税系数	0.105	0.18	0.22	0.25
合计	1.00	1.00	1.00	1.00

并且由公式 $B_v = A_v (I-A)^{-1}$ 、$B_m = A_m (I-A)^{-1}$ ，计算出完全工资系数和完全利税系数的行向量：

$$B_v = (0.762\,1 \quad 0.501\,6 \quad 0.502\,4 \quad 0.529\,8)$$

$$B_m = (0.237\,9 \quad 0.498\,4 \quad 0.497\,6 \quad 0.470\,2)$$

（2）变动之后，农业部门的利税为 168×(1+5%)=176.4，则农业部门的直接利税系数提高到 176.4/1 600≈0.11。

同理，轻工业部门变动后的利税为 403×(1+4%)=419.12，则轻工业的直接利税系数为 419.12/2 240≈0.19。

所以变化后的完全利税系数行向量为：

$$B'_m = A'_m (I-A)^{-1}$$

$$= (0.11 \quad 0.19 \quad 0.22 \quad 0.25)\begin{pmatrix} 1.109 & 0.235\,6 & 0.172\,3 & 0.187\,7 \\ 0.046\,4 & 1.501\,8 & 0.113\,6 & 0.197\,3 \\ 0.411\,4 & 0.560\,8 & 1.828\,4 & 0.514\,3 \\ 0.090\,4 & 0.320\,5 & 0.227\,8 & 1.207\,4 \end{pmatrix}$$

$$= (0.244\,0 \quad 0.510\,4 \quad 0.499\,3 \quad 0.472\,6)$$

（3）根据产品的价格形成机制得到价格指数行向量：

$$T = (0.244\,0+0.762\,1 \quad 0.510\,4+0.501\,6 \quad 0.499\,3+0.502\,4 \quad 0.472\,6+0.529\,8)$$

$$= (1.006\,1 \quad 1.012\,0 \quad 1.001\,7 \quad 1.002\,4)$$

由此，为满足农业和轻工业税收增加 5%和 4%，农业部门要提价 0.62%，轻工业部门要提价 1.2%，重工业部门要提价 0.17%，其他部门则需提价 0.24%。

上面的计算方法或过程，也可以用另一种方法来完成，即运用产品价格的形成模型的变形公式 $\Delta P = [(I-A)^{-1}]^T(\Delta a_v + \Delta a_m)$ ，同样能够得到完全类似的结果。

二、税收对投资与生产的影响

由于税收是国家集中资金的一种方式，税收增加，直接意味着国家可能集中的资金增多。如果已知国家在增加的税收中用于增加投资部分的百分比，利用投入产出模型中的投资结构系数或固定资产投资结构系数，就能计算出由于税收增加而增加的投资的数量。其计算公式为：

$$\Delta K = \rho \Delta S \qquad (9-3-1)$$

或

$$\Delta I=\rho_i \Delta S \tag{9-3-2}$$

式中：

ΔS——增加税收的数量；

ΔK——由增加税收而增加投资的数量；

ρ——在增加的税收中，可能作为投资的比率；

ΔI——由增加税收而增加固定资产投资的数量；

ρ_i——在增加的税收中，可能作为固定资产投资的比率。

ρ 和 ρ_i 可以根据历史数据来求得，也可根据实际情况来计算。

在上述两式的基础上，利用投入产出模型计算出对各部门追加的最终产品需求为：

$$\Delta Y_{Ki}=d_{iK}\Delta K \tag{9-3-3}$$

或

$$\Delta Y_{Ii}=d_{iI}\Delta I \tag{9-3-4}$$

式中：

ΔY_{Ki}——由于投资增加 ΔK，需要 i 部门增加用于投资的产品数量；

d_{iK}——投资结构系数；

ΔY_{Ii}——由于固定资产投资增加 ΔI，需要 I 部门增加用于固定资产投资的产品数量；

d_{iI}——固定资产投资结构系数。

当投资结构系数 d_{iK} 或固定资产投资结构系数 d_{iI} 变化不大时，可以直接利用基期投入产出表中的数据。如果要考虑系数的变化，则需先对上述两类系数做预测后，再进行计算。

将式（9-3-1）和式（9-3-2）分别代入式（9-3-3）和式（9-3-4）后，得到：

$$\Delta Y_{Ki}=d_{iK}\rho\Delta S \tag{9-3-5}$$

$$\Delta Y_{Ii}=d_{iI}\rho_i\Delta S \tag{9-3-6}$$

上面两个式子在增加税收与增加各部门最终产品之间建立了联系。通过这种计算，还能进一步了解由此而引起的各部门生产量的增加。假设生产结构不变、各种消耗系数也不变，其计算公式为：

$$\Delta X=(I-A)^{-1}\Delta Y_K \tag{9-3-7}$$

或

$$\Delta X=(I-A)^{-1}\Delta Y_I \tag{9-3-8}$$

式中：

ΔX——各部门新增生产量列向量；

ΔY_K——各部门由税收增加而需要增加投资的产品列向量；

ΔY_I——各部门由税收增加而要增加的固定资产投资的产品列向量。

又经过代入，可得：

$$\Delta X=(I-A)^{-1}(D_K\rho\Delta S) \qquad (9-3-9)$$

或

$$\Delta X=(I-A)^{-1}(D_I\rho_i\Delta S) \qquad (9-3-10)$$

式中，D_K、D_I 分别为投资结构系数和固定资产投资结构系数列向量。

三、税收对收入与消费的影响

由于税收增加后，在其他条件不变的情况下，企业要保持原有利润水平，就意味着产品价格会有相应提高。而产品价格的变化，也会影响消费品价格指数的变化（其计算公式在本章第一节讨论过），从而造成对职工的实际收入的影响。如果还要考虑当消费品价格指数提高后，职工实际收入水平不会降低，那么就要根据价格指数变动情况，对工资做相应变动。这就是本章第二节所讨论的内容。

四、基于投入产出分析的税收模型体系

税收作为国家组织财政收入的主渠道，是重要的经济杠杆之一，在调控宏观经济、改善收入分配、实现社会发展目标等方面起着不可替代的作用。下面我们初步讨论建立以投入产出模型为基础，以分析宏观税负率为主要操作对象的税收模型体系。

为具体分析税收体系，我们设计了一个税收投入产出表，结构如表9－5所示。税收投入产出表不仅具有一般投入产出表的特点，而且能够清晰、准确地反映出国民经济各部门利润和税金的状况。

表 9－5　　税收投入产出表结构

	部门	中间产品				最终产品				总产出
		农业	煤炭采选业	…	行政机关	总消费	总积累	净出口	损耗及其他	
中间投入	农业 煤炭采选业 ⋮ 行政机关									
初始投入	固定资产折旧									
	劳动者报酬									
	福利基金									
	利润和税金总额 1. 税金总额 （1）流转税 产品税 增值税 营业税 （2）城市维护建设税 （3）资源税及其他税 2. 财政对物价补贴									

续前表

	部门	中间产品				最终产品				总产出
		农业	煤炭采选业	…	行政机关	总消费	总积累	净出口	损耗及其他	
初始投入	3. 利润总额 （1）企业单项留利 （2）税前返贷 （3）国家所得 所得税 调节税 奖金工资调节税 能交基金 （4）企业实际留利 生产发展基金 职工福利基金 （5）其他利润影响因素 其他：									
总投入										

税收投入产出表除满足基本平衡关系之外，还有以下关系式：

利润和税金总额＝税金总额－财政对物价补贴＋利润总额

税金总额＝流转税＋城市维护建设税＋资源税及其他税

利润总额＝企业单项留利＋税前返贷＋国家所得＋企业实际留利＋其他利润影响因素

式中，“其他利润影响因素”包括财政补贴、其他单位转来利润、待分配给其他单位的利润等。

第四节　投资政策的模拟

一、投资的投入产出模型

作为投入产出静态模型在结构上的扩展，可以建立投资的矩阵模型（见表 9－6）。这实际上是将投入产出表第二部分中的投资纵栏列向量，进一步扩展成投资结构矩阵。投资结构模型的意义在于它十分清楚地表明投资产品供给的各部门与进行投资（即分配和使用投资）的各部门之间的经济数量联系。

表 9－6　投资矩阵

投资的使用部门 j / 投资要素生产部门 i	1	2	…	n	$\sum$
1	K_{11}	K_{12}	…	K_{1n}	$K_{(1)}$
2	K_{21}	K_{22}	…	K_{2n}	$K_{(2)}$
⋮	⋮	⋮		⋮	⋮
n	K_{n1}	K_{n2}	…	K_{nn}	$K_{(n)}$
$\sum$	K_1	K_2	…	K_n	$\sum_{j=1}^{n} K_j = \sum_{i=1}^{n} K_{(i)}$

表中，K_{ij}表示i部门的投资产品分配于j部门的流量，或j部门的基本建设所消耗i产品的数量；$K_{(i)}$表示i部门产品用于基本建设（固定资产投资）的数量；K_j表示j部门的基本建设投资额；$\sum_{j=1}^{n} K_j$表示国民经济各部门的基本建设投资总额。

在表9-6的基础上，可计算投资系数。所谓投资系数，是指基本建设投资对产值增长量或生产能力增量的比率，即单位产值增量或单位生产能力增量所需的投资。

设q_{ij}表示投资系数，ΔX_j表示j部门总产值的增加额，则

$$q_{ij}=\frac{K_{ij}}{\Delta X_j} \quad (i,j=1,2,\cdots,n) \tag{9-4-1}$$

又设新增生产能力为ΔM_j，新增生产能力利用系数的倒数为$\sigma_j=\frac{\Delta M_j}{\Delta X_j}$，将其代入上式则得

$$q_{ij}=\frac{K_{ij}\sigma_j}{\Delta M_j} \quad (i,j=1,2,\cdots,n) \tag{9-4-2}$$

投资系数q_{ij}还可以直接根据新建、改建工程的设计资料来确定。有了投资系数资料，根据产品生产能力增长的预测和生产能力的利用系数，就可以计算基本建设投资额及其按部门的分配。

通过变形，我们可以得到利用投资系数来计算基本建设投资的方程式。

（1）$K_{ij}=q_{ij}\Delta X_j \quad (i,j=1,2,\cdots,n)$ （9-4-3）

写成矩阵形式

$$K=Q\Delta\hat{X} \tag{9-4-4}$$

式中，K为K_{ij}的投资矩阵，$\Delta\hat{X}$为对角矩阵，Q为投资系数矩阵。

（2）设K_j为j部门的基本建设投资额，则

$$K_j=\sum_{i=1}^{n} q_{ij}\Delta X_j \quad (i,j=1,2,\cdots,n) \tag{9-4-5}$$

写成矩阵形式

$$K=\hat{Q}\Delta X \tag{9-4-6}$$

式中，K是元素为K_j的列向量，$\hat{Q}$是对角线元素为$\sum_{i=1}^{n} q_{ij}$的对角矩阵，ΔX是ΔX_j的列向量。

（3）i部门产品用于各部门基本建设的总额，公式为：

$$K_{(i)}=\sum_{j=1}^{n} q_{ij}\Delta X_j \quad (i,j=1,2,\cdots,n) \tag{9-4-7}$$

写成矩阵形式

$$K=Q\Delta X \tag{9-4-8}$$

式中，K 是元素为 $K_{(i)}$ 的列向量，Q 是投资系数矩阵，ΔX 是 ΔX_j 的列向量。

当然，在投资系数的基础上，可以进一步计算出投资的完全占用系数。它所反映的部门间的联系，不仅包括在当前生产阶段上相互消耗、占用的直接联系，而且包括所有衔接部门在以前各生产阶段和生产周期中的间接消耗和间接占用的联系。设 J_j 为 j 部门所需完全投资系数，则

$$J=Q(I-A)^{-1}=Q(B+I) \tag{9-4-9}$$

有了完全投资系数指标，我们就可以直接用规划中预先确定的最终产品（Y）、最终产品增长额（ΔY）乘以完全投资系数，算出对固定资产投资的需要量。这对于按照从最终产品出发的原则来制定国民经济发展规划是十分方便的。

二、其他投资计算

通过下列各种计算，可以利用投入产出模型为制定投资政策提供依据。

（1）通过研究各部门在国民经济中的地位和作用，以及国民经济的综合平衡计算，可以找到重点进行投资的部门。例如，用影响力系数找到那些可加快国民经济发展的部门；又如通过需求与生产供给能力平衡，找到薄弱环节等。这些资料，可作为决定投资方向的参考。

例如，利用第二章表 2－2 中的逆系数，根据 $\delta_j=\dfrac{\sum_{i=1}^{n}b_{ij}}{\frac{1}{n}\sum_{i=1}^{n}\sum_{j=1}^{n}b_{ij}}$（$b_{ij}$ 为逆系数矩阵中的元素），计算出六个部门（这里将六种产品改为六个部门）的影响力系数。计算结果如下：

$$\delta_1=\frac{1.5903}{1.9593}=0.8117 \qquad \delta_2=\frac{2.3158}{1.9593}=1.1820$$

$$\delta_3=\frac{2.1031}{1.9593}=1.0734 \qquad \delta_4=\frac{2.4090}{1.9593}=1.2295$$

$$\delta_5=\frac{1.5760}{1.9593}=0.8044 \qquad \delta_6=\frac{1.7615}{1.9593}=0.8990$$

从上述计算结果可见，部门 4 的系数最高，说明它能在国民经济中起支柱作用。在这个例子中，部门 2 次之，部门 3 再次之。以上三个部门的发展，会引起整个国民经济的加快发展。

（2）利用投入产出模型，能了解投资的实物构成，以及由投资而引起的对各部门生产量的要求，从而结合生产量的可能为投资的安排提供参考。

（3）计算不同建设周期和效果的投资对生产的影响，可为国家和企业的投资决策提供参考数据。

以上三个方面中，前两个利用静态投入产出模型就能计算，后一个则要建立动态投入产出模型，方能考虑固定资产占用系数的因素，以及考虑影响该占用系数各因素的作用。

思考题

1. 试根据投入产出表或基本模型推出基本价格形成模型，即式（9－1－2），证明：

$$B_v+B_m=(1,1,\cdots,1)$$

式中，B_v 为完全劳动者报酬系数行向量，B_m 为完全利税系数行向量。

并解释其经济含义。

2. 依据表 9－3，利用下表，计算如下问题：

部门	部门 1	部门 2	部门 3	部门 4
劳动者报酬系数	0.15	0.25	0.1	0.5
固定资产投资（亿元）	1 000	250	200	65
折旧率	0.05	0.05	0.05	0.05
利税率	0.3	0.3	0.3	0.3

（1）当四个部门都具有统一的利税率 30%时，计算四个部门的价格变化。当部门 1 和部门 2 价格提高 10%后，对其他两个部门价格有什么影响？

（2）如果计划期部门 1 和部门 2 工资提高 4%，对价格有何影响？如果四个部门工人的名义工资都提高 4%，实际工资提高多少？

（3）当四个部门工资都提高 4%后，由于提出对消费的需要，对各部门的生产有何影响？

（4）通过计算该四部门的影响系数，对计划期的投资做出决策。

第十章 动态投入产出模型

投入产出模型按照分析时期的不同，可以分为静态模型和动态模型。静态模型不考虑时间发展顺序，舍掉了时间变化因素，它只是反映一个确定时期内的经济数量关系的模型，本书其他各章显然都是静态模型。所谓动态模型，是包含了时间因素在内的、能够反映社会经济发展变化的经济数学模型。动态模型是在静态模型的基础上建立起来的，它除了仍保留静态模型中的基本数量关系以外，还要求从发展变化的角度考察社会经济运动，将社会再生产过程的诸方面与时间发展顺序结合起来，揭示其在发展过程中前后变化的数量联系和因果关系。由于社会经济过程本身就是一个不断发展变化的运动过程，一个时期内的经济状况既受到前一时期生产能力和资源条件的限制和约束，同时该时期经济活动的结果又直接影响和制约着后一时期的经济发展，显然，要使经济数学模型能够更加真实地表现经济运行的全过程，势必要研究该过程的前后变化情况，考察随着时间推移各种因素的作用和发生的联系，并以此建立动态模型。

建立动态投入产出模型是投入产出方法的难点之一，很多国家试图建立动态投入产出模型，但由于分析的侧重点不同或模型本身处理方法的差异，动态模型的差别非常大，特别是动态投入产出模型在理论基础上存在争论，模型运算过程困难，因此动态投入产出模型的理论和方法仍然处在探索当中。本章将介绍投入产出动态模型的有关理论，说明模型如何表现经济动态过程，应该考虑哪些主要因素，简要介绍投入产出动态模型的不同形式。

第一节 动态投入产出模型的基本问题

一、什么是动态投入产出模型

由于所用的数学方法、研究对象和模型任务的差异，动态模型具有很多形式，动态投入产出模型是重点研究经济部门结构变动的经济动态模型，是将时间变化因素包含在内的投入产出模型，它着重研究和分析国民经济前行时期投资总量和构成与后续时期各经济部门产品生产的规模和结构之间的数量关系及其内在联系，是一种既包括总量变化又包括结构变动的经济动态模型。

静态投入产出模型可以很好地描述静态的经济运行状况，并可以编制国民经济计划或规划，但不能描述扩大再生产的全过程，并且如第七章已经说明的那样，静态投入产出模型在编制计划时要在外生变量的基础上进行，即计划编制时计划期的总产出向量 X 是外生的，因此投入产出静态模型不能完成计划编制的全过程。动态投入产出模型的基本任务是通过模型将国民经济的不同时期连接起来，而连接的纽带是固定资本形成，对固定资本形成的数量、结构和效果的分析，是建立动态投入产出模型的关键。

首先，固定资本形成是联系前后时期经济发展的一条纽带，它是促进经济发展的主要动力和源泉。一个时期的投资的总量和构成是决定下一个时期经济发展的基本条件，投资的规模和利用情况、基本建设规模和投资方向直接影响着以后时期生产发展的方向、速度和规模。可见，以投资为重点内容，可以揭示经济发展前后时期之间的数量依存关系和因果联系。

其次，从投入产出表中的产品使用构成情况可以看出，第Ⅰ象限的中间产品，在本年度生产过程中全部消耗掉了，这些产品不可能再对今后的生产过程直接发生作用，第Ⅱ象限中，用作消费品的产品在该年度内消费掉了，同样不会对下一期生产有直接的影响，而用于出口的产品也无法对本国生产发挥作用，只有固定资本形成才是对以后年度生产产生作用的部分，只有它才是决定和影响未来生产进行的基本因素。

最后，从固定资本形成的构成上可以发现，这些产品的生产和使用均与时间因素有密切关系，其中作为流动资产投资的产品是本年度以库存形式出现的材料、原料、燃料等，它们都是下一年度生产的必备条件。前一年度流动资产总量及其结构直接影响下一年度生产的规模和构成。由此，流动资产投资可将前一期的生产积存与后一期的生产活动联系起来，反映不同年度之间的动态发展过程。固定资本形成的另一部分是生产性固定资产，它在连续不断的再生产中有着更为明显的时间特性。一方面，从固定资产的使用过程来看，它的价值运动与实物运动在时间上相脱离，其价值形态是随着时间逐次转移到新产品上去的，而其实物是在若干年后才失去使用价值、一次更换的。某一时期建造起来的固定资产要经历多个生产周期，服务若干年度，其使用过程与时间顺序有密切联系。另一方面，从固定资产的建造过程分析，它一般需要数年、十多年乃至数十年，当年动工、当年投产的项目是很少的。也就是说，当年开工的基本建设项目，若干年以后才能在生产中发挥作用，或者说，目前担负生产任务的固定资产是数年以前建成的。可见，固定资产建造过程中显示的时间特性在动态模型中极为重要。

正是由于固定资本形成的纽带作用，各式各样的投入产出动态模型虽然在形式上存在较大差别，但都是以固定资本形成为核心内容，假定 A 为常系数，研究 Y 中的固定资本形成部分与后一期总产出 X 的变化之间的数量关系，建立动态模型，并在此基础上完成编制计划的全过程。

二、建立动态投入产出模型的数据基础

为了通过固定资本形成将社会再生产的全过程连接起来，确定计划期总产品向量，必须对固定资本形成的数量、结构和效果进行全面分析，并通过引入各种系数建立动态投入产出的数学模型。动态投入产出模型除了仍保留静态模型中的直接消耗系数 A 以外，通过编制投资矩阵表，引入投资系数，通过编制基金占用矩阵表，引入基金占用系数。这两个矩阵和系数是动态投入产出模型的数据基础。

1. 投资矩阵表和投资系数

投资矩阵表是在投入产出表第Ⅱ象限的资本形成总额列向量的基础上编制的，即将基期投入产出表的资本形成总额列向量，根据其使用去向扩充为如下投资矩阵表（见表 10-1）。

表 10-1　　投资矩阵表

投资部门 / 投资要素	固定资本形成					存货增加	总计
	1	2	…	n	小计		
1	K_{11}	K_{12}	…	K_{1n}	K_{10}	K_{1m}	K_1
2	K_{21}	K_{22}	…	K_{2n}	K_{20}	K_{2m}	K_2
⋮	⋮	⋮		⋮	⋮	⋮	⋮
n	K_{n1}	K_{n2}	…	K_{nn}	K_{n0}	K_{nm}	K_n
合计	K_{01}	K_{02}	…	K_{0n}	K_{00}	K_m	$\overset{0}{K}$

投资矩阵表维持了产品表存货增加列不变，而将固定资本形成列扩充为 $n\times n$ 的投资矩阵 K。其中 K_{ij} 表示用于 j 部门的 i 种投资产品量，即 j 部门扩大生产规模所需 i 种投资产品数量。$K_{i0}=\sum_{j=1}^{n}K_{ij}$ ，表示 i 部门用于固定资本形成的产品总量。$K_{0j}=\sum_{i=1}^{n}K_{ij}$ ，表示 j 部门使用的固定资本总量。K_{im} 是 i 部门用作存货增加的产品数量。

编制投资矩阵表的关键是取得各部门用于固定资本形成的投资产品的使用去向，或者确定国民经济各部门的固定资本形成产品的来源。

在投资矩阵表的基础上，可以计算投资系数：

$$q_{ij}=\frac{K_{ij}}{\Delta X_j}\quad (i,j=1,2,\cdots,n) \tag{10-1-1}$$

式中，K_{ij} 是使 j 部门扩大生产规模所需 i 种投资产品量；ΔX_j 表示第 j 部门某年度较前一年度生产规模的增加量，在数量上为 $\Delta X_j=X_j(t+1)-X_j(t)$；$q_{ij}$ 为第 j 部门增加单位产量所需 i 种投资产品量，即 j 部门对 i 产品的投资系数。该式的矩阵形式为：

$$Q=K\cdot\Delta\hat{X}^{-1} \tag{10-1-2}$$

显然，利用该系数，可以将下一年度生产规模变动与前一年度所需投资连接起来，形成动态模型核心。

2. 基金占用矩阵表和基金占用系数

在建立动态投入产出模型时，基金占用矩阵和基金占用系数是建立投资和总产出动态

联系的又一重要工具。基金占用矩阵表与产品投入产出表在部门分类上要完全一致，在占用产品中既包括固定资产，也包括流动资产，其表式见表 10 - 2。

表 10 - 2　　基金占用矩阵表

部门分类 / 占用产品	生产性占用					非生产性占用	总占用
	1	2	…	n	小计		
1	F_{11}	F_{12}	…	F_{1n}	F_{10}	F_{1m}	F_1
2	F_{21}	F_{22}	…	F_{2n}	F_{20}	F_{2m}	F_2
⋮	⋮	⋮		⋮	⋮	⋮	⋮
n	F_{n1}	F_{n2}	…	F_{nn}	F_{n0}	F_{nm}	F_n
合计	F_{01}	F_{02}	…	F_{0n}	F_{00}	F_m	$\overset{0}{F}$

表中，F_{ij} 为第 j 部门生产中对 i 种产品的基金占用量，i 产品既可以是固定资产，也可以是流动资产。$F_{i0}=\sum_{j=1}^{n}F_{ij}$，表示 i 部门产品中用于各部门生产性基金占用的产品总量。$F_{0j}=\sum_{i=1}^{n}F_{ij}$，表示 j 部门生产性基金占用的各部门产品总量。F_{im} 是 i 部门用作非生产性基金占用的产品数量。根据基金占用矩阵表可以计算基金占用系数：

$$b_{ij}=F_{ij}/X_j \quad (i,j=1,2,\cdots,n) \tag{10-1-3}$$

该系数的矩阵形式是

$$B=F\cdot\hat{X}^{-1} \tag{10-1-4}$$

式中，b_{ij} 为第 j 部门单位产值占用 i 种基金量，即 j 部门对 i 基金的占用系数。利用该系数，同样可将投资产品对下一年度的生产影响纳入模型，只是在形式上与投资系数不同。

3. 投资系数和基金占用系数的比较

两个系数除了以上定义式给出的在经济意义上的基本区别以外，其差别还体现在：

第一，系数计算选用的指标不同。投资系数计算中直接选用投资产品量，而基金占用系数选用了基金占用量。这两项指标不仅含义不同，而且在形式上有很大区别。投资产品量属于流量指标，而基金占用量是存量指标。流量是一种区间值，反映在一段时间内发生的量值变化。流量指标具有可加性，即分段时期上的指标之和等于整个时期的指标值，将各月份投资产品相加，即得年度投资产品量。存量是一种时点值，表现某一时刻的瞬时值，存量指标不具有直接可加性，意思是说不同时点上的存量指标不能相加，但为了表现若干时点上存量指标的平均水平，可以时间长短为权数，计算其加权平均值。例如，年内不同月份的基金占用量（实际上是月末占用水平）不能相加而得到年末占用量，但可以将各月占用量相加（各月权数为 1）后除以 12，即得本年度的平均占用量。

第二，系数计算的参照系不同。投资系数是以经济部门在两个相邻年度的产品产量之差为参照系，即以 j 部门单位产量的增量为标准，使投资系数成为 j 部门每增加单位产值所需投资产品的一项定额指标。而基金占用系数直接以部门生产总量为参照系，以单位产出量为标准，由此计算每产出单位产值对基金的占用量。尽管它们各自的参照系所用计量单位是一样的，但一个是以增加量为依据，另一个是以全部产出量为标准。

第三，系数所表述的经济内容不同。投资系数表示投资消耗定额，它与基本建设活动相联系，反映为扩大生产规模对投资产品的需求程度。投资系数的倒数形式是投资效果系数，说明单位投资产品能使生产规模增加的数量。基金占用系数表现某部门单位产值生产的基金占用水平，它与该部门生产技术及经营情况有关，说明这一部门的基金装备程度。该系数的倒数应理解为单位基金占用带来的产出量，即称为基金产出率。

第四，系数在动态模型中的作用不同。投资系数在模型中直接描述投资产品，只要投资系数 q_{ij} 与产出增量 ΔX_j 相乘，即可得到对投资产品的需要量。基金占用系数不能在模型中直接表现投资产品，它是通过两个时点上的生产规模不同，而得到基金占用量之差，并将它作为投资产品，采用比较迂迴的方式表现投资产品。

第五，系数导致动态模型的形式不同。利用投资系数建立的投入产出动态模型，可以是微分方程形式、差分方程形式等，均属真正意义上的动态模型。以基金占用系数建立的数学模型则是半动态模型，尽管它在数学形式上比较简单，但它不能真实模拟经济发展的动态变化。

三、投资结构和投资效果的经济数量分析

为了建立联系投资和未来总产出之间的动态模型，还要在投资矩阵表和投资系数、基金占用矩阵表和基金占用系数等数据基础上，进一步分析投资的效果和投资的结构。

1. 投资效果分析

投资效果是经济分析的一项重要指标。在投资产品数量一定的条件下，投资产品运用的效益越高，就越会有力地促进生产规模增长，相反就不能产生预期的效果。

通过引入投资系数矩阵 Q，建立了 t 年度投资与（$t+1$）年度产出增加量的数量关系式。实际上，式（10－1－1）假定了投资系数不变，即增加单位产出所需的投资产品是一个常数，这就意味着（$t+1$）年度产出增量与 t 年度投资量成正比例，要想增加生产规模，就要以等同比例增加投资。显然，这里所表现的全部是外延形式的扩大再生产。由于投资效果系数与投资系数互为倒数，故投资系数不变时投资效果系数亦不变。应这样理解它们之间的关系，即投资系数是单位产出增加所需的投资量，而投资效果则是单位投资所能带来的产出增加量。由此可知，投资效果表现了 t 年度用同样多的投资所能促使（$t+1$）年度增加产出的多少，即投资产生的效果大小。投资效果系数矩阵具有两种不同的形式，即一般方阵形式的投资效果系数矩阵和对角矩阵形式的投资效果系数矩阵。

设投资产品矩阵 K 为如下形式：

$$K=\left.\begin{bmatrix} K_{11} & K_{12} & \cdots & K_{1n} \\ K_{21} & K_{22} & \cdots & K_{2n} \\ \vdots & \vdots & & \vdots \\ K_{n1} & K_{n2} & \cdots & K_{nn} \end{bmatrix}\begin{matrix} \overset{\sum_j K_{ij}}{K_{10}} \\ K_{20} \\ \vdots \\ K_{n0} \end{matrix}\right\}K_{(i)}$$

$$\sum_{i} K_{ij} \quad \underbrace{K_{01}, K_{02}, \cdots, K_{0n}}_{K_{(j)}} \quad K_{00} = \sum_{i} \sum_{j} K_{ij}$$

由式（10－1－2）$Q=K\cdot\Delta\hat{X}^{-1}$，考虑时间因素，有：

$$Q(t)=K(t)\cdot\Delta\hat{X}^{-1}(t+1)$$

$\therefore$ $K(t)=Q(t)\cdot\Delta\hat{X}(t+1)$，两边同时乘以单位列向量，有：

$$K_{(i)}(t)=Q(t)\cdot\Delta X(t+1) \tag{10－1－5}$$

那么，其逆运算则是：

$$\Delta X(t+1)=Q^{-1}(t)\cdot K_{(i)}(t) \tag{10－1－6}$$

其完整形式为：

$$\begin{bmatrix}\Delta X_1(t+1)\\ \Delta X_2(t+1)\\ \vdots\\ \Delta X_n(t+1)\end{bmatrix}=\begin{bmatrix}q_{11}(t) & q_{12}(t) & \cdots & q_{1n}(t)\\ q_{21}(t) & q_{22}(t) & \cdots & q_{2n}(t)\\ \vdots & \vdots & & \vdots\\ q_{n1}(t) & q_{n2}(t) & \cdots & q_{nn}(t)\end{bmatrix}^{-1}\begin{bmatrix}K_{10}(t)\\ K_{20}(t)\\ \vdots\\ K_{n0}(t)\end{bmatrix}$$

式中：

$$Q^{-1}=\begin{bmatrix}q_{11} & q_{12} & \cdots & q_{1n}\\ q_{21} & q_{22} & \cdots & q_{2n}\\ \vdots & \vdots & & \vdots\\ q_{n1} & q_{n2} & \cdots & q_{nn}\end{bmatrix}^{-1}=\begin{bmatrix}\tilde{q}_{11} & \tilde{q}_{12} & \cdots & \tilde{q}_{1n}\\ \tilde{q}_{21} & \tilde{q}_{22} & \cdots & \tilde{q}_{2n}\\ \vdots & \vdots & & \vdots\\ \tilde{q}_{n1} & \tilde{q}_{n2} & \cdots & \tilde{q}_{nn}\end{bmatrix}$$

矩阵 Q^{-1} 为一般方阵形式的投资效果系数矩阵，其各元素 $\tilde{q}_{ij}$ 的含义是，第 j 种单位投资产品能引起 i 部门产出增加量的大小。它是一般方阵形式的投资效果系数矩阵，即投资系数矩阵的逆矩阵。为保证 Q^{-1} 存在，则要求 Q 矩阵满秩。为此，投资系数既要包括固定资产投资，又要考虑流动资产投资，防止 Q 矩阵同行元素全部为零。

另一方面，由 $K_{0j}(t)=\sum\limits_{i}^{n} K_{ij}=\sum\limits_{i}^{n} q_{ij}(t)\times\Delta X_j(t+1)$，有：

$$K_{(j)}{}^{T}(t)=(K_{01}, K_{02}, \cdots, K_{0n})^{T}=\hat{Q}(t)\cdot\Delta X(t+1) \tag{10－1－7}$$

式中，$\hat{Q}(t)$ 为对角矩阵，其对角线元素 $q_{0j}=\sum\limits_{i=1}^{n} q_{ij}$ 为第 j 部门增加单位产出对所有投资产品的需要量。

与此相对应，逆运算的形式为：

$$\Delta X(t+1)=\hat{Q}^{-1}(t)\cdot K_{(j)}{}^{T}(t) \tag{10－1－8}$$

其详细形式是：

$$\begin{bmatrix}\Delta X_1(t+1)\\ \Delta X_2(t+1)\\ \vdots\\ \Delta X_n(t+1)\end{bmatrix}=\begin{bmatrix}q_{01} & 0 & \cdots & 0\\ 0 & q_{02} & \cdots & 0\\ \vdots & \vdots & & \vdots\\ 0 & 0 & \cdots & q_{0n}\end{bmatrix}^{-1}\begin{bmatrix}K_{01}(t)\\ K_{02}(t)\\ \vdots\\ K_{0n}(t)\end{bmatrix}$$

公式中的矩阵 $\hat{Q}^{-1}(t)$ 为对角矩阵形式的投资效果系数矩阵，它是对角形式投资系数矩阵的逆矩阵，分布在对角线上的元素为 $1/q_{0j}$，其意义是第 j 部门单位投资所能引起的产出增加量，反映出第 j 部门的投资效果。

两种形式的投资效果系数矩阵 Q^{-1} 或 $\hat{Q}^{-1}$ 分别反映投资总量的实物构成的效果和投资的部门构成的效果，因此分析投资效果必须研究投资的结构。

2. 投资结构分析

投资结构应该包括两个方面，其一是投资的实物构成，$K_{i0}(t)$ 是投资矩阵表第 i 行的合计数，组成一个列向量 $K_{(i)}(t)$，表示投资总量中各种投资产品实物构成，并由此计算出各种投资产品分别在投资总量中所占比重，即投资实物结构；其二是投资的部门构成，$K_{0j}(t)$ 是投资矩阵表第 j 列的合计数，组成一个行向量 $K_{(j)}(t)$，表示各经济部门得到的投资数量，反映出投资的分配去向，并计算出各部门投资量在总投资量中所占比重，即投资部门构成。

我们先分析投资的实物构成对生产增长的影响，设

$$e_i=K_{i0}/K_{00}\quad(i=1,2,\cdots,n)\tag{10-1-9}$$

式中，e_i 为 i 投资产品在投资总量中所占比重，即投资实物构成系数，并由此式得：

$$K_{i0}=K_{00}\cdot e_i$$

那么：

$$\begin{aligned}K_{(i)}(t)&=(K_{10},K_{20},\cdots,K_{n0})^T\\&=(K_{00}e_1,K_{00}e_2,\cdots,K_{00}e_n)^T\\&=K_{00}(e_1,e_2,\cdots,e_n)^T\end{aligned}$$

设

$$E=(e_1,e_2,\cdots,e_n)^T$$

则有

$$K_{(i)}(t)=K_{00}E$$

代入式(10-1-6)，有：

$$\Delta X(t+1)=Q^{-1}(t)\ K_{(i)}(t)=Q^{-1}(t)\cdot K_{00}\cdot E$$

$$\therefore\quad \Delta X(t+1)=K_{00}\cdot Q^{-1}(t)\cdot E\tag{10-1-10}$$

式（10-1-10）表明，在国民经济投资总量 K_{00} 和投资效果系数 $Q^{-1}(t)$ 不变的情况下，改变投资的实物构成系数 E，同样会引起各经济部门产出增加量 $\Delta X(t+1)$ 的改变，产出增加量将随着能带来更大收益的投资产品的增加而增加。

我们再分析投资的部门构成对产出增加量的影响，设

$$r_j = K_{0j}/K_{00} \quad (j=1,2,\cdots,n) \tag{10-1-11}$$

式中，r_j为j部门投资量占投资总量的比重，即投资部门构成系数。则有：

$$K_{0j} = K_{00} \cdot r_j$$

$$\therefore \quad K_{(j)}(t) = (K_{01}, K_{02}, \cdots, K_{0n}) = (K_{00} \cdot r_1, K_{00} \cdot r_2, \cdots, K_{00} \cdot r_n)$$
$$= K_{00}(r_1, r_2, \cdots, r_n)$$

设

$$R = (r_1, r_2, \cdots, r_n)$$

则有

$$K_{(j)}(t) = K_{00}R$$

又由式（10-1-8）$\Delta X(t+1) = \hat{Q}^{-1}(t) \cdot K_{(j)}{}^T(t)$

$$\therefore \quad \Delta X^T(t+1) = K_{00} \cdot R \cdot \hat{Q}^{-1}(t) \tag{10-1-12}$$

式（10-1-12）表明，在投资总量和投资效果 $\hat{Q}^{-1}(t)$ 不变的情况下，只改变投资的部门构成，也会使下一年度产出增加量发生变化。只要对投资效益好的部门增加投资，增大它在投资总量中的比重，就会使社会总产品产生更大的增长。

综上所述，投资结构通过两种不同形式影响下一年度的生产规模增长，用两个公式分别表达它们的数量关系：

$$\Delta X(t+1) = K_{00} \cdot Q^{-1} \cdot E$$
$$\Delta X^T(t+1) = K_{00} \cdot R \cdot \hat{Q}^{-1}$$

由此可见，不同的投资构成系数对应着不同的投资效果系数，其中投资实物构成系数E对应的是一般方阵形式的投资效果系数矩阵Q^{-1}，而投资部门构成系数R对应的则是对角形式的投资效果系数矩阵$\hat{Q}^{-1}$。另外，投资的实物构成与部门构成之间相互联系、相互制约。一般来说，其中一种构成发生变化，另一种也随之发生变化。在投资部门构成不变的情况下，投资的实物构成不易发生变化，因为各部门投资要素结构受投资活动的技术条件的限制。而在投资实物构成不变的情况下，投资的部门构成具有一定的活动余地，因为投资产品实物量确定后，分配给哪些部门使用，在很大程度上受到人们主观安排的影响。

从公式中还可以看出，当投资效果系数Q^{-1}或$\hat{Q}^{-1}$、投资结构系数E或R均不发生变化时，生产增加量$\Delta X(t+1)$要随着投资总量K_{00}的增加而增加，而K_{00}的大小将受到国内生产总值大小和投资率高低的影响。

第二节　简化的动态投入产出模型

前一节给出了动态投入产出模型的概念，明确了该模型描述的主要内容和考虑的基本

因素，这些内容为建立简化的动态投入产出模型提供了重要依据。所谓简化的动态模型，是将动态发展中的相互联系以及因果关系数量化而直接建立的数学模型。它是各种实际应用的动态投入产出模型的基本出发点和建模基础。

一、简化的动态投入产出模型的结构

上节已经说明，建立动态投入产出模型是通过将固定资本形成从最终产品中分离出来，建立投资矩阵，分析投资结构和投资效果，从而将投资同未来的产出连接起来。

设最终净产品为 $\overline{Y}_i$，固定资本形成为 K_i，那么最终产品 Y_i 可表示为：

$$Y_i = \overline{Y}_i + K_i = \overline{Y}_i + \sum_{j=1}^{n} K_{ij} \quad (i = 1,2,\cdots,n) \tag{10-2-1}$$

其矩阵形式为：

$$Y=\overline{Y}+K_{(i)} \tag{10-2-2}$$

将式（10－2－2）代入静态投入产出模型 $X-AX=Y$，有：

$$X-AX=\overline{Y}+K_{(i)} \text{ 或 } \overline{Y}=X-AX-K_{(i)} \tag{10-2-3}$$

其基本形式为：

$$X_i - \sum_{j=1}^{n} a_{ij}X_j - \sum_{j=1}^{n} K_{ij} = \overline{Y}_i \quad (i = 1,2,\cdots,n)$$

将式（10－1－5）或者 $K_{i0}(t) = \sum_{j=1}^{n} q_{ij}\Delta X_j(t+1) \quad (i = 1,2,\cdots,n)$ 代入式（10－2－3），有：

$$X(t)-AX(t) -Q\Delta X(t+1)=\overline{Y}(t)$$

或

$$X_i(t) - \sum_{j=1}^{n} a_{ij}X_j(t) - \sum_{j=1}^{n} q_{ij}\Delta X_j(t+1) = \overline{Y}_i(t)$$

$$(i = 1,2,\cdots,n) \tag{10-2-4}$$

至此，将固定资本形成与下一年度产出增长之间的数量依存关系，纳入投入产出模型中，实现了从静态模型向动态模型的过渡，形成了动态投入产出模型的基本形式。这里假定投资的时滞为一年，即本年投资都能在下年的生产中发挥作用，这显然与现实不完全相符，投资时滞的不同情况将在第三节介绍。

二、连续型动态投入产出模型

动态投入产出模型还涉及时间的计量方法问题。一般情况下，研究经济动态问题可采用两种不同的时间计量方法：一种是连续型计时法，另一种是离散型计时法。连续型计时法是将时间数轴看作由连续不断的时点组成，将模型中的经济变量视为时间 t 的连续函数。如变量 $X_j(t)$ 即可视为 j 部门在时间 t 这一点上的生产量，又可认为 j 部门生产量是

时间 t 的函数。变量值通常表现为 t 时刻的状态，以存量的形式出现。离散型计时法是将时间序列划分为若干阶段，以时间区间为考察单位，不同时间段均由两个时点与相邻时间段隔开。这时，模型中的经济变量就成为时间 t 的离散函数，或 $X_j(t)$ 表示 j 部门在 t 段时间内的产品生产量，它是两个时点上经济存量的差额，以经济流量的形式出现。

从两种不同计量时间的方法的差别中可知，连续型方法研究的是经济动态过程中经济变量在各个不同时点上的变化状态，离散型方法则是考察经济变量在不同时间区间内的变动规律。在上面的动态投入产出模型的基本结构的基础上，选用不同的时间计量方法，将会得到不同形式的动态投入产出模型。采用连续型计时法所建立的模型是连续型动态投入产出模型，采用离散型计时法，则得到的是离散型动态投入产出模型，以下分别做一介绍。

我们先从某一种产品产出情况的分析开始，利用动态投入产出基础式：

$$X_i(t)-\sum_{j=1}^{n} a_{ij}X_j(t)-\sum_{j=1}^{n} q_{ij}\Delta X_j(t+1)=\bar{Y}_i(t) \quad (i=1,2,\cdots,n) \qquad (10-2-5)$$

由于这里采用连续型计时法，那么 $X_i(t)$ 为时间 t 的连续函数，这时，函数 $X_j(t)$ 的增量为：

$$\Delta X_j(t+\Delta t)=X_j(t+\Delta t)-X_j(t) \qquad (10-2-6)$$

如果当 $\Delta t\to 0$ 时，存在 $\Delta X_j(t+\Delta t)/\Delta t$ 的极限，有：

$$\lim_{\Delta t\to 0}\frac{\Delta X_j(t+\Delta t)}{\Delta t}=\lim_{\Delta t\to 0}\frac{X_j(t+\Delta t)-X_j(t)}{\Delta t}=\frac{\mathrm{d}X_j(t)}{\mathrm{d}t}=X'_j(t) \qquad (10-2-7)$$

部门生产量在 t 时刻的微小增量就可以通过求导形式表示为：

$$\Delta X_j(t+\Delta t)=\frac{\mathrm{d}X_j(t)}{\mathrm{d}t}\Delta t=X'_j(t)\Delta t \qquad (10-2-8)$$

当 $\Delta t=1$ 时，将式（10－2－8）代入式（10－2－5），得：

$$X_i(t)-\sum_{j=1}^{n} a_{ij}X_j(t)-\sum_{j=1}^{n} q_{ij}\frac{\mathrm{d}X_j(t)}{\mathrm{d}t}\Delta t=\bar{Y}_i(t)$$

即 $X_i(t)-\sum_{j=1}^{n}a_{ij}X_j(t)-\sum_{j=1}^{n}q_{ij}X'_j(t)=\bar{Y}_i(t) \quad (i=1,2,\cdots,n)$

其矩阵形式 $X(t)-AX(t)-QX'(t)=\bar{Y}(t)$ （10－2－9）

式中，$X'(t)$ 为社会总产品列向量对时间 t 的微分，$X'(t)=[X'_1(t),X'_2(t),\cdots,X'_n(t)]^T$。

式（10－2－9）表示的经济数量关系是，从 t 时刻的社会总产品中减去中间产品消耗，再减去 t 时刻用作投资的产品，余下的则是 t 时刻的最终净产品。这就是连续型动态投入产出模型的一般形式，也称作微分方程组形式的动态投入产出模型。可以看出，该模型所表达的经济数量关系十分清楚，它描述了随着时间推移而发生的经济变量的变化规律，突出了动态模型所要反映的重点问题，即投资与生产发展之间的因果关系。但是，由于这里采用了连续型计时法，分析动态变化的着眼点是经济发展过程中每一短暂的时点，显然这与经济计量的常规方法不够合拍。$X'(t)$ 表示各部门产出量对时间 t 的微分，这是一种瞬时变化，如同物理学中的即时速度，即很小单位时间上的变化增量。在经济过程中，人们无法去计量这种微小的变化，而通常是以月、季、年度为时间单位来考察经济变动情况的。总之，连续型动态投入产出模型有着重要的理论和方法论意义，但其严格的数学形式限制了它在经济动态分析中的应用。

三、离散型动态投入产出模型

为了克服连续型模型应用的局限性，改用离散型计时法。随之改变的则是，动态分析的着眼点变为经济发展的时间区间。这时，t 段与（$t+1$）段产出增量是：

$$\Delta X_j(t+1) = X_j(t+1) - X_j(t) \tag{10-2-10}$$

将式（10-2-10）代入式（10-2-5）

$$X_i(t) - \sum_{j=1}^{n} a_{ij}X_j(t) - \sum_{j=1}^{n} q_{ij}[X_j(t+1) - X_j(t)] = \bar{Y}_i(t) \quad (i = 1,\cdots,n) \tag{10-2-11}$$

其矩阵形式为：

$$X(t)-AX(t)-Q[X(t+1)-X(t)]=\bar{Y}(t) \tag{10-2-12}$$

即

$$X(t)-AX(t)-QX(t+1)+QX(t)=\bar{Y}(t)$$

或

$$QX(t+1)=X(t)-AX(t)+QX(t)-\bar{Y}(t)$$

$$X(t+1)=Q^{-1}[(I-A+Q)X(t)-\bar{Y}(t)] \tag{10-2-13}$$

式（10-2-13）是离散型动态投入产出模型的一般表达式。该式中，如果 Q^{-1} 存在（暂不讨论 Q^{-1} 的存在问题），$Q^{-1}(I-A+Q)$ 为常系数矩阵，$Q^{-1}\bar{Y}(t)$ 为常数列向量，$X(t)$、$X(t+1)$ 为两个不同时段的部门产值变量。离散型模型与连续型模型相比，同样具有经济关系明确、动态理论清楚、模型规范简练等特点。由于离散型模型的研究内容转向不同时间区段上经济量值的变动规律性，而时间区段可根据经济问题研究的需要，选用考察经济发展的常用时间单位，因此该模型在应用方面较连续型模型有了一定的进展。但是，如果以标准的差分方程组形式建立模型，求解结果是时间 t 的某种函数关系，仍然限制模型的广泛应用，因为经济变量与时间的关系在多数情况下不是有规则的函数关系。为此，需要对差分方程形式加以静态化处理，使之成为更具实用性的模型。处理的方法是增加外生变量的输入，依据增加外生变量与待求变量之间的时间顺序，处理后的模型可分为顺时推导模型和逆时推导模型两种。为了克服静态化处理后的离散型动态投入产出模型的局限性，如不限制在只研究两个年度间的动态过程，要扩大考察期，就会形成列昂惕夫于1970年提出的动态逆阵模型，相关问题将在下节简要介绍。

第三节　不同时滞方法的动态投入产出模型

动态投入产出模型需要建立投资与未来产出之间的联系，但同一时期的不同投资活动，在未来的任何时候进入生产过程均存在差距，这就是投资的时滞。显然时滞问题是所有动态模型应该考虑的重要问题。在建立投入产出动态模型时，有必要依据模型的基本任务，采用不同的时滞处理方法，建立不同形式的动态模型。

一、时滞因素分析

时滞是指时间上的间隔、时间落后，即时差。在投入产出动态模型中，集中表现为投资的时滞。确切地说，投资时滞是指从投资要素进入投资活动开始到项目建成并形成新的生产能力使产出量增加之间的时间间隔。由于投资活动所需的物质要素属于最终产品的一部分，它们是本年生产过程的最终成果，是为下一年度或以后若干年扩大生产而提供的产品，投资时滞通常等于或大于 1 年。

为确定投资的时滞，首先应该搞清楚第 t 年的投资产品是怎样引起以后各年产出增加的，从投资活动开始到产出量增加之间是如何发生作用的。为此，应该将投资产品纳入投入产出表中进行统一考虑。在静态表中，投资产品是作为最终产品栏下的一列出现的，在动态表中，它被扩展为 n 阶方阵，即表现出各投资产品的分配去向。在这些投资产品中，有一部分流动资产和固定资产在$(t+1)$年后投产运转，增加$(t+1)$年度的产出量 $\Delta X(t+1)$，那么这部分投资产品的时滞被视为 1 年。t 年度的另一部分流动资产和固定资产以在建项目的形式，经$(t+1)$年度的投资活动，形成生产能力，于$(t+2)$年度投产，增加$(t+2)$年度的产出 $\Delta X(t+2)$，故这些投资产品的时滞定为 2 年。以此类推，t 年度的投资产品将会引起$(t+3)$，$(t+4)$，…年度的产出量增加，记为 $\Delta X(t+3)$，$\Delta X(t+4)$，…，这里的时滞则视为 3 年、4 年……

投资时滞的长短对今后经济的发展有着举足轻重的影响。在等量投资产品的条件下，时滞越长，说明投资产品在生产中发挥作用就越晚，由此获得的经济收益就越迟，其经济效果一般较差。与此相反，时滞缩短，投资见效快，能尽快促进生产增长，定会取得好的效果。在动态模型中，不仅要考虑投资规模的大小，还要重视各种投资产品的时滞。

现实中的投资产品运动过程是多种多样、极其复杂的。为简单起见，动态模型总是以某种假定为前提，建立若干采用不同时滞处理方法的模型，以便结合不同的建模目标和任务加以选用。以下对此做简要评介。

二、时滞为一年的动态投入产出模型

在这类模型中，全部投资产品均假定为一年，即第 t 年的投资产品要在$(t+1)$年度完全发挥作用，增加$(t+1)$年度的产出量。一般认为，这一假定是有着一定的客观依据的。对于投资产品中的流动资产，一年时滞无可非议，可以不做讨论。而对于固定资产而言，可将 t 年度的固定资产视为前若干年投资的结果，认为在第 t 年已基本形成生产能力，而放在（$t+1$）年度中投产，时滞为一年。在这里，投资产品本身制造过程与该年得到的投资产品严格区分开来。这里涉及什么是投资产品的问题，广泛地说，用于投资活动的全部物质要素都可视为投资产品，它既可以是最初形成固定资产的各种生产资料，或处于在建过程中的物质资料，也可以是形成生产能力的固定资产。但就投入产出动态模型来说，投资产品只能是某年度沉淀下来的最终产品的一部分。

由此，我们只考虑前一年投资产品对后一年生产规模的影响，而前一年的投资产品已是前几年投资活动的成果，不再考虑年复一年的复杂投资过程。例如，某一建设项目逐年进行的基本建设活动分别在各年投入产出的固定资产建造部门中得以表现，它的半成品或成品均在最终产品中得以反映，也只是在即将投产的前一年才定为投资产品的起始年度，时滞确定为一年，将历年建设过程集中在最后一年的投资产品上。以这种时滞假定建立的动态模型，就使模型的数学形式得以大大简化。

在这种假定条件下，t 年度投资产品 $K(t)$ 占后一年度产出增加量 $\Delta X(t+1)$ 的数量关系，即可简化为

$$K(t)=Q(t)\cdot\Delta X(t+1) \tag{10-3-1}$$

将该式置入 t 年度投入产出动态模型数量关系式中，则有：

$$A(t)\cdot X(t)+Q(t)\cdot\Delta X(t+1)+\bar{Y}(t)=X(t)$$

或

$$X(t)-A(t)\cdot X(t)-Q(t)\cdot\Delta X(t+1)=\bar{Y}(t) \tag{10-3-2}$$

这就是时滞为一年的 t 年度投入产出动态模型，其含义是从总产出中扣除中间产品和投资产品，即为最终净产品。利用该式可以建立微分方程或差分方程形式的动态模型。

在上述年度模型的基础上，还可以扩大模型的考察期，建立反映若干年度的动态变化模型，便于研究中、长期计划安排问题，这就是著名的列昂惕夫动态逆阵模型。该模型具有重要的应用价值，模型的数学原理简单，表达的经济关系十分清楚。

但是，该模型并非十全十美，在具体应用中仍存在一些问题。如时滞为一年，实际假定了全部投资产品的投资起始点完全一致，这与现实不相符，不利于详细考察投资产品在各部门、各环节中运行的规律；又如，在动态逆阵中，计划期最末一年的最终净产品处于特殊地位，应如何处理，有待于进一步研究。

三、时滞均为 s 年的动态投入产出模型

这里假设所有的投资产品的时滞均为 $s(s>1)$ 年，即 t 年度的投资产品，在（$t+s$）年度中发挥作用。这一假定与前一模型的区别是由一年转为 s 年时滞，相同点是投资的起止点完全一致，均为 s 年。

从投资活动的实际情况来看，一个建设项目从破土兴建到全部竣工投产一般在一年以上，常常达数年之多。就这一点而言，规定时滞为 s 年是合理的。另外，可根据各经济部门建设周期的长短，用加权平均的方法（以投资总额为权数）计算国民经济投资项目的平均建设周期，以此为时滞年数。可见，这一假定也有一定的合理性。

当时滞为 s 年时，t 年度投资产品 $K(t)$ 与 $(t+s)$ 年度的产出增量 $\Delta X(t+s)$ 之间的数量关系为：

$$K(t)=Q(t)\cdot\Delta X(t+s) \tag{10-3-3}$$

式中，$\Delta X(t+s)=X(t+s)-X(t+s-1)$

它说明投资产品经历了 s 年投资过程，于第 $(t+s)$ 年才增加产出量，且是较前一年的增加，并非是与其他年度比较的增加量。由此建立的 t 年度动态方程是：

$$X(t)-A(t)\cdot X(t)-Q(t)\cdot\Delta X(t+s)=\bar{Y}(t)$$
$$X(t)-A(t)\cdot X(t)-Q(t)\cdot[X(t+s)-X(t+s-1)]=\bar{Y}(t)$$

如果设 $s=3$，则有：

$$X(t)-A(t)\cdot X(t)-Q(t)\cdot[X(t+3)-X(t+2)]=\bar{Y}(t)$$
$$[I-A(t)]X(t)+Q(t)\cdot X(t+2)-Q(t)\cdot X(t+3)=\bar{Y}(t)$$

以此可以考察 t 年度与以后数年度间的动态发展的关系。同样，这种模型可扩大考察期，建立包括若干年度的中、长期计划动态模型。

时滞均为 s 年的动态模型仍保留了简练的模型形式。就实际投资活动而言，投资产品的时滞与经济部门建设周期（时滞）本属两个不同的时滞概念，不同的投资产品在同一经济部门中的投资时滞是不同的，同一种投资产品在不同的经济部门中表现出的时滞亦不相同。假定时滞均为 s 年，其实质在于将这两种不同的时滞统一起来，使模型大大简化。模型的失真之处也在于其高度抽象，忽略了不同投资产品的时滞特点。尤其是流动资产投资产品的时滞，由实际的一年被拖延为 s 年，这与实际极不相符。解决这一问题的方法是，将投资系数矩阵中的流动资产行元素取零，将它们纳入最终净产品中。当然，这一处理方法改变了最终净产品的含义。

四、其他形式的动态投入产出模型

动态投入产出模型还有其他形式，例如静态化处理的投入产出动态模型、采用基金占用系数建立的动态模型、含有产出增长率的动态模型和年度间动态模型等。下面以采用基金占用系数建立的动态模型为例加以简单介绍。

因为基金占用系数 B 系数与 A 系数均是以总产出为依据建立起来的。这样，采用基金占用系数建立的投入产出动态模型就成为将动态模型静态化处理的又一种方法。通过编制基金占用矩阵表，并计算基金占用系数，就可以建立基金占用与投资产品间的关系式。

基金占用表中的数据均为年末占用量，由它计算出的占用系数则是反映某年末某部门对产品的占用水平。年末占用量与年初占用量之差，就是本年度新增加的占用量，它可视为由该部门投资活动所形成的。由此可构成如下关系式：

$$\begin{aligned} K_{i0}(t) &= \sum_{j=1}^{n} K_{ij}(t) = \sum_{j=1}^{n} F_{ij} - F_i(t_0) \\ &= \sum_{j=1}^{n} b_{ij}\cdot X_j(t) - F_i(t_0) \quad (i=1,2,\cdots,n) \end{aligned} \tag{10-3-4}$$

写成矩阵形式，则有：

$$K_{(i)}(t)=BX(t)-F(t_0)$$

式中，$K_{(i)}(t)$ 为 t 年度投资产品列向量，$F(t_0)$ 为 t 年度初基金占用量列向量。

该式的经济含义是，B 与 $X(t)$ 相乘即得 t 年度末基金占用量列向量，然后扣除年初占用量，即为 t 年度新增部分，它与本年度形成的投资产品应该相等。

将以上得到的投资产品与基金占用量的关系式代入投入产出动态模型的基本式中，则有：

$$X(t)-AX(t)-[BX(t)-F(t_0)]=\overline{Y}(t) \qquad (10-3-5)$$

这就是采用基金占用系数建立的投入产出动态模型。

模型进一步演变，可表示为：

$$(I-A-B)X(t)=\overline{Y}(t)-F(t_0)$$

$$X(t)=(I-A-B)^{-1}[\overline{Y}(t)-F(t_0)] \qquad (10-3-6)$$

模型中的系数矩阵 A、B 均为常量系数矩阵，$F(t_0)$ 为常量向量，在给出 t 年度最终净产品 $\overline{Y}(t)$ 之后，即可利用模型计算出 t 年度应该安排的各部门产出量 $X(t)$。从给定一组变量来计算另一组未知变量的模型方法来看，该模型具有常量静态模型的特点，而从模型中含有投资产品对部门产出量发生影响这一因果关系上看，它仍有着对经济发展的动态描述功能，可见，它同样是一种用静态方法去解决动态问题的模型。

该模型在考察经济动态发展的同时，注意到了经济部门基金占用情况的变化。基金占用系数反映出部门发展过程中生产技术、生产工艺、基金装备程度等技术经济指标的变动，这确实是动态模型需要考虑的重要问题。将这一问题与投资活动密切结合起来，建立它们之间的数量依存关系，就形成了这一形式简单、经济数量关系清楚、便于应用的数学模型。

这种模型将两个相邻年度经济指标的变动值用一个年度中年末与年初的量值变化代替，即将两个时区的流量变化改变为两个时点的存量变化。在这里看不出一个年度的投资产品对下一年度产出规模有什么影响，更找不到二者之间的内在数量关系。这就在形式上弱化了不同年度之间的动态关系，降低了模型的动态描述功能。另外，模型中假定本年度的投资产品全部形成新增加的生产基金，这与实际是不相符的。

思考题

1. 比较动态和静态投入产出模型的异同。
2. 为什么构造动态投入产出模型时要重点考虑固定资本形成的数量、结构和效果？
3. 试推导简化的动态投入产出模型的基本数学表达式。
4. 试分析不同时滞的动态投入产出模型。

第十一章

投入产出优化模型

投入产出表及其模型，是我们进行经济分析和预测、编制国民经济计划和规划的重要方法，但是投入产出方法本身并不具有择优功能，因此人们将线性规划、多目标规划等优化方法与投入产出方法结合，建立投入产出优化模型，进行投入产出的优化分析，以制定既满足投入和产出平衡关系，又能保证经济系统取得最佳经济效果的最优规划方案。本章重点介绍投入产出线性规划模型，并简要介绍投入产出优化模型的扩展模型，即与CGE模型、高速增长模型相结合的投入产出优化模型。

第一节　投入产出优化模型的基本原理

投入产出的优化模型，主要是利用投入产出模型本身是线性方程的特征，与线性规划模型结合而建立的投入产出线性规划模型，既可以看作在投入产出模型的基础上增添了择优功能的计划模型，也可以视为将投入产出模型纳入约束条件体系中的大型线性规划模型。这种优化模型需要解决的主要问题是，投入产出模型如何与线性规划模型结合，模型结构如何确定，模型的求解方法等。

一、投入产出线性规划模型的数学原理

投入产出线性规划模型，是由投入产出模型和线性规划模型结合形成的，只有分别了解投入产出模型和线性规划模型的数学形式，才能较好地理解投入产出线性规划模型以及投入产出模型和线性规划模型的结合方法。

投入产出基本模型是通过引入直接消耗系数建立的 n 个线性方程的方程组：

$$\sum_{j=1}^{n} a_{ij}X_j + Y_i = X_i \quad (i = 1,2,\cdots,n)$$

其矩阵形式为：

$$AX+Y=X \text{ 或 } X=(I-A)^{-1}Y,\quad (I-A)X=Y \tag{11-1-1}$$

从式（11-1-1）可以看出，当 X、Y 中的 n 个元素已知之后，投入产出基本模型是以直接消耗系数矩阵 A 联结起来的 n 个方程 n 个未知数的线性方程组。

线性规划是运筹学的一个重要分支，是经济优化分析的最基本方法之一。线性规划模型一般有两个基本组成部分，即约束条件和目标函数。约束条件是由包括若干变量的线性等式或者不等式组成的约束条件方程组。目标函数是含有与约束条件相同变量的线性函数式。所谓线性规划方法，就是在保证约束条件的前提下，寻求目标函数极值的方法。

线性规划模型的数学表达式一般为：

$$\begin{cases}\sum_{j=1}^{n} a_{kj}x_j = (\leqslant, \geqslant)b_k & (k=1,2,\cdots,m)\\ x_i \geqslant 0 & (i=1,2,\cdots,n)\end{cases}$$

并且使目标函数 $S=\sum_{j=1}^{n} c_j x_j$ 的值达到最大或者最小。

其中，a_{kj} 为结构系数，b_k 为限制常数，约束条件的前 m 个线性表达式为结构性约束条件，$x_i \geqslant 0$（$i=1, 2, \cdots, n$）为非负性约束条件。

由以上模型可以知道，线性规划模型可能有各种不同的表达方式，约束条件可以是等式，也可以是不等式（大于式或小于式），或者是等式和不等式的混合形式。目标函数有的要求极大值，有的要求极小值。这种多样性给讨论问题和求解带来了不便。通过增加变量和方程，可以将线性规划模型标准化（具体方法这里从略）。标准形式的线性规划模型为：

$$\begin{cases}\sum_{j=1}^{n} a_{kj}x_j = b_k & (k=1,2,\cdots,m)\\ x_i \geqslant 0 & (i=1,2,\cdots,n)\end{cases}$$

$$\text{求：} \max S = \sum_{j=1}^{n} c_j x_j \tag{11-1-2}$$

可以将模型（11-1-2）简记为矩阵形式：

$$\begin{cases}AX=b\\ X\geqslant 0\end{cases}$$

$$\text{求：} \max S = CX \tag{11-1-3}$$

其中：

$$X=\begin{pmatrix}x_1\\ x_2\\ \vdots\\ x_n\end{pmatrix}\quad A=\begin{pmatrix}a_{11} & a_{12} & \cdots & a_{1n}\\ a_{21} & a_{22} & \cdots & a_{2n}\\ \vdots & \vdots & & \vdots\\ a_{m1} & a_{m2} & \cdots & a_{mn}\end{pmatrix}\quad b=\begin{pmatrix}b_1\\ b_2\\ \vdots\\ b_m\end{pmatrix}$$

$C=(c_1,c_2,\cdots,c_n)$

建立投入产出线性规划模型是通过投入产出模型与线性规划模型的结合而实现的。投入产出模型和线性规划模型结合的基础是线性规划模型的兼容性，结合的数学形式是，将投入产出模型经过若干处理后置入线性规划模型的约束条件中，形成大规模的线性规划模型。两个模型具有结合的共同基础：一是均为线性形式，二是基本变量均有非负要求，三是均以矩阵运算为基本方法，四是投入产出模型可视为线性规划模型的一个特例。两个模型结合的步骤为：

第一，建立投入产出数学模型。提供一套投入产出报告表和计划表，按总体模型设计要求，建立规定形式的投入产出数学模型。

第二，增加投入产出模型的变量个数。投入产出模型有 n 个方程和 n 个变量，方程组有唯一的一组解，因此，投入产出模型不能直接纳入线性规划模型中。增加变量的目的在于使变量的个数多于方程的个数，增加方程组的自由度，以便让模型提供更多的可行解，在目标函数指导下，从中选出最优解。

第三，将投入产出模型中的严格等式关系改为不等式。如果用等式方程作为约束条件，那么模型可行解将只分布在等式的直线上，最优解要在直线的交点上寻找。只有将等式改为不等式，才能使直线方程围成可行解域，使模型具有更大的选择性。

第四，在投入产出模型以外增加不等式方程。根据最优解中非零解的个数不多于约束方程的个数的原理，增加变量后的模型通过求解计算，必定会使一部分变量的解等于零。如果经济变量的最优解为零值，很可能不是没有实在的经济意义，就是不符合经济实际。因此，要增加最优解中的非零解个数，就必须增加不等式方程的个数。要根据总体模型的要求，密切联系经济实际，增加不等式方程。

第五，建立目标函数。前几步形成的仅是模型的约束条件部分，这些条件仅给出了实现计划方案的必备条件，构成了计划实施的基础，但还需要通过设立目标函数，从若干可行方案中选择一个最优计划方案。

二、投入产出线性规划模型的基本作用

建立投入产出线性规划模型的基本目的是，利用线性规划模型的择优功能，实现投入产出方法的计划编制的优化。因此，投入产出线性规划模型的基本任务是为编制最优计划服务。模型的各个组成部分均围绕这一基本任务而建立，它们分别反映和体现最优计划的各主要原则。

首先，投入产出线性规划模型较好地模拟和表现了最优计划要求的按比例原则。国民经济按比例发展集中反映在生产部门之间的比例关系上，这些关系可以通过其中的投入产出模型部分加以表现，除此之外的其他基本比例关系则可由专设的约束条件加以反映。并且所有的比例关系均与模型的目标函数有着内在的数量关系，由此保证了比例的最优性。

其次，投入产出线性规划模型体现了计划安排从实际出发的原则，使计划建立在能够实现的基础上。该模型不仅有投入产出模型所表现的产品生产对经济发展的约束条件，而且还包括其他形式的资源约束。这些均能充分反映计划期所拥有的生产能力和资源条件。

再次，投入产出线性规划模型集中表达了经济效益原则。如模型中约束条件部分的一

批系数，表现了产品生产中的单位消耗，合理规定了各种资源的消耗定额是实现经济效益的基础。目标函数中的系数值规定了各种决策变量对其的贡献能力，将各部门的经济指标与总体经济效益联系在一起。目标函数的极值则从计划方案的总体上表现了经济效益高低。

最后，投入产出线性规划模型能很好地反映规划目标和生产目的。模型中的目标函数集中体现了这一点。目标函数是评价计划方案优劣的唯一尺度和标准，它直接反映了计划经济活动的总目标及终极目的。

第二节　投入产出线性规划模型的基本结构和特性

一、投入产出线性规划模型的基本结构

投入产出线性规划模型与一般线性规划模型一样，具有两个组成部分，即目标函数和约束条件。

1. 目标函数

目标函数是模型中体现择优功能的核心，是区别平衡规划与最优规划的重要标志。它是评价最优规划方案的唯一尺度和标准，表现了规划活动的总目标，总是与战略规划的目标相联系。由此，它形成模型的核心，成为模型中最敏感的部分。它虽然仅占模型的很少部分，但所起作用很大。

建立目标函数首先遇到的问题是如何选择经济目标。一般主要考虑如下几个方面：(1) 目标要具有综合性和概括力；(2) 目标要能够数量化，具有可观测性；(3) 目标必须与约束条件相呼应，它们具有共同的决策变量；(4) 要保证目标函数的线性形式；(5) 要与规划期战略总目标相联系。

国民经济发展目标通常采用以下几个指标：(1) 若干主要产品生产量；(2) 社会总产品（总产值）；(3) 国内生产总值；(4) 最终净产品总额；(5) 满足需求的程度等。

目标函数的类型有两种：一是效益型，包括同样支出条件的最大成果或取得等量成果所需费用最小；二是速率型，包括所用时间相等而取得的成果最大，或取得等量成果所用时间最短。

对于投入产出线性规划模型，会遇到评价规划问题的标准比较多，很难用一项指标反映整个规划目标的问题。处理的方法有二：一是从若干指标中挑选一种最主要的、综合性最强的指标作为目标函数，而其余指标列入约束条件中；二是对各项指标按重要程度排序，给出权数，而后加权成一个综合目标函数。

大系统线性规划模型还必须处理好整体优化与局部优化之间的关系。由于大系统包括许多分系统、子系统，而不同层次上的系统均设有目标函数。为此，必须协调好各层次系统目标函数间的相互关系。处理的基本原则是：(1) 要保证目标函数的统一形式，子系统、分系统乃至大系统的目标函数有统一的标准及对应关系；(2) 保证低层次目标要服从高层次目标，局部优化服从整体优化；(3) 各系统的目标函数要体现各自的特点，做到目

标统一、形式与特殊任务相结合。

2. 约束条件

约束条件方程是规划模型的基本组成部分，是模型的主体。线性规划模型只有一个目标函数式，而约束方程则是大量的，一般模型有几十个、上百个方程，大系统规划则可能有成千上万个方程。约束条件方程将确定的规划问题限制在一定的范围内进行讨论，它规定了可行性方案的选择边界，圈定了可行解域。处于敏感部位的约束条件直接决定了规划问题的解。

投入产出线性规划模型的约束条件的特点在于，它必须包括国民经济部门间投入与产出的制约关系，即必须有由投入产出模型演变而成的约束条件方程，并且这部分方程在整个约束条件中发挥着主导作用。

分析和选择规划问题的约束条件是建立模型的基础工作，应遵循如下原则进行：(1) 选出的基本条件要能充分表现规划任务，并注意各条件之间的相互依存关系；(2) 要正确设定决策变量，要求它们既能直接表现规划任务，又能与规划任务的制约因素相联系；(3) 要选准规划问题的主要条件，尤其是大系统规划问题，必须从大量的制约因素中选择出影响和限制规划任务的最主要的条件；(4) 要注意，乍一看似乎不很重要的条件有可能在规划中起着关键的制约作用，这就要求我们对规划问题进行全面深刻的经济分析，特别要注意那些与生产工艺、技术要求密切相关的条件；(5) 要准确预测规划期各种资源的拥有量，它们是构成约束边界、反映约束力大小的基本要素；(6) 要合理确定资源的消耗定额。

建立约束条件方程要做到方程的数学形式与规划问题要求的经济内容有机地结合在一起。对投入产出模型的优化处理方法，必须与要解决的经济任务相结合。主要有：(1) 增加模型变量个数，要与模型增加生产部门工艺选择相结合，即将投入产出模型中一个部门只采用一种工艺方式改换成可以由多种工艺方式进行；(2) 增加变量个数的另一途径是将最终产品同样作为决策变量，它的进一步细分可以增加更多的变量，实现最终产品数量内生化，更好地与目标函数相配合；(3) 等式方程改为不等式，从经济意义上扩大了最优方案的选择范围；(4) 决策变量的定界考虑，可以将规划任务指标集中在更小的量值范围内，如将决策变量分解为可变部分与不变部分，使规划问题集中解决需要决策的那一部分；(5) 在投入产出模型以外，增加约束不等式，在数学形式上是为了增加最优解的非零解个数，在经济意义上则是为了增加经济系统中除了投入与产出制约关系以外的其他基本经济比例关系。

约束条件的数学形式是由一组线性等式或不等式方程所构成的，每个方程中均含有决策变量、变量的系数及常数项。从规划问题的经济内容上考虑，一般应包括物质生产过程中的各要素约束：(1) 劳动对象的约束；(2) 劳动工具的约束；(3) 劳动力的约束。

对于大系统的规划问题，除了以上各要素之外，还需要补充一些重大的比例关系的约束。大系统规划问题主要应包括两大类，即资源约束和比例关系约束。其中，资源约束是指广义的资源，包括物质产品、自然资源及其他人力、财力等约束，均表现为经济规划发展必备的要素条件。但只有资源的约束还是不够的，即使有充裕的要素拥有量，如果没有要素间的协调比例关系的保证，也不能实现经济的优化发展。

3. 投入产出线性规划模型举例

根据经济分析过程中侧重点的不同，或经济运行中约束条件的差别，可以建立不同形式的投入产出线性规划模型，下面举例说明：

第一，考虑重要资源约束的投入产出线性规划模型：

$$\begin{cases} \max\pi = A_nX \\ (I-A)X \leqslant Y \\ GX \leqslant \bar{G} \\ X \geqslant 0 \end{cases}$$

式中，A_nX 为 GDP，$\bar{G}$ 为重要资源拥有量向量，G 为资源消耗系数矩阵。

该模型要求在保证全部或者部分产品的使用方向，并存在重要资源约束的前提下，实现国内生产总值最大化。其中，$(I-A)X\leqslant Y$ 是为了保证国民经济各部门的产品有市场需求，$\bar{G}$ 可以是能源、钢铁或其他重要物资的拥有量，也可以是关键技术人员数量等约束条件。

第二，多种约束条件下的投入产出线性规划模型：

$$\begin{cases} \max\bar{I}Y(\text{GDP 最大}) \\ X-AX=Y \\ X^{(1)}\leqslant W_1(\text{部分部门产能限制}) \\ Y^{(2)}\leqslant W_2(\text{部分部门需求限制}) \\ X^{(3)}\geqslant W_3(\text{部分关键部门产量保证}) \\ Y^{(4)}\geqslant W_4(\text{部分关键产品保证}) \\ X,Y\geqslant 0 \end{cases}$$

该模型可以在保证国民经济的某些薄弱部门（环节）和某些关系国计民生的重要产品的前提下，实现 GDP 最大化。

另外，投入产出线性规划模型还可以对不同生产方式（直接消耗系数矩阵 A 不同）、地区生产布局进行比较，以求得最优生产方案。

二、投入产出线性规划模型的基本特性

一般线性规划模型，在小范围、联系比较简单的经济系统中，已取得显著成效。随着社会经济的迅速发展，越来越需要利用规划模型解决大范围、联系比较复杂的经济系统优化问题。但是，从目前应用的情况来看，效果并不理想。究其原因，一个根本性问题在于，没有针对国民经济大系统的特征，采用不同于微观方法的特殊方法去解决，而是仍用小系统规划的方法去解决大系统的问题。显然，这样做就表现出线性规划的任务负载过大，处理方法简单化。因此，有必要认清国民经济大系统的实质特征，以便采用大系统规划方法去解决。投入产出线性规划模型的大系统特征体现在以下四个方面：

（1）系统规模大，所含要素多。国民经济系统涉及社会、科技、自然环境、经济等许多方面，它是一个规模庞大的社会经济系统，其中经济的运行和发展是该系统的核心，而

社会、科技、自然环境则是系统的外围条件。由于系统的规模大、范围广，所以构成系统的要素极其繁多。从不同角度划分出不同的要素结构，如从地理位置上划分，则有不同的地区；从经济活动的内容上划分，则可分出不同的经济部门；从社会再生产的先后顺序上划分则有生产、分配、交换、消费的不同环节；从社会经济发展过程上划分，则会有不同的发展阶段等。国民经济系统的这一特点，要求必须选用大规模的、变量和方程数目众多的数学模型，这就给模型的建立带来许多困难。为此，我们必须全面权衡，分清主次，力求建立一个与经济客观实际尽量相符的模型。

（2）系统要素间的联系复杂多样。由于系统规模大、要素多，所以系统诸要素之间的联系极为复杂。要素间联系的形式多种多样，有直接联系、间接联系、单向联系、双向联系以及链条式、蛛网式、辐射状等形式的联系。大系统不像小系统那样简单、直观，而是由许多要素排列组合出许多复杂的联系形式，必须使用专门的方法加以表现和揭示。另外，要素间联系的数量关系也是多种多样，不仅有大量的确定性关系，而且还有不少的随机性联系、边界不清的模糊数量关系等。这就要求大系统数学模型不仅要能够计算要素间的直接联系、间接联系及完全联系，而且还要计算一环扣一环的连锁反应和波及效应；不仅要表现经济过程中的必然联系，而且要反映偶然发生的随机联系和模糊数量关系。

（3）系统具有显著的结构性特征。系统联系的复杂性还表现在联系的分布、联系的频率上。系统中有一些要素组成了结合紧密的要素群，其间的联系频度高，相互依存性强。同时，也会有一些要素并不发生联系，或发生较少的联系，各有相对的独立性。这样，从宏观上观察一个大系统，就表现出了要素相互结合的结构性差异。小系统的结构一目了然，大系统的结构经过分析、整理、编排，可以出现显著的结构性特征。大系统方法要求抓住这一特征，有针对性地去解决具有不同结构的问题。这一特点表现在模型的数学形式上，约束条件系数矩阵中将有大量的零值，成为大规模的稀疏矩阵。由此可以依据其中非零元素在矩阵中的特殊分布形式，经过科学的调整、编排，令非零元素组合成有规则的结构图式，以便于模型的建立、输入、贮存和计算，做到充分利用空间、节约运算时间，又能经济、迅速地实现模型的应用。

（4）系统具有多层次性。一般系统大都具有层次性，而大规模系统则有着更多的层次。国民经济系统，从行政管理上可分出国家、省、市、县四个等级（块块），从主管部门划分，又有中央、部门、公司、企业若干级别（条条）。另外，从其他不同的角度，也可区分出不同的层次。各种不同的层次相互叠加，相互渗透，彼此嵌套交错，形成一个复杂的系统。系统的层次性要求数学模型具有层次结构。小规模系统很简单，系统下直接分为要素。大系统模型必须分出若干层次，如大系统—分系统—子系统—要素。为此，要注意对经济系统进行层次分析，科学地划分系统层次，从而为模型的分解提供根据。

三、建立投入产出线性规划模型

根据大系统模型的结构特点，主要从两个方面进行分解，一是从时间发展顺序上，将整个规划期分解为若干规划阶段，分段实现优化；二是从模型的层次上分解，将整体规划模型划分为若干分系统、子系统，逐级进行优化处理。

1. 投入产出线性规划模型分段优化

（1）确定规划模型的时间。投入产出线性规划模型是一个静态模型，它未包括时变因素，必须为模型确定一个时间。其方法有以下几种：

首先，可选用整个规划期作为模型的时间，这在建模方法上是最简单的。但是模型求解得到的最优计划是整个规划期的任务，无法得到每一年度的计划任务。这样处理，一方面无法看出年度之间的衔接关系，另一方面将总任务划分为年度任务时，容易产生平均分摊的倾向。因此，一般不采用这一形式，对于规划期较长的情况更是这样。

其次，可采用规划期第一年度作为模型的时间，然后依次向后一年度推算，形成包括若干年度的模型体系。这种做法的好处在于能够充分反映计划基期年度的实际情况，使计划任务建立在可靠的物质基础上。这种做法的不足之处是，依次向后一年度安排，则由前一年度规定了后一年度的任务，这就将规划期经济发展的路子限制得过于呆板，不能充分发挥规划模型的择优功能。

另外，还可以采用规划期最后一年作为模型的时间，而后依次向前推算各个计划年度。在规划期的各个年度中，最后一年具有明显的特点和作用。这一年度所能达到的规模和水平是前几年发展的结果，它不仅反映该年度的经济规模和结构，同时也表现了整个规划期发展的成果。由此可知，最后一年的任务和目标不仅对本年度优化过程起着指导作用，而且同时也为整个规划期提出了最优计划任务。由此向前推算出逐年的计划任务，从而得到符合整个规划期总目标的最优计划方案。这样做，能使规划期各年的任务均与总任务相联系，也充分发挥了优化模型的择优功能。

（2）年度模型间的连接方法。在建立了包括若干年度的模型体系之后，首先遇到的问题是怎样将各个年度连接起来，依靠什么内容去实现这种连接。这种方法建立的各个年度模型均为静态模型，逐年连接在一起，就形成了静态模型动态化的模型组。因此，这里可以像动态模型那样，以固定资本形成为连接的媒介。也就是说，前一年度固定资本形成的使用方向和总量直接影响后一年度的生产结构和规模。

为简单起见，假定固定资本的时滞为一年。以规划期最末一年模型为起点，求解计算得到该年度新增产值，然后将这一组数据输入前一年度模型，通过投资系数计算出该年固定资本形成的总量和结构，进而计算新增产值，以此类推，逐年推算，直至规划期第一年度。

在年度模型之间进行推算的过程中，须注意及时调整所使用的系数、常数，做到与规划期各年度发展相适应。推算中还应重视对原有产值的处理，要将由后向前推算与由前向后推算结合起来，将需要与可能统一考虑。

2. 投入产出线性规划模型分级优化

依据国民经济管理实践，可将其分解为多级地区模型和多级部门模型。

（1）多级地区规划模型。根据规划工作需要，可将国民经济划分为三级：国民经济一级、大经济区一级、省（区市）经济区一级。国民经济一级是一个综合性很强的全国模型，它还须分成若干区域建立规划模型，形成大经济区一级的规划模型，这要依据经济联系、资源条件、地理交通、历史演变等进行合理区划。大经济区一级又可划分出若干省（区市），亦可分别建立这一级的规划模型。

三级地区规划模型均采用投入产出线性规划模型形式。全国一级模型是以全国投入产出表为基础，外加其他约束；后两级则以相应地区投入产出表为基础，并附加其他地区性约束。三级模型的目标函数要协调一致，约束条件应既有共用部分，也有专用部分，要分别建立。为此，在方法上应注意几个问题。

第一，处理好同一级别的地区模型之间的关系。除全国一级模型以外，后两级地区模型均由若干个模型所组成。每个地区模型既有相对独立的一面，同时又有受到同一级地区相互制约的一面，一个地区的发展变化能直接成为另一地区的约束因素。处理它们之间关系的重点应放在地区间的相互交流、相互联系上，即注重协调好地区间的产品调出、调入问题。

第二，处理好不同级别地区规划模型之间的关系。这一问题的实质是如何处理好局部优化与整体优化之间的关系。比较多数的情况是，局部优化与整体优化是同向的、一致的。但在特定的情况下，局部安排与整体优化可能发生冲突。一般做法应是局部利益服从整体利益。但是，我们须利用规划模型进行详细核算，有分析、有比较地合理解决。

第三，解决不同级别地区模型的优化顺序问题，即确定是采用自上而下还是自下而上的逐级优化方法。自上而下的顺序能够充分反映国民经济总体目标和要求，较好地体现整体利益。自下而上的方法可将实现经济优化的物质条件放在第一位，能确保方案的实施，可行性强。由此看来，应将两个方向相反的处理方法结合起来，可以先是自上而下，而后自下而上，形成反复迭代过程，既要以整体目标为指导，又要以局部的条件为保证，实现目标与可能协调统一。

（2）多级部门规划模型。从条条管理角度，整体模型可分解为三级：国民经济一级、经济部门一级、公司或企业一级。

国民经济一级模型是以全国投入产出模型为基础而建立的，它包含了不同经济部门之间的相互联系。模型中的经济部门在划分上具有可塑性，既可以是很粗、很综合的部门，又可以分得很细、很具体。这要依据规划问题的需要而定，要注意与下一级的经济部门模型的衔接关系。

经济部门一级的规划模型是多级部门模型的核心。部门规划模型以部门投入产出模型为基础，反映了不同企业集团之间的投入产出联系，其任务是合理安排各企业集团的任务从而使整个部门取得最大效益。部门一级，一方面由国家提出生产任务和提供一定的物资，在国家规定的范围内开展活动，受国家级模型的制约；另一方面，部门的生产任务是由许多企业担负并实现的，又受到企业、企业集团等的影响。因此，部门级模型在三级模型体系中起着一种桥梁和纽带的作用。

企业、公司、企业集团级模型是以企业间投入产出表为基础，并附加一些其他资源条件约束而形成的。这是三级部门模型体系中的基层模型，其任务是充分利用企业所拥有的全部资源，做到合理配置而使整个企业集团取得最大效益。

（3）多级地区优化与多级部门优化的结合。在制定国民经济规划时，需要同时规划经济发展的地区结构和部门结构，在对整体规划从两个角度进行层次分解计算之后，还须将分别得到的结果合并在一起。并且在分解模型时应该密切结合进行，即在多级地区模型中要考虑地区经济部门的结构和联系，在多级部门模型中又要注意这些部门、企业集团所在地区分布情况。

3. 分段优化与分级优化的协调

分段优化与分级优化在大系统模型分解中尽管所起作用不同，但它们的目的是一致的，任务是相同的，即都是为了将一个大系统的规划问题化为若干部分去解决，以便取得长远目标与近期可能的统一、整体目标与局部基础的统一，实现国民经济的最优发展。

分段优化与分级优化的协调与结合，其实质在于将时间发展与空间布局融合在一起，形成多维的规划空间。从两个分解模型的程序结构对比中可看出，分段优化模型之间的联系较为松散，而分级优化模型相互间的制约作用比较明显。在协调这两组模型时，应将主要择优功能放在分级优化上，而分段优化要为分级优化提供各要素在时间发展顺序上的量值。

分段优化与分级优化的协调与结合贯穿于规划工作的全过程，从收集资料、建立模型、求解计算到方案评析，都需要这两组模型的密切配合。为实现上述协调过程，应建立分段优化与分级优化的信息支持系统。这一系统有利于实现：（1）模型标准化，整体模型以及分段、分级优化模型不论在哪段时间、哪个地区或哪一部门，均设计有通用的标准模型；（2）信息渠道固定化，有关规划、计划管理机构，实现人机对话、信息交流程序化；（3）规划、计划工作自动化，收集、计算直至提供最优计划方案，实现自动化管理。

第三节　CGE 模型和高速增长模型

CGE 模型和高速增长模型，是投入产出分析与线性规划方法相结合的另外两种形式，本节分别简要介绍。

一、CGE 模型

CGE 模型是可计算一般均衡模型（computable general equilibrium，CGE）的简称。第一个 CGE 模型是 1960 年由约翰逊提出的。从 20 世纪 70 年代开始，CGE 模型开始引起经济学界的高度重视。一方面，世界经济面临着诸如能源价格快速上升、国际货币体系突变、实际工资提高等的冲击，经济计量模型不能对这些冲击的结果进行有效的模拟，经济学界迫切需要新的分析手段；另一方面，CGE 模型的细化处理能力日益提高，这主要体现在数据基础的改进和计算程序的完善上，形成了几种较为流行的 CGE 模型计算程序。CGE 模型很快成为应用经济学的一个重要分支，被西方经济学界誉为政府政策的实验室，可以进行生产函数、宏观公共政策（特别是税收政策）、微观产业政策（特别是能源环境政策）、国际贸易政策（特别是贸易自由化、关税和非关税壁垒政策）、环境模拟、政策影响等众多领域的研究和模拟分析。

由于投入产出模型和 CGE 模型都起源于一般均衡理论及其数理描述，都是通过线性方程描述国民经济的数学模型，这些都为两个模型的结合，建立投入产出 CGE 模型提供了坚实基础。

投入产出 CGE 模型由两部分构成：（1）投入产出的线性规划方法描述的生产供给模型；（2）用需求函数表现的最终需求模型。两部分模型都是价格的函数，可以利用计算机模拟市场交易和计划决策，通过迭代，求出生产供给量和最终需求量，建立二者的最佳平衡关系，得到与此相适应的合理价格体系。

1. 建立生产供给模型

这是一个以投入产出线性方程和若干资源约束方程为约束条件，以取得最大国内生产总值为目标函数的线性规划模型。

设国民经济各部门生产量为

$$X=(X_1,\ X_2,\ \cdots,\ X_n)^T$$

最终产品为

$$Y=(Y_1,\ Y_2,\ \cdots,\ Y_n)^T$$

A 为直接消耗系数矩阵，表示为投入产出模型，即 $X=AX+Y$。

另设各部门产品的价格向量为 $P=(P_1,\ P_2,\ \cdots,\ P_n)^T$。

若上述直接消耗系数 a_{ij} 采用价值形态，那么，价格 P 表示为部门价格指数。单位产值中的转移价值部分是：

$$A^TP=\begin{bmatrix} a_{11} & a_{21} & \cdots & a_{n1} \\ a_{12} & a_{22} & \cdots & a_{n2} \\ \vdots & \vdots & & \vdots \\ a_{1n} & a_{2n} & \cdots & a_{nn} \end{bmatrix}\begin{bmatrix} p_1 \\ p_2 \\ \vdots \\ p_n \end{bmatrix}=\begin{bmatrix} p_1a_{11}+p_2a_{21}+\cdots+p_na_{n1} \\ p_1a_{12}+p_2a_{22}+\cdots+p_na_{n2} \\ \vdots \\ p_1a_{1n}+p_2a_{2n}+\cdots+p_na_{nn} \end{bmatrix}$$

令单位产值中的新创造价值记为：

$$N=(N_1,N_2,\cdots,N_n)^T$$

$$\begin{bmatrix} N_1 \\ N_2 \\ \vdots \\ N_n \end{bmatrix}=\begin{bmatrix} p_1 \\ p_2 \\ \vdots \\ p_n \end{bmatrix}-\begin{bmatrix} a_{11} & a_{21} & \cdots & a_{n1} \\ a_{12} & a_{22} & \cdots & a_{n2} \\ \vdots & \vdots & & \vdots \\ a_{1n} & a_{2n} & \cdots & a_{nn} \end{bmatrix}\begin{bmatrix} p_1 \\ p_2 \\ \vdots \\ p_n \end{bmatrix}$$

$$=\begin{bmatrix} p_1-p_1a_{11}-p_2a_{21}-\cdots-p_na_{n1} \\ p_2-p_1a_{12}-p_2a_{22}-\cdots-p_na_{n2} \\ \vdots \\ p_n-p_1a_{1n}-p_2a_{2n}-\cdots-p_na_{nn} \end{bmatrix}$$

记为：

$$N=P-A^TP$$

那么，国内生产总值是：

$$\pi=N^TX=(P^T-P^TA)X=P^T(I-A)X$$

以此式构成线性规划模型的目标函数，即

$$\max\pi=P^T(I-A)X$$

约束条件主要是生产部门的资源约束，设国民经济资源拥有量向量为 $\bar{R}$，各生产部门的资源消耗系数矩阵为 R。这里的资源是广义的，包括劳动力、资金、土地、固定资产、自然资源等。形成资源约束方程为：

$RX \leqslant \bar{R}$

于是由目标函数和约束方程形成一个完整的线性规划模型，即

$$\max \pi = (p_1, p_2, \cdots, p_n) \begin{bmatrix} 1-a_{11} & -a_{12} & \cdots & -a_{1n} \\ -a_{21} & 1-a_{22} & \cdots & -a_{2n} \\ \vdots & \vdots & & \vdots \\ -a_{n1} & -a_{n2} & \cdots & 1-a_{nn} \end{bmatrix} \begin{bmatrix} X_1 \\ X_2 \\ \vdots \\ X_n \end{bmatrix}$$

$$\text{约束条件为} \begin{cases} \begin{bmatrix} r_{11} & r_{12} & \cdots & r_{1n} \\ r_{21} & r_{22} & \cdots & r_{2n} \\ \vdots & \vdots & & \vdots \\ r_{m1} & r_{m2} & \cdots & r_{mn} \end{bmatrix} \begin{bmatrix} X_1 \\ X_2 \\ \vdots \\ X_n \end{bmatrix} \leqslant \begin{bmatrix} \bar{r}_1 \\ \bar{r}_2 \\ \vdots \\ \bar{r}_m \end{bmatrix} \\ X_i \geqslant 0 \qquad (i=1, 2, \cdots, n) \end{cases}$$

模型简化的矩阵形式为：

$$\max \pi = P^T(I-A)X$$
$$RX \leqslant \bar{R}$$
$$X \geqslant 0 \tag{11-3-1}$$

模型中部门生产量 X 为变量，其余各量如消耗系数 A、资源耗用系数 R、资源拥有量 $\bar{R}$ 以及价格 P 均为已知量。由此可以解出线性规划的最优解，即最优计划生产量 X^*。应该看到，产品价格对最优计划方案有重要影响，价格不同就会得到不同的最优解。因为改变产品价格，首先改变了单位产值中的新创造价值量，这实际上改变了目标函数中的权数 $P^T(I-A)$，从而改变了部门的生产规模。由此可见，产品产量计划可视为价格 P 的函数，记为：

$$X^* = f_x(P) \tag{11-3-2}$$

依据投入产出模型，可得最终产品生产量 Y^s。

$$Y^s = (I-A)X^* \tag{11-3-3}$$

这里，由于 X^* 是价格 P 的函数，矩阵 A 为不变的常系数矩阵，故最终产品生产量 Y^s 也是价格 P 的函数，记为：

$$Y^s = f_s(P) \tag{11-3-4}$$

2. 建立最终需求模型

该模型以柯布-道格拉斯生产函数为基础。设两种消费品的销售量为 $\overset{0}{X}_1$、$\overset{0}{X}_2$，它们的价格分别是 P_1、P_2，消费者的总收入为 M，那么最大消费效用模型是：

$$\max U(\overset{0}{X}_1 \overset{0}{X}_2) = A\overset{0}{X}{}_1^{\alpha} \overset{0}{X}{}_2^{\beta}$$

并满足条件

$$P_1\overset{0}{X}_1 + P_2\overset{0}{X}_2 = M \tag{11-3-5}$$

这里，A 为常数，α、β 是待定参数。

模型采用拉格朗日法求解：

$$L=U(\overset{0}{X}_1\overset{0}{X}_2)+\lambda(M-P_1\overset{0}{X}_1-P_2\overset{0}{X}_2)$$

拉格朗日法一阶条件为：

$$\frac{\partial L}{\partial \overset{0}{X}_1}=\frac{\partial U}{\partial \overset{0}{X}_1}-\lambda P_1=0$$

$$\frac{\partial L}{\partial \overset{0}{X}_2}=\frac{\partial U}{\partial \overset{0}{X}_2}-\lambda P_2=0$$

并能推导出

$$\frac{\partial U}{\partial \overset{0}{X}_1}:\frac{\partial U}{\partial \overset{0}{X}_2}=\frac{\lambda P_1}{\lambda P_2}=\frac{P_1}{P_2}$$

即

$$\frac{\alpha A\,\overset{0}{X}{}_1^{\alpha-1}\,\overset{0}{X}{}_2^{\beta}}{\beta A\,\overset{0}{X}{}_1^{\alpha}\,\overset{0}{X}{}_2^{\beta-1}}=\frac{P_1}{P_2}$$

$$P_2\,\overset{0}{X}_2=\frac{\beta}{\alpha}P_1\,\overset{0}{X}_1 \tag{11-3-6}$$

将式（11-3-6）代入式（11-3-5）得：

$$P_1\,\overset{0}{X}_1+\frac{\beta}{\alpha}P_1\,\overset{0}{X}_1=M$$

即

$$\overset{0}{X}_1=\frac{\alpha}{\alpha+\beta}\cdot\frac{M}{P_1}$$

同样可得

$$\overset{0}{X}_2=\frac{\beta}{\alpha+\beta}\cdot\frac{M}{P_2}$$

令

$$\frac{\alpha}{\alpha+\beta}=a,\frac{\beta}{\alpha+\beta}=b$$

改写为：

$$P_1\,\overset{0}{X}_1=aM,P_2\,\overset{0}{X}_2=bM \tag{11-3-7}$$

以上两式表明，每种商品的销售额 $P_1\,\overset{0}{X}_1$、$P_2\,\overset{0}{X}_2$ 都是消费总支出 M 的线性函数，故称之为线性支出系统。同样可将两种商品扩展为 n 种商品，设商品量 $\overset{0}{X}_i(i=1,2,\cdots,n)$，价格 $P_i(i=1,2,\cdots,n)$，消费总支出仍为 M，则：

$$M=\sum_{i=1}^{n} P_i \overset{0}{X}_i$$

线性支出系统的形式为：

$$P_i \overset{0}{X}_i=\beta_i M+\alpha_i \quad (i=1,2,\cdots,n) \tag{11-3-8}$$

这里，β_i、α_i 为不同商品的线性支出函数的待定参数，可用有关统计计量加以估计。如果对全部商品的线性等式求和，则有：

$$\sum_{i=1}^{n} P_i \overset{0}{X}_i=\sum_{i=1}^{n} \beta_i M+\sum_{i=1}^{n} \alpha_i \tag{11-3-9}$$

因此可知，式（11－3－9）成立的条件是：

$$\sum_{i=1}^{n} \beta_i=1, \quad \sum_{i=1}^{n} \alpha_i=0$$

下面我们可以利用上面推导出来的模型的基本形式，把研究个人消费支出购买商品的问题改换为研究国内生产总值使用支出对最终产品的需求量。模型改写成如下形式：

$$P_i \overset{0}{Y}_i=\beta_i M+\alpha_1 \tag{11-3-10}$$

式中，$M=\sum_{i=1}^{n} P_i \overset{0}{Y}_i$ 为国内生产总值使用总量，$P_i \overset{0}{Y}_i$ 为对 i 种最终产品的需求量。

上式说明，对各部门最终产品的需求量都是国内生产总值使用总量的线性函数。由于 $\sum_{i=1}^{n} \beta_i=1$，所以从 n 个方程中任何（$n-1$）个方程可以推出另一个方程，其中一个方程是多余的，可以删去。比如去掉第一个方程，则有：

$$\begin{aligned}
&-\beta_2 P_1 \overset{0}{Y}_1+(1-\beta_2)P_2 \overset{0}{Y}_2-\beta_2 P_3 \overset{0}{Y}_3-\cdots-\beta_2 P_n \overset{0}{Y}_n=\alpha_2 \\
&-\beta_3 P_1 \overset{0}{Y}_1-\beta_3 P_2 \overset{0}{Y}_2+(1-\beta_3)P_3 \overset{0}{Y}_3-\cdots-\beta_3 P_n \overset{0}{Y}_n=\alpha_3 \\
&\quad\vdots \\
&-\beta_n P_1 \overset{0}{Y}_1-\beta_n P_2 \overset{0}{Y}_2-\beta_n P_3 \overset{0}{Y}_3-\cdots+(1-\beta_n)P_n \overset{0}{Y}_n=\alpha_n
\end{aligned}$$

整理后为：

$$\begin{aligned}
&(1-\beta_2)P_2 \overset{0}{Y}_2-\beta_2 P_3 \overset{0}{Y}_3-\cdots-\beta_2 P_n \overset{0}{Y}_n=\alpha_2+\beta_2 P_1 \overset{0}{Y}_1 \\
&-\beta_3 P_2 \overset{0}{Y}_2+(1-\beta_3)P_3 \overset{0}{Y}_3-\cdots-\beta_3 P_n \overset{0}{Y}_n=\alpha_3+\beta_3 P_1 \overset{0}{Y}_1 \\
&\quad\vdots \\
&-\beta_n P_2 \overset{0}{Y}_2-\beta_n P_3 \overset{0}{Y}_3-\cdots+(1-\beta_n)P_n \overset{0}{Y}_n=\alpha_n+\beta_n P_1 \overset{0}{Y}_1
\end{aligned}$$

令 $\overset{0}{Y}_1$ 为已知最终产品需求量，价格 $P_1=1$。这样可将上式写成如下矩阵形式：

$$\begin{pmatrix} (1-\beta_2)P_2 & -\beta_2 P_3 & \cdots & -\beta_2 P_n \\ -\beta_3 P_2 & (1-\beta_3)P_3 & \cdots & -\beta_3 P_n \\ \vdots & \vdots & & \vdots \\ -\beta_n P_2 & -\beta_n P_3 & \cdots & (1-\beta_n)P_n \end{pmatrix} \begin{pmatrix} \overset{0}{Y}_2 \\ \overset{0}{Y}_3 \\ \vdots \\ \overset{0}{Y}_n \end{pmatrix} = \begin{pmatrix} \alpha_2 \\ \alpha_3 \\ \vdots \\ \alpha_n \end{pmatrix} + \begin{pmatrix} \beta_2 \\ \beta_3 \\ \vdots \\ \beta_n \end{pmatrix} \overset{0}{Y}_1$$

即

$$\begin{pmatrix} \overset{0}{Y}_2 \\ \overset{0}{Y}_3 \\ \vdots \\ \overset{0}{Y}_n \end{pmatrix} = \begin{pmatrix} p_2 & 0 & \cdots & 0 \\ 0 & p_3 & \cdots & 0 \\ \vdots & \vdots & & \vdots \\ 0 & 0 & \cdots & p_n \end{pmatrix}^{-1}$$

$$\begin{pmatrix} (1-\beta_2) & -\beta_2 & \cdots & -\beta_2 \\ -\beta_3 & (1-\beta_3) & \cdots & -\beta_3 \\ \vdots & \vdots & & \vdots \\ -\beta_n & -\beta_n & \cdots & (1-\beta_n) \end{pmatrix}^{-1} \left[\begin{pmatrix} \alpha_2 \\ \alpha_3 \\ \vdots \\ \alpha_n \end{pmatrix} + \begin{pmatrix} \beta_2 \\ \beta_3 \\ \vdots \\ \beta_n \end{pmatrix} \right] \overset{0}{Y}_1 \tag{11-3-11}$$

上式不难看出，当$\overset{0}{Y}_1$给定，并令 P_2，P_3，…，P_n 取一定数值，就可计算出$\overset{0}{Y}_2$，$\overset{0}{Y}_3$，…，$\overset{0}{Y}_n$。由此，最终产品需求量同样可视为价格 P 的函数，记为：

$$Y^d = f_d(P) \tag{11-3-12}$$

这时，需要先外生其中一种最终产品需求量$\overset{0}{Y}_1$，同时给出 P_2，P_3，…，P_n，共（$n-1$）个产品的价格，模型得到相应的 Y_2^d，Y_3^d，…，Y_n^d 最终产品需求量。

3. 调试求解

以上所得到的两个模型式（11-3-4）$Y^s=f_s(P)$ 和式（11-3-12）$Y^d=f_d(P)$，说明最优生产规模的最终产品供给量 Y^s 和最终产品需求量 Y^d 均是价格 P 的函数，但使用同一价格体系分别计算出的 Y^s 和 Y^d 一般是不相等的，由此可以得到二者之差为：

$$\Delta Y = Y^s - Y^d = f_\Delta(P) \tag{11-3-13}$$

可见，ΔY 同样是价格 P 的函数。根据投入产出模型，Y^s 和 Y^d 分别对应生产规模 X^s 和 X^d：

$$X^s = (I-A)^{-1} \cdot Y^s$$
$$X^d = (I-A)^{-1} \cdot Y^d$$

这时，尽管对于某种产品 $X_i{}^s$ 和 $X_i{}^d$ 一般是不等的，但是总的产出量应该与总的需求量相等，即

$$(P_1, P_2, \cdots, P_n) \begin{pmatrix} X_1^d \\ X_2^d \\ \vdots \\ X_n^d \end{pmatrix} = (P_1, P_2, \cdots, P_n) \begin{pmatrix} X_1^s \\ X_2^s \\ \vdots \\ X_n^s \end{pmatrix}$$

或

$$PX^d=PX^s, P(I-A)^{-1}Y^d=P(I-A)^{-1}Y^s \quad (11-3-14)$$

从以上的关系式中可知，产品生产供给总量 PX^s 与需求总量 PX^d 相等，可以推出最终产品供给向量 Y^s 与需求向量 Y^d 也应相等。在（$I-A$）不变即产品生产结构不变的条件下，Y^s 与 Y^d 不仅在总量上相等，并且每个分量也应相等，即

$$Y_i^s=Y_i^d$$

令

$$\Delta Y=Y^s-Y^d=f_\Delta(P)=0$$

由于 Y^s、Y^d 均是相对价格 P 的函数，故首先令 P 为现行价格，即各元素为 1 的行向量：

$$P=(1,1,\cdots,1)$$

将 P 代入生产供给模型中，即可解出各部门最优生产量 X，并利用投入产出关系式

$$Y^s=(I-A)X$$

计算出当选用最优生产规模 X 时所能提供的最终产品向量 Y^s。然后，将同样的现行价格 P 代入最终需求模型中，则可解出现行价格条件下的最终产品需求量 Y^d。

将以上两个模型得到的两个向量 Y^s 和 Y^d 加以对比，即两个向量对应元素做比较，会出现三种情况。

（1）如果 $Y_i^s>Y_i^d$，则说明供过于求，这时需要降低 i 产品的价格 P_i；

（2）如果 $Y_i^s<Y_i^d$，则说明供不应求，应该提高 i 产品的价格 P_i；

（3）若 $Y_i^s=Y_i^d$，则说明 i 产品供求平衡，那么 i 产品价格无须变动。

通过以上对比，并对不同产品分别进行相应调价之后，形成了新的相对价格向量 $P^{(2)}$，并按以上的计算程序将 $P^{(2)}$ 代入生产供给模型和最终需求模型，又一次分别计算出 $X^{(2)}\to Y^{s(2)}$ 和 $Y^{d(2)}$，将 $Y^{s(2)}$ 与 $Y^{d(2)}$ 进行对比，并调整价格得到 $P^{(3)}$，依次反复进行下去，逐步试值迭代，直至 $Y^s=Y^d$ 为止。若共迭代 m 次，那么最后得到的价格 $P^{(m)}$ 和 $Y^{(m)}$ 为所求向量。

$$P^{(m)}=(P_1^m,P_2^m,\cdots,P_n^m)$$
$$Y^{(m)}=(Y_1^m,Y_2^m,\cdots,Y_n^m)^T$$

此时，$P^{(m)}$ 就是保证产品供求平衡的最优价格体系，$Y^{(m)}$ 则是执行 $P^{(m)}$ 价格条件下最终产品的生产量和需求量，将 $Y^{(m)}$ 代入投入产出模型，得

$$X^{(m)}=(I-A)^{-1}Y^{(m)}$$

这里，$X^{(m)}$ 就是执行最优价格 $P^{(m)}$ 时最优生产规模向量，即最优生产计划方案。

以上是构建 CGE 模型的基本思路和具体步骤，这是最简单的 CGE 模型。它以一般均衡模型为基础，分别对生产和消费做了进一步的数量化描述，使一般均衡模型变成了具有

模拟和控制功能的可计算模型，为完整、系统地刻画经济系统描绘出一个基本框架。为了更详尽地表现经济运行的实际状况，还可以在这一模型的基础上，嵌入其他函数关系，考虑更多的经济联系和因素，使模型内容更丰富，更符合实际，模型体系更完善。为此，对简单的CGE模型可做一些改进和补充。简单的CGE模型以均衡价格为核心，以最终产品的供求平衡为基本内容。但是我们注意到，物质生产部门不仅是物质产品的供给者，同时还是物质产品的消费者（生产性消耗），故模型应重视反映中间产品。生产单位在对物质投入要素的选择中，除了受到工艺技术因素制约以外，在很大程度上也受到价格因素的影响。同时还考虑到，用投入产出模型描述生产系统有一个很严格的假定，即消耗结构不能改变，投入要素不能相互替代，不但不同的物质投入要素之间不能替代，而且劳动力投入与物质产品投入之间也不能替代。因此，用投入产出模型反映生产部门的投入要素配置问题就不够灵活，由此，选择的生产计划方案也不一定是最优方案。为此，建立生产供给模型需要分两阶段进行：第一阶段，利用柯布-道格拉斯的生产函数：

$$X_i=f_i(K_i,L_i,V_i,A_i)$$

式中，X_i为i部门总产出量，K_i为固定资产，L_i为劳动力投入，V_i为中间投入，A_i为技术参数。

同时，结合各种投入要素的价格，列出i部门的利润与各投入要素之间的函数关系式，以取得最大利润为目标，使投入要素达到最佳配置。

第二阶段，将第一阶段计算的结果代入到投入产出模型，计算出最终产品供给量Y^s。另外，对需求函数做一定修改，使需求量Y^d与劳动工资联系起来，建立模型计算出Y^d，通过比较，迭代求解。

在建立简单的CGE模型时，各部门最终产品是作为一个总量来考虑的。最终产品主要包括消费、投资两大部分，这两部分在再生产过程中起着极为不同的作用。最终产品需求量完全依赖价格的函数关系最适合描述消费品，因此，简单的CGE模型的需求函数实际上是把最终产品全部当作消费品，投资品视为零，这仅适用于简单再生产。为了表现扩大再生产，必须建立投资品需求模型。当然，投资品需求量同样与产品价格有关，同时还应该反映与投资总量、投资结构之间的关系，将它与生产函数中的K、L联结起来，用两种需求函数分别表现和计算消费品需求量和投资品需求量，然后合并为最终产品需求量Y^d，将它纳入CGE模型中。

二、高速增长模型

高速增长模型（又称“大道定理模型”）与CGE模型一样，也是线性模型，这里简单介绍高速增长模型的基本原理和方法，并讨论该模型与投入产出分析的关系，说明建立投入产出高速增长模型的可能性。

1. 高速增长模型的原理

高速增长模型与投入产出模型以及CGE模型一样，都是一种线性的一般均衡模型，不同的是，高速增长模型是研究经济系统动态变化的均衡模型，它不仅要考虑确定时期内的经济均衡状态，而且更侧重考察不同时期之间经济发展中的均衡问题。它虽然也是研究生产过程中的投入与产出的均衡关系，但它不局限于一种产品只固定由一种生产技术方式生产，因而该模型具有更一般的意义。

20 世纪 50 年代美国经济学家陶夫曼、萨缪尔森、索洛在他们合著的《线性规划与经济分析》一书中，首先提出了大道定理与经济有效增长的问题。他们在研究有效的资本投资计划时，以计划期末资本存量最大化为目标，利用线性规划方法建立了资本投资的数学模型。通过对模型反复多次求解后发现，就长时期规划而言，无论经济系统的初始状态（生产水平和结构）怎样，也不管期末最终状态如何，其中经济发展的最优途径总是趋近于冯·诺依曼射线。就像由一地乘车去往某目的地，因两地距离甚远，有必要出发时先绕行到高速公路上，然后大部分时间沿干线运行，待接近终点站时，离开高速公路，转向目的地，故称之为大道定理，也有译为“高速公路定理”。

如图 11-1 所示，设国民经济只有两个部门，譬如农业部门和工业部门，年生产量分别表示为 X_1 和 X_2。以 X_1 和 X_2 组成平面坐标系，图中任意一点（由于 $X_1>0$，$X_2>0$，各点均在第Ⅰ象限内）的坐标（X_1，X_2）都表现两个部门的生产规模，以及它们之间的比例结构。图中没有表示时间的坐标轴，不同的点就认为是不同时间的产出水平和结构。如果图中点 P 表示计划基期的初始规模，终点 R 表示计划期末的产出规模，国民经济由 P 点发展到 R 点，最优增长路线很可能不是沿着 PR 直线方向延伸，而可能是先拐向 ON 直线，然后大部分时间顺着 ON 线发展，最后再向下拐驶向 R 点。其经济含义可理解为，经济系统由基期向计划期末发展，不一定总保持基期部门比例关系向前发展，而是如图中表示的那样，首先压低农业发展速度，提高工业生产水平，使工农比例达到最适（走向 ON 线），然后按这一比例发展（沿 ON 线），在临近期末时，限制工业发展速度，加快农业发展，最后达到所要求的生产规模和比例结构。将国民经济的两个部门扩展为 n 个部门，同样按这个原则确定经济发展中的比例和速度，这就是用大道定理研究长期经济规划问题的模型方法。

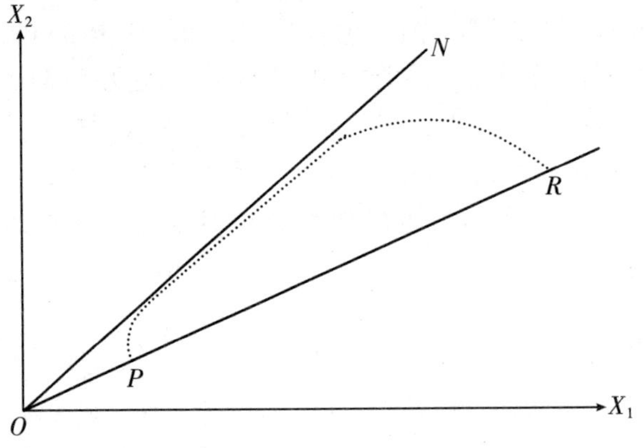

图 11-1　大道定理模型

图 11-1 中虚线表示出由 P 点到 R 点的最优增长路线，直线 ON 即诺依曼射线，亦称高速均衡增长路线。最终点 R 无论怎样选定，由 P 到 R 的最优增长路线总是趋近高速均衡增长路线，即符合大道定理。该定理表明，对于一个封闭的经济系统，当计划期 T 足够长时，由任意一初始状态起至任一最终状态的最优增长路线具有如下性质：

（1）最优增长路线在大多数时期内处在已确定的高速均衡增长路线的领域之内，而处在这一领域之外的时期数不超过 N，且 N 与 T 无关。这时，存在极限：

$$\lim_{T\to\infty}\frac{T-N}{T}=1$$

（2）除了初始和最终的若干时期外，最优增长路线连续地处于高速均衡增长路线的领域内。

同时满足以上两个性质的最优增长路线称为强大道定理，只满足性质（1）的被称作弱大道定理。弱大道定理并不要求最优增长路线连续处在高速均衡增长路线的领域内，有可能中途离开该领域。

可以证明，如果初始状态是非均衡的，即不在诺依曼射线上，最优增长路线仅需若干时期就能靠近高速均衡增长路线。如果初始状态就是均衡的，那么它一开始就踏上了高速增长路线，直至终端才离开。

由此可知，高速增长模型的任务是，根据系统的有关数据确定唯一的高速均衡增长路线，即诺依曼射线，并依据系统的初始和最终状态的要求，选择一条最优增长路线。

2. 简化的高速增长模型

德国数学家冯·诺依曼 1932 年在美国普林斯顿大学数学研讨会上宣读了一篇题为《联立经济方程组与不动点定理》的论文，其中提出的一种数学模型，后人称之为冯·诺依曼模型。高速均衡增长路线就是按照这个模型确定的。

冯·诺依曼模型假设有 n 种商品和 m 个生产过程，又设第 j 个生产过程期初对各种商品的单位消耗（单位投入）是：

$$a_j=(a_{1j},a_{2j},\cdots,a_{nj})^T\quad(j=1,2,\cdots,m)$$

期末各生产过程的单位产出是：

$$b_j=(b_{1j},b_{2j},\cdots,b_{nj})^T\quad(j=1,2,\cdots,m)$$

由此整个经济系统形成投入系数矩阵 A 和产出系数矩阵 B：

$$A=\begin{bmatrix}a_{11}&a_{12}&\cdots&a_{1m}\\a_{21}&a_{22}&\cdots&a_{2m}\\\vdots&\vdots&&\vdots\\a_{n1}&a_{n2}&\cdots&a_{nm}\end{bmatrix}\quad B=\begin{bmatrix}b_{11}&b_{12}&\cdots&b_{1m}\\b_{21}&b_{22}&\cdots&b_{2m}\\\vdots&\vdots&&\vdots\\b_{n1}&b_{n2}&\cdots&b_{nm}\end{bmatrix}$$

根据经济的实际意义的要求，矩阵 A 和矩阵 B 均为非负矩阵，矩阵 A 的每一列至少有一个元素为正数，就是说每一生产过程至少有一种商品作为投入，即要生产就应该有消耗。矩阵 B 的每一行至少有一元素为正数，即每一种商品至少有一种生产过程在生产，因为商品是生产出来的。

同时还设第 i 种商品的价格为 P_i，价格向量记为 $P=(P_1,\ P_2,\ \cdots,\ P_n)^T$，第 j 个生产过程的产出规模（生产量或产值）为 X_j，产出量向量记为 $X=(X_1,\ X_2,\ \cdots,\ X_m)^T$。模型考察时间为整个计划期，故设时间 $T=0,\ 1,\ \cdots,\ t$。那么 $P(t)$ 表示第 t 年的价格向量，$X(t)$ 表示第 t 年的产出向量。由此可知，第 t 年年初商品投入向量为 $AX(t)$，年末商品产出向量为 $BX(t)$。计划期内各年度间的衔接关系是，某年年初的投入用的是上一年年末的产出，或某年年末的产出用作下一年年初的投入，如图 11－2 所示。

$AX(t)$—— $BX(t)$第 t 年

⋮

⇑

$AX(2)$——$BX(2)$第 2 年

⇑

$AX(1)$——$BX(1)$第 1 年

⇑

$AX(0)$——$BX(0)$计划基期

图 11－2　经济体年度间产出与投入衔接关系

根据经济系统的封闭性假定，所有投入要素均由本系统提供。这就要求，每年初的商品投入量（消耗量）不能超过前一年末所产出的商品量，用矩阵式表示为：

$$AX(t+1)\leqslant BX(t) \tag{11-3-15}$$

为适应数学模型的封闭性，还假定不同时期的货币量并不随着产品总量的增加而增加，而始终保持为一定的量。也就是说，随着产品实物量的扩大，产品价格在下降，以保持总产值不变。对于某年的生产过程来说，年初的投入要素是以上一年度的价格计价，年末的产出则是以本年度价格计价，按无收益原则，必须满足：

$$P^T(t+1)B\leqslant P^T(t)A \tag{11-3-16}$$

不等式说明，以单位投入和产出计，每个生产过程按本年价格计算的产出量不得超过按前一年价格计算的投入量。

以总投入和总产出计，为保证总产值不变，则有：

$$P^T(t+1)BX(t)=P^T(t)AX(t) \tag{11-3-17}$$

对于式（11－3－15），出现供过于求，剩余部分不计产值，应该满足：

$$P^T(t)AX(t+1)=P^T(t)BX(t) \tag{11-3-18}$$

另有，诺依曼模型要求各部门按同一比例 r 增长，商品价格都以同一比例 ρ 下降，即

$$X(t+1)=(1+r)X(t) \tag{11-3-19}$$

$$P(t+1)=\frac{1}{1+\rho}P(t) \tag{11-3-20}$$

代入式（11－3－15）至式（11－3－18），得：

$$(1+r)AX(t)\leqslant BX(t) \tag{11-3-21}$$

$$(1+\rho)P^T(t)A\geqslant P^T(t)B \tag{11-3-22}$$

$$(1+\rho)P^T(t)AX(t)=P^T(t)BX(t) \tag{11-3-23}$$

$$(1+r)P^T(t)AX(t)=P^T(t)BX(t) \tag{11-3-24}$$

可以证明，上述方程存在唯一一组解（r^*，ρ，X^*，P^*），其中 r^* 是高速均衡增长

率，ρ 是最低的均衡利润率。在满足以上方程的条件下，每种商品确定一种生产过程，投入阵和产出阵成为 $n\times n$ 的方阵，即 $A\sigma$ 和 $B\sigma$，总共可组合 C_m^n 个 $A\sigma$、$B\sigma$，求出所有 $A^{-1}B\sigma$矩阵的罗贝纽斯根$\lambda\sigma$，取λ^*为所有$\lambda\sigma$中之最小值，$\lambda^*=\min(\lambda\sigma)$，则高速均衡增长率 $r=1/\lambda^*-1=\rho$，而 $P^*(t)$ 为对应于λ^*的行特征向量，$X^*(t)$ 为对应于λ^*的列特征向量。其经济意义是，有许多条均衡增长路线满足上述方程条件，其中每一条路线的增长率取决于生产技术组合中增长最慢的部门增长率（罗贝纽斯根），而高速均衡增长路线只有一条，即最大均衡增长率（最小的罗贝纽斯根）。

3. 投入产出分析与高速增长模型的结合

投入产出模型与高速增长模型有许多相似之处，两者有很密切的联系。首先，它们都是以经济的全部均衡问题为基本内容的，投入产出模型是一般均衡模型的简化形式，而高速增长模型是描述经济增长过程的均衡模型。其次，两个模型的考察侧重点均为生产供给方面，表现生产过程的技术经济指标成为这两个模型的基础。再次，在数学形式上，它们采用了最简单的线性形式，都是利用矩阵运算方法对模型求解。并且，对列昂惕夫模型做一定的变换，可以得到类似于诺依曼模型的形式。不仅如此，投入产出模型可看作诺依曼模型的一个特例，而后者则是前者的一般表达形式。诺依曼模型的投入系数矩阵和产出系数矩阵都是 n 行 m 列的长方阵，即 A_{nm} 和 B_{nm}，投入产出模型的投入系数和产出系数矩阵都是 n 阶方阵，因此投入产出模型就是在 $m=n$ 时的诺依曼模型。这时有 A_{nn} 和 I_{nn}，也就是说，投入产出模型可视为商品种类数与生产过程数相等的诺依曼模型。

投入产出模型的基本形式是对经济均衡问题的静态描述，而高速增长模型是对经济增长的动态表现。与高速增长模型更为接近的形式是列昂惕夫的动态投入产出模型。一方面，它们都是研究经济动态发展问题的；另一方面，从模型考察期内年度间的关系来看，它们均为动态模型，而就其中某一确定时段来分析，它们都是一种静态平衡。并且两个模型的变量不直接是时间 t 的函数，而是通过对不同时段上的外生变量的赋值来实现动态变化的。

综上所述，投入产出分析与高速增长模型的结合既有经济意义上的统一基础，又有数学形式上的一致性。因此，两个模型相结合的基本形式是，以投入产出动态模型（差分方程形式）为基本约束条件、以计划期经济发展的最终目标（生产规模和结构）为目标函数所组成的线性规划模型，可简称为投入产出大道定理模型。

思考题

1. 投入产出线性规划方法应该采用什么标准（目标函数）?
2. 投入产出线性规划方法的约束条件应该考虑哪些因素？如何进行数学描述?
3. 建立大系统投入产出线性规划模型应注意哪些问题?
4. 说明 CGE 模型和大道定理模型与投入产出方法的关系。

第十二章

投入产出模型的扩展和发展

投入产出分析在中国的应用相当普遍，它渐渐成为经济管理中的常规方法。但是，对它的应用仍然在向新的领域扩展，并且它本身的理论和方法论也需要进一步发展。本章在讨论投入产出分析扩展体系的基础上，重点介绍我国提出的若干投入产出扩展模型。

第一节　投入产出模型扩展体系

本节主要对投入产出分析进行客观评价，说明它的主要贡献，明确它最擅长解决的一类问题，指出它应用中的局限性，并以此为基础建立该方法的扩展体系。

一、投入产出分析评价

列昂惕夫开创的投入产出分析对经济学的主要贡献是，将瓦尔拉斯的全部均衡理论改造为可以实际操作的分析工具。其中改造的基本内容包括：

（1）改变了全部均衡理论模型的研究任务，把决定均衡价格的任务改换为经济系统的结构分析。两个模型最终都寻求并达到总体平衡，而总体平衡是模型建立的前提条件。

（2）引入直接消耗系数，把投入产出表与数学模型连接为一体，形成完整的分析技术体系。其中投入产出表把现实中的投入产出关系按特定形式制作成满载统计资料的数据库；数学模型用来描述系统要素结构，并通过计算揭示更深层次的数量依存关系；直接消耗系数是连接二者的桥梁。

（3）简化了模型形式，成为可计算求解的操作性模型。通过产品分类、企业归并部门、消费者投资者分组，大幅度减少模型的变量、方程的个数，从而把只能作为数理描述的模型打造成应用模型。

投入产出分析的应用极其广泛，涉及多个领域。应用实践表明，模型的技术特征决定了它最擅长解决的经济问题包括：

（1）整体综合分析。投入产出模型容量大、内容丰富、边界清楚，突出体现了系统论的整体性原则。它最适合用来考察和分析宏观经济系统，尤其适用于带有全局性、战略性、综合性的重大经济问题的研究。国民经济系统涉及社会、科技、人口、资源、环境、经济等许多方面，是一个庞大的社会经济系统。这一系统所提出的问题大多带有整体性和综合性。

（2）经济结构分析。投入产出模型以解决结构问题而著称，这是由它的构架特征所决定的。独特的棋盘式表格增强了对结构的表现力，它所对应的数学模型采用了矩阵、向量的形式，因而这里既有总量又有结构，且以结构为主体，对结构也富有表现力。经济系统具有大量的结构性问题，诸如产业结构、产品结构、部门结构、地区结构、消费结构、投资结构等，均是投入产出模型应用的主要内容。

（3）经济联系分析。投入产出模型独有的直接消耗系数、完全消耗系数专门用以描述经济系统要素间的数量依存关系，表现系统要素间的直接联系、间接联系乃至完全联系。凡是具有连锁反应和波及效应特点的一类问题——比如价格波动问题、需求拉动问题、要素推动问题、能耗传递问题等——的分析均可以考虑首选投入产出模型。

（4）经济效益分析。模型中既有“投入”又有“产出”，为考察和分析二者的关系提供了方便。所谓经济效益，就表现为产出与投入之比，即所得与所费之比。投入产出表中表现产出的指标如总产出、最终产出、纯收入、增加值等，反映投入的指标有总投入、中间投入、初始投入、劳动消耗、资产折旧等，两组不同指标可以组合出多种效益指标。

（5）政策模拟分析。模型除了具有计算求解功能外，还可以用作模拟分析。首先确定某项政策并将它数量化，相应地就改变了模型初始条件，通过模拟计算最终就得出设定条件下的结果。不同的政策对应不同的结果，以此可以开展情景分析和政策模拟分析。经济管理不能像物理、化学那样做实验，但可利用模型进行模拟分析，为制定政策和决策提供依据。宏观经济管理中有很多这类问题。

在说明了投入产出分析的主要贡献以及它最擅长解决的经济问题之后，为了进一步扩展模型，我们还应该客观地指出模型应用中存在的问题。模型应用的局限性主要表现为：

（1）限定是线性关系。它产生于模型的比例性假定。模型假定投入与产出成正比例关系，其解析形式是直线，故称线性关系。产品产出量与每一项投入要素均是固定比例关系，也就意味着全部投入要素之间是一种不变的结构。线性假定具有一定的现实基础，特别是产品产出量与形成产品主体的原材料消耗量之间确实是一种正比例关系。但是，也有不少投入要素并不随着产出的增加而成同一比例地增加，模型假定在一定程度上脱离了实际。

（2）只能按“纯”部门、大类产品分类。依照模型的同质性假定，模型的同一部门或产品必须具有一致的规定性，即有着同样的消耗结构。可见，不是按部门、产品的自身性质划分的，而主要是按照生产工艺、技术以及消耗情况确定的。这就产生了人们假想的部门或产品——“纯”部门、大类产品。显然，“纯”部门、大类产品与实际部门和多种多样的产品是有很大差别的，现实中不存在“纯”部门和大类产品。由此带来模型应用的困难，建模时把实际部门抽象为“纯”部门，模型计算结果又须将“纯”部门转换为实际部门。

（3）只是一个确定性模型。该模型只能反映具有确定性数量关系的经济活动，有多少投入就必定相应地有多少产出。这是由模型的数学形式决定的，它的参数、变量采用了确定性量值，方程用的是等式形式。模型只表达了经济实物中的确定性、必然性，遇有偶然发生的现象或具有随机性、或然性的现象，该模型就无能为力了。

（4）只表现一种平衡状态的模型。投入产出模型必定是一个平衡模型，因为平衡是模型的前提条件。但是，模型本身并不回答这种平衡是不是最佳平衡状态，即模型不能评价平衡的质量。这也是由模型的属性决定的，由于模型自身不具有择优功能。利用投入产出模型可以给出若干平衡方案，但不能从中选出一个最好的方案来。要实现这一点，必须引入优化方法。

（5）只是一个静态模型。该模型只反映一个确定时期（通常为一年）内的投入与产出的关系，不能表现随着时间推移而变化的因素。一方面不能表现该年度与前一年度、后一年度的依存关系，另一方面也不能反映该年度内各月、季之间的相互关系。经济发展动态变化的研究十分重要，必须引入时间因素才能解决。

（6）模型只做了投入方向的分析。包括直接消耗系数在内的全部投入系数均是按投入产出表的列向原则计算出来的。以直接消耗系数为基础建立数学模型，进而计算出完全消耗系数以及其他完全投入系数，这些同样是在列向原则指导下进行的。因此说，模型只对投入产出表做了列向原则分析（投入方向分析），并未开展表的行向原则分析（产出方向分析）。行向分析是以分配系数为标志的，要通过建立投入产出对称数学模型来实现。

（7）模型只反映流量。投入产出表各象限内的数据全部为流量，不可能载有存量数据。第Ⅱ象限库存栏目下的数据是指库存变化量，它也是流量而不是存量。由于投入产出模型只是一个静态模型，未引入时间因素，规定表现一个确定时期内的投入与产出的关系。一个时段上的统计量只能是流量，而存量对应的是时点上的统计量。一个完整的量值体系应该既包括流量也包括存量，不能反映存量是模型的一个不可忽视的缺陷。

二、投入产出模型的扩展

（一）模型进行扩展时需要遵循的几个原则

（1）模型扩展的目的之一就是克服或减缓投入产出模型的局限性，所以模型在扩展时就要紧紧围绕模型应用中存在的问题及显露的局限性加以考虑。模型扩展步骤、手段的选择都要有明确的针对性，即解决局限性问题。扩展过程中还要注意，各种改动是在原模型基础上进行的，不能违背原模型固有的基本原理。扩展增添的内容既要达到消除或减少原模型的局限性的目的，又要设法实现与原模型融为一体。

（2）扩展后的模型可以取得两种效果，其一是扩展了模型应用范围或介入新的应用领域，其二是增加或强化了模型的功能。对于前者，模型扩展要密切结合新介入范围、领域的特点，关注它们涉及的专业知识和业务内容，并将其融合在模型中。对于后者，要处理好模型新增功能与原模型基本功能之间的关系，它们不能相互矛盾和抵触，要有效发挥各自的功能。有的扩展模型同时兼有上述的两种效果，就须全面协调处理。

（3）力求实现投入产出分析与其他数量经济分析方法相结合。任何一种模型方法都有其局限性，多种方法结合使用达到互相补充，是最理想的形式。吸收其他模型方法介入是扩展模型经常采用的手段。结合的主要形式是，以投入产出模型为基础，而后引入某种方法。首先考察这两种方法各自的特点，分析二者结合的可行性，然后联系模型的扩展任务进行融合设计。

（二）模型扩展体系

投入产出分析在国内外经过长期的应用和发展，在价值型、实物型投入产出基本模型的基础上，根据应用的需要进行各式各样的扩展，目前已形成庞大的模型应用体系。

1. 按计量单位的扩展

以实物模型（实物量计量单位）、价值模型（货币计量单位）为基础，改换成其他内容的计量单位，构成新的扩展模型。

（1）将实物单位与价值单位结合起来使用的实物-价值模型。

（2）以劳动时间为单位的劳动型模型。

（3）以热量为计量单位的热能平衡模型。

（4）以信息量为计量单位的信息投入产出模型。

（5）以人数为计量单位的人口、教育模型等。

2. 按描述对象系统等级大小所做的扩展

以全国型模型（以国民经济系统为对象）为标准型，按照研究对象的不同可以扩展为各种等级的模型。譬如：

（1）地区模型，是以行政区划或地理区域为描述对象的模型。

（2）地区间模型，专门用来研究地区与地区的经济联系，把经济部门的联系与不同地区的联系融为一体。

（3）部门模型，把部门内部细化，以研究部门内部各组成部分的投入产出关系为主，同时也兼顾该部门与其他部门间的联系。

（4）企业模型，主要是以大中型企业、大型集团公司为对象，一般是规模大、产出产品型号多、生产联系复杂的企业。

（5）国际模型，以经济贸易关系比较密切的若干国家为研究对象，着重考察各国之间的经济联系。

3. 在研究内容、研究领域方面的扩展

从基本模型出发，为增添模型应用功能或者是为了满足研究新的领域的需要，扩展为一个专门模型。它们包括：

（1）预测、规划模型。投入产出基本原理不变，只是为了强化模型的预测和规划的功能，对基本模型做了部分改动。

（2）价格模型。依据价格研究内容，为了增强对价格连锁反应、波及效应的表现力，扩展为价格形成模型、价格影响模型、价格变动模型。

（3）财政模型。主要研究税收、税率变化以及财政收支与经济发展。

（4）金融模型。将金融部门细化后嵌入整体模型之中，同时研究金融部门内部关系及其与其他部门的联系。

（5）人口、教育模型。它以人数为单位，按学龄前、小学、中学、大学、研究生教育系列划分部门，重点研究人口教育问题、教育经费问题、人力资本与经济发展。

（6）环境保护模型。以经济系统投入产出联系为基础，通过行列扩展，增加生产过程中产生污染以及治理污染的内容，重在研究经济发展与环境的关系、绿色 GDP 问题以及可持续发展问题等。

4. 按分析的视角方向的扩展

列昂惕夫模型只从投入产出表的列向做了分析，奠定了投入产出分析的基础。按同样的原理只是改变一下分析的方向，按行向原则进行，是对原模型的有益补充，由此形成完整的分析系统。

（1）原数学模型，按列向原则分析，以直接消耗系数为标志，开展投入方向分析。计算一系列投入系数，详细解剖投入结构。

（2）对称数学模型，按行向原则分析，以直接分配系数为标志，进行产出方向分析，可派生一系列产出系数，用以分析产品资源配置。

（3）投入-产出分析，把以上两个模型结合起来建立模型，既有直接消耗系数又有分配系数，组合成系数矩阵，直接表现最终产品与初始投入的关系。

5. 从静态扩展到动态

需要引入时间因素，将只描述一个确定时期的静态模型扩展为可以反映随着时间推移经济发展过程的动态模型。动态模型的研究重点是投资与经济增长的关系，要求对投资时滞、投资结构、投资效果做数量化描述。动态投入产出模型按其发展的过程，有如下模型：

（1）微分方程式的动态模型。

（2）差分方程式的动态模型。

（3）动态逆阵模型。

（4）含增长率的动态模型。

（5）不同投资时滞的动态模型。

（6）年度间投入产出模型。

6. 从确定型扩展到含随机因素的模型

投入产出分析是完全确定型的数学模型。要反映经济运行和发展中的随机因素，就需引入经济计量学方法。投入产出模型与经济计量模型结合的形式很多，但多采用以投入产出模型为主的外接式结合方式。两个模型较难相容在一起，这主要是两种模型方法的数学属性差异较大所致。结合的途径有，利用经济计量方法预测经济系统的基本系数、参数以及反映中长期经济发展的重要指标，预测结果直接用来改善投入产出模型的关键系数，或者用作它的外生变量。

7. 从流量扩展到含存量的模型

投入产出分析只能表现经济系统中的流量指标，对存量指标全然无能为力。一个完整的经济量值体系应该包括存量，要设法将存量引入模型。流量与存量是两类性质完全不同的量值，但二者之间却有着极为密切的数量关系。为了引入存量，需要对投入产出表、数学模型以及主要系数加以改造，借用二者关系实现存量、流量的形式互换。国内首次提出的投入占用产出模型就是成功考虑存量的一种扩展模型。存量与流量结合的其他形式正在探讨过程中。

8. 从线性扩展到非线性模型

投入产出模型线性形式产生于模型的比例性假定，即投入与产出成同比例变动关系。

也就是说，全部投入要素都与总产出存在一种固定比值，该比值就是直接消耗系数。比例性假定也意味着模型计算过程中直接消耗系数是固定不变的。投入产出模型完全非线性化是一件很复杂、很困难的事情。可以考虑以影响较大的一些系数为主系数采取部分非线性化的做法，也可以采用外生赋值法，即对较多系数在模型之外进行非线性化，而后确定相应数值加入模型中。

9. 从平衡扩展到优化模型

实现从若干平衡方案中选择最优方案就必须引入一种优化技术。运筹学中包括许多优化方法，其中能够与投入产出模型相结合的多为线性形式的方法，应用最多的是线性规划模型。投入产出分析引入优化技术后形成投入产出优化模型，其常见形式有：

（1）投入产出线性规划模型。

（2）投入产出影子价格模型。

（3）投入产出 CGE 模型。

（4）投入产出大道定理模型。

总之，投入产出分析的理论和方法论仍在向纵深发展着，除了上述模型之外还在不断涌现出新方法、新技术。新的扩展模型通过实际应用，逐步改进、完善，会被更多的人接受、使用。可以这样说，扩展模型是今后投入产出分析应用的主攻方向。

第二节 投入占用产出模型

一、研制存量投入产出模型的意义

在投入产出模型的应用中我们发现，该模型有一个明显的局限性，即它只能表现经济系统流量，全然不能表现经济存量指标。所谓流量，指一个确定的时间段内发生的变化量，它属于系统的过程描述。与此截然不同的是存量，它是指发生在一个时间点上的量值，它表现了系统于该时点上所处的状态。在投入产出模型中所有的指标量值均为流量，它们都是一个年度内的数值变化量，投入产出表的所有象限、数学模型的全部变量无一不是流量，即使第Ⅱ象限的库存栏目也是指以年度内库存增减量表现的流量，任何一个存量指标都不能介入、无法表现。

经济流量与存量既有区别又有联系，它们构成了一个完整的经济量值体系，二者缺一不可。如果一个模型只能描述流量而不能描述存量，这就大大地影响了模型的表现力，显然也就限制了模型的应用范围。反映经济运行过程的流量固然十分重要，但表现一个国家（或地区）在某一时点上（如年末、年初）拥有的固定资产、资源等经济实力的存量指标也绝不能忽视，尤其是当模型的研究任务与经济系统所具有的能力、条件、环境等有关时，模型是否能包括并充分表现经济存量就至关重要了。近年来，国内外投入产出模型应用领域的众多学者相当关注这一问题。

20 世纪 80 年代初，我国著名投入产出技术专家陈锡康教授最早提出了投入占用产出模型，其意图也在于解决增加模型表现经济存量的问题；湖南省统计局原统计工作者廖明球同志在研究国民经济循环账户时也曾关注过这一问题。其中陈锡康教授的投入占用产出模型比较简练，易于操作，具有很强的实际应用价值，受到国际学术同行的重视和赞赏。

深入研究经济存量问题具有重要的现实意义和实际应用价值。存量研究可能涉及经济研究中的许多重大理论问题，以我国社会经济发展战略中提出的全面建设小康问题为例，在设计评价小康目标的指标体系时，如果缺少反映人均社会财富的存量指标，那将是极为片面和不真实的；又如，关于社会经济可持续发展问题，这是当今世界各国共同关注的一个热点，其中人口、资源、环境的协调持续发展是其基本研究内容，反映人口、资源、环境状况的指标大多表现为存量形式；还如，国际竞争力的评判和比较问题，也必须重视存量指标的作用，只是盯在人均GDP（尽管它是一项综合指标，但仅是一个流量）上是不行的，还应该全面考察能够表现今后发展潜力的存量指标，诸如固定资产占用、资源拥有与储备、生产能力及其他生产条件等。

存量投入产出模型，为专门研究经济系统存量之间相互占用配置关系开辟了广阔空间，但这不是模型研究的终极目标，最终是要建立一个涵盖全部经济存量、流量的经济量值体系。为此，以存量投入产出表为基础，建立起存量占用配置数学模型，用以描述经济系统在某一时点（通常为年末）上的存量指标，考察它们相互之间的占用与配置关系。而后，再通过这两种模型相通的数学形式去寻找将存量与流量融为一体的途径和方法，最后形成一个完整的科学量值体系。

二、投入占用产出模型的基本原理

20世纪80年代初，陈锡康研究员受中央有关部门委托，开始进行全国粮食产量预测工作。他在编制中国农业投入产出表时发现，耕地和水在粮食生产中起着极为重要的作用，但作为存量指标的耕地和水等自然资源在常规投入产出分析中完全不能得以反映，进而发现固定资产、劳动力等重要指标同样也不能在此得到表现，由此产生将“占用”引入常规投入产出模型的设想。

这里的“占用”是指人们对生产要素的拥有或占有，这两个字中关键是“占”字，“用”字仅指“拥有”或“占有”意义上的“用”，并不包含生产过程中具有“使用”或“消耗”含义的“用”。由此，我们可以把“占用”与“投入”这两个不同的概念区分得一清二楚，“占用”是对生产要素的拥有或占有的存量而言的，而“投入”则是指生产过程中使用和消耗的要素流量。

在投入占用产出模型中，既有常规投入产出模型的投入与产出的关系，也有新添的占用与产出的关系。模型的创新之处在于，通过建立占用与投入的数量联系，在一般投入产出模型的基础上吸纳经济存量，形成一个既能表现经济流量又能考虑经济存量的完整模型。

与通常的投入产出模型一样，投入占用产出模型包括两种表现形式，即投入占用产出表和投入占用产出的数学模型。

（1）投入占用产出简表，详见表12-1。

表 12-1　　**投入占用产出简表**　　单位：亿元

<table>
<tr><td colspan="3" rowspan="2">产出
投入</td><td>中间使用</td><td>最终使用</td><td rowspan="2">总产出</td></tr>
<tr><td>部门 1　部门 2　…　部门 n</td><td>消费　资本形成　出口　合计</td></tr>
<tr><td>中间投入</td><td colspan="2">部门 1
部门 2
⋮
部门 n</td><td>Ⅰ
X_{ij}</td><td>Ⅱ
Y_i</td><td>X_i</td></tr>
<tr><td>初始投入</td><td colspan="2">折旧
劳动者报酬
生产税净额
营业盈余
合计</td><td>Ⅲ
N_j</td><td></td><td></td></tr>
<tr><td colspan="3">总投入</td><td>X_j</td><td></td><td></td></tr>
<tr><td rowspan="5">占用部分</td><td>固定资产</td><td>部门 1
部门 2
⋮
部门 n</td><td>Ⅳ</td><td>Ⅴ</td><td></td></tr>
<tr><td>金融资产</td><td>现金
存款
其他</td><td></td><td></td><td></td></tr>
<tr><td>劳动力</td><td>小学
中学
大学</td><td>R_{ij}</td><td>Y_i^r</td><td>R_i</td></tr>
<tr><td>自然资源</td><td>土地
矿产
水
森林</td><td></td><td></td><td></td></tr>
<tr><td>其他</td><td>专利
商标</td><td></td><td></td><td></td></tr>
</table>

资料来源：陈锡康．投入占用产出技术及其非线性和动态化研究//许宪春，刘起运．中国投入产出分析应用论文精粹．北京：中国统计出版社，2004．

从表 12-1 中可以看出，与一般投入产出表不同的是在第Ⅲ象限之下增设占用象限，包括国民经济各部门对固定资产、金融资产、劳动力、自然资源等的占用情况。

（2）投入占用产出的数学模型。通过第Ⅰ、Ⅱ象限行向数量关系建立常规的投入产出行向数学模型：

$$\sum X_{ij} + Y_i = X_i \quad (i = 1,2,\cdots,n) \tag{12-2-1}$$

引入直接消耗系数后则有

$$\sum a_{ij} X_j + Y_i = X_i \quad (i = 1,2,\cdots,n) \tag{12-2-2}$$

通过第Ⅳ、Ⅴ象限行向数量关系建立占用产出的行向数学模型：

$$\sum R_{ij} + Y_i^r = R_i \quad (i = 1,2,\cdots,m) \tag{12-2-3}$$

式中，R_{ij}为第j生产部门占用第i种资源的数量，Y_i^r为最终需求领域对第i种资源的占用量，R_i为整体对第i种资源的总占用量。

引入直接占用系数r_{ij}，即

$$r_{ij}=\frac{R_{ij}}{X_j}\quad(i=1,2,\cdots,m;j=1,2,\cdots,n)\tag{12-2-4}$$

r_{ij}表示国民经济第j部门一个单位产出对第i种资源的直接占用量，将其代入式（12-2-3），则有

$$\sum r_{ij}X_j+Y_i^r=R_i\quad(i=1,2,\cdots,m)\tag{12-2-5}$$

由此，在投入占用产出表的基础上，通过引入直接消耗系数和直接占用系数，最终建立起投入占用产出数学模型，进一步派生出一系列全新的直接系数、完全系数，可供开展既包括流量也包括存量的经济数量分析。

（3）投入占用产出模型中的完全消耗系数。在常规投入产出模型中，吸收了存量占用指标后，完全消耗系数的计算要做如下调整：

$$b_{ij}^*=a_{ij}+\sum_{k=1}^{n}b_{ik}^*a_{kj}+\alpha_i d_{ij}+\sum_{s=1}^{n}b_{is}^*\alpha_s d_{sj}\quad(i,j=1,2,\cdots,n)\tag{12-2-6}$$

这是由于在完全消耗中不仅考虑流量的直接消耗和全部间接消耗，同时还要考虑存量（固定资产）的直接占用损耗以及由存量占用传递的全部间接消耗。其矩阵形式如下：

$$B^*=(I-A-\alpha D)^{-1}-I\tag{12-2-7}$$

式中，D为固定资产占用系数矩阵，α为某种固定资产折旧率对角矩阵。倘若同一部门采用相同折旧率的话，则公式改为：

$$B^*=(I-A-D\beta)^{-1}-I\tag{12-2-8}$$

这里，β表示国民经济各部门固定资产折旧率对角矩阵。如果将包含固定资产占用的完全消耗系数计算公式推广到一般占用品，其公式可表述为

$$B^*=(I-A-M\alpha^*R)^{-1}-I\tag{12-2-9}$$

式中，$R=[r_{ij}]_{m\times n}$为$m\times n$对一般占用品的直接占用系数，α^*为m阶占用损耗系数对角矩阵，$M=[m_{ij}]_{n\times m}$为$n\times m$阶占用损耗补偿系数。

三、投入占用产出模型的剖析

为深入认识投入占用产出模型，我们首先从模型的行向和列向对其进行剖析，而后再从整体上把握模型的实质。

1. 模型的行向分析

根据以上介绍的投入占用产出表和新的完全消耗系数，我们可以写出按行向数量关系建立的数学模型，即

$$X^*=(I-A-\alpha D)^{-1}Y^*\tag{12-2-10}$$

或者

$$(I-A-\alpha D)X^*=Y^*$$

$$X^*-AX^*-\alpha DX^*=Y^* \qquad (12-2-11)$$

我们把它与常规投入产出模型相比，

$$X-AX=Y \qquad \text{(常规投入产出模型)}$$

$$X^*-AX^*=Y^*+\alpha DX^* \qquad \text{(投入占用产出模型)}$$

由此不难看出，投入占用产出模型中的 Y^* 比常规模型的 Y 减少了一部分，即

$$Y^*=Y-\alpha DX^* \qquad (12-2-12)$$

根据模型含义可知，αDX^* 应表示企业按固定资产种类提取的折旧基金。两个模型的最终产品为什么会出现这一差别呢？其根本原因在于，两个模型在固定资产折旧基金提取和使用的表现方法上有着重要的区别。为此，我们分别对它们做如下考察：

在常规投入产出表中，各部门固定资产折旧基金的提取被反映在表的第Ⅲ象限中，它是初始投入（或增加值）的组成部分。而固定资产折旧基金的使用，亦即用于恢复固定资产原有价值时，对各部门产品的购买，或为补偿固定资产损耗进行更新改造活动的物质消耗结构，则被表现在表的第Ⅱ象限中，也被称为固定资产更新改造与大修。它与消费、投资、净出口相并列，而形成最终产品的一个组成部分。

在投入占用产出表中，固定资产占用反映在第Ⅳ象限的第一部分，其主栏对应的是 n 种固定资产，宾栏对应的是 n 个部门，从而构成固定资产占用矩阵 R^d。在建立数学模型时，首先依据矩阵 R^d 计算固定资产占用系数矩阵 D，而后通过引入固定资产折旧系数 α 把固定资产占用存量转换成损耗流量，并将其合并于第Ⅰ象限中间产品流量矩阵。由于固定资产折旧当作中间产品使用已在第Ⅰ象限得以反映，因而第Ⅱ象限就不能再出现折旧基金的使用（更新改造与大修），使原来的最终产品 Y 的范围缩小了，只剩下消费、投资和净出口。由此不难理解，投入占用产出模型的最终产品 Y 要比常规模型少了一部分。

我们仍然从行向进一步比较和分析这两个模型，研究二者究竟有哪些区别和联系，它们所表达的经济数量关系到底发生了一些什么变化（见表 12－2）。

表 12－2　常规投入产出模型与投入占用产出模型比较

比较项目	常规投入产出模型		投入占用产出模型
(1) 行向模型	$X=(I-A)^{-1}Y$		$X^*=(I-A-\alpha D)^{-1}Y^*$ $=[I-(A+\alpha D)]^{-1}Y^*$
(2) 直接系数	A		$(A+\alpha D)$
二者关系	A	$<$	$(A+\alpha D)$
(3) 生产活动系数	$(I-A)$		$[I-(A+\alpha D)]$
二者关系	$(I-A)$	$>$	$[I-(A+\alpha D)]$
(4) 完全需求系数	$(I-A)^{-1}$		$[I-(A+\alpha D)]^{-1}$
二者关系	$(I-A)^{-1}$	$<$	$[I-(A+\alpha D)]^{-1}$

（5）最终产品	Y		Y^*
二者关系		$Y=Y^*+\alpha DX^*$ $Y>Y^*$	
（6）社会总产品	X		X^*
二者关系		$X\approx X^*$	

通过列表比较分析可知，投入占用产出模型比常规模型的完全需求系数矩阵扩大了，而最终产品的范围缩小了，且完全需求系数的扩大是靠最终产品的缩小实现的。又知，社会总产品是完全需求系数矩阵与最终产品相乘之积，两个因子其中一个放大而另一个在减少，因此二者相乘的结果并没有使社会总产品出现较多的增加。

2. 模型的列向分析

从投入占用产出表的列向数量关系可以看出，投入与占用两个部分在数量上并没有建立紧密的联系。投入部分表现为流量，占用部分反映的是存量，二者并不能直接相加得到某一个总量。因此从表的整体上看，占用部分只是粘贴在常规投入产出表第Ⅲ象限下的一个相对独立的表。

在建立投入占用产出数学模型时，是将占用部分的存量通过乘以某种系数计算出占用费用，由此将存量转化为流量，然后以系数的形式加入到原模型中，构造成新的完全消耗系数。以下我们将从模型的列向数量关系出发分析由此出现的一系列新的问题。

我们以占用部分的固定资产占用为例进行分析。大家知道，固定资产占用量属于存量性质，通过与固定资产折旧系数相乘之后得到折旧额，从而转化为流量指标，然后将其并入中间产品象限，参与建立投入占用产出数学模型。然而我们注意到，在初始投入象限内已设有固定资产折旧项目。如果并入第Ⅰ象限的折旧与原有第Ⅲ象限的折旧所表现的内容是完全一致的话，那么在表的列向关系中必然会发生重复的现象。显然，这是从表的流量层面上直观获得的。

而后，进一步从直接系数层面开展分析。在常规投入产出模型中，直接系数的相互关系是：

$$A_c=\overline{I}A$$
$$A_c+A_g+A_v+A_m=\overline{I} \qquad (12-2-13)$$

式中，A_c为直接中间投入系数向量，$\overline{I}$是各元素均为1的行向量，A为直接消耗系数矩阵，A_g为直接固定资产折旧系数向量，A_v为直接劳动者报酬系数向量，A_m为直接社会纯收入系数向量。该式表明所有直接投入系数之和就等于一个完整的产值。而在投入占用产出模型中，就发生了如下变化：

$$A_g=\overline{I}\alpha D$$
$$A_c+A_g+\overline{A}_g+A_v+A_m\geqslant\overline{I} \qquad (12-2-14)$$

由此可知，在考虑占用之后，原有的价值平衡体系被打破了，其原因就在于，折旧发生了重复计算。

以下我们再从完全系数层面进行分析。在常规投入产出模型中，完全系数的相互关系是：

$$B_n = B_g + B_v + B_m \tag{12-2-15}$$

式中，B_n、B_g、B_v、B_m分别为完全初始投入系数、完全固定资产折旧系数、完全劳动者报酬系数、完全社会纯收入系数。那么，B_n的实质是什么呢？我们做如下证明：

$$\begin{aligned} B_n &= A_g(I-A)^{-1} + A_v(I-A)^{-1} + A_m(I-A)^{-1} \\ &= (A_g + A_v + A_m)(I-A)^{-1} \end{aligned} \tag{12-2-16}$$

又因

$$A_g + A_v + A_m = \bar{I} - A_c$$

代入式（12-2-16），则有

$$\begin{aligned} B_n &= (\bar{I} - A_c)(I-A)^{-1} \\ &= \bar{I}(I-A)(I-A)^{-1} \\ &= \bar{I} \end{aligned} \tag{12-2-17}$$

可见，常规投入产出模型的完全初始投入系数 B_n也是一个各元素为 1 的向量，它表示折旧、劳动者报酬、社会纯收入对应的完全系数之和，同样构成了一个完整的产值。而当占用问题介入模型之后，就会形成

$$B_{g'} + B_g + B_v + B_m = B_{g'} + B_n \geqslant \bar{I} \tag{12-2-18}$$

同样也造成价值溢出，其缘由还是由于折旧的重复计算。由此可知，如果常规模型与占用模型所考虑的折旧内容完全一致的话，那么模型中的相应部分必然会发生重复。

占用部分中除去固定资产后的其他资源占用也具有类似的性质。在建立投入占用产出模型时通过占用费率将资源占用存量转化为占用费用流量，而后再加入至中间产品，由此构成不同于常规模型的占用模型的基础。如果在编制投入产出表时，中间投入已包含了占用各类资源所需的费用，那么同样会发生重复计算的问题。

通过以上分析，我们怎样从整体上把握投入占用产出模型，如何认识它的实质呢？

首先，它是一个局部闭模型。在对模型进行行向分析时我们已指出，固定资产折旧部分加入至中间产品象限，而同时折旧费的使用即固定资产更新改造与大修也不得不从最终产品转移到中间产品。从价值转移中枢扩大和开启部分缩小的这一特征来看，有充分理由判定其为局部闭模型。对于除固定资产外的其他资源占用来说，同样是加大了中间产品象限，在总产品不变的情况下，就必然挤掉一部分最终产品，也呈现出局部闭模型的特征。

其次，它是一个等维的局部闭模型。对于一般局部闭模型，在扩充中间产品象限时，通常采用增加一行一列的方式，即扩大了模型的维数。投入占用产出模型则不同，它是将折旧费用（或其他资源占用费用）的 N 维矩阵叠加在中间产品矩阵之上的，并未加大模型的维数，因此称之为等维局部闭模型。这是局部闭模型的一种特殊处理方法，它对中间产品的扩大和最终产品的挤兑较为隐蔽，但就其本质来讲，并没有改变其局部闭模型的属性。

综上所述，投入占用产出模型的建立打破了原数学模型的价值平衡体系，在行的方向上产生了挤兑最终产品的现象，在列的方向上出现重复计算而造成价值溢出。通过以上分

析，我们查找出发生“挤兑”“溢出”现象的根由，以便正确认识和应用这一模型。

第三节 二阶段投入产出分析

一、一种全新的结构分析方法被提出

我们知道，在宏观经济学理论中有一个著名的凯恩斯乘数理论。经济学中所谓的乘数，意在表达一种经济现象，即当某一经济量值增加时所引起另一经济量值成倍增加的现象。英国经济学家卡恩于1931年在研究一定的投资增量对国民收入的倍增作用时，最早提出了经济乘数概念。之后凯恩斯在他的著作《就业、利息和货币通论》中将这一概念进一步阐释和发展为乘数理论。其主要内容是：一定的投资增量将会引起一连串连锁反应，在具有社会闲置资源的条件下，增量投资将会引起对投资品需求的增加，由此导致投资品生产部门的收入增长。而收入增长又会引起消费品生产部门的收入增长。这种一环套一环的连锁反应，其最终结果是将获得一个若干倍于最初投资增量的国民收入增量。

然而，凯恩斯乘数理论只限于对宏观经济的总量描述，它并不能表现国民收入中投资增量与消费增量之间结构变化的数量关系。固然，在宏观经济分析中，经济总量分析是十分重要的，是具有战略意义的，但是只有总量分析而缺少结构分析显然是不完善的，会影响经济分析的进一步深化和具体化。对于一个完整的国民经济系统，我们既要重视从整体和总量上把握它，同时又要密切关注它的结构问题，即详细考察系统要素间的比例结构关系。为此，我们设法在乘数分析中引入投入产出技术，创立一种所谓的结构式凯恩斯乘数分析方法，以实现宏观经济总量分析与结构分析相结合，使宏观经济分析更全面、更系统、更完善，帮助我们更深刻、更具体地认识推进国民收入增量的内部作用机制和内在数量关系。

结构式凯恩斯乘数分析方法是在凯恩斯乘数理论的基础上，借用投入产出技术而形成的一种全新的宏观经济结构分析方法。能够使凯恩斯乘数增添结构分析的功能，这完全是投入产出模型所发挥的作用。投入产出分析最突出的特点就是最擅长解决经济系统的结构问题，人们常称它为结构分析模型。这是由于，在投入产出的数学模型中，诸如投资、消费、最终产品、中间产品、总产品等指标均是以向量或矩阵的形式表现的，这里既有反映经济系统整体的总量指标，同时又有描述组成该系统的各要素的分量指标，而分量指标本身以及相互之间的量值关系均能表达出系统结构和要素间的比例构成。

原投入产出技术是以社会总产品为研究对象，以中间产品为模型的核心，主要表现最终产品与总产品之间的经济数量关系，目前已成为成熟的、应用广泛的结构分析方法。现在我们仍利用投入产出技术的基本原理和方法，只是将投入产出模型的核心由原来的中间产品转移至最终产品，主要表现消费（或投资，即最终产品的一部分）与最终产品之间的数量关系，形成一种基于GDP指标的新的经济结构分析模型方法。从投入产出技术整体来看，如果把原投入产出模型看作是第一阶段投入产出分析，那么我们就称后一种模型技术为二阶段投入产出分析。

二、二阶段投入产出分析的构成

二阶段投入产出分析方法包括两种形式：一是二阶段投入产出表，二是二阶段投入产出数学模型。以下分别加以说明：

（一）二阶段投入产出表

为实现凯恩斯乘数分析的结构化，需要专门编制一张特殊的投入产出表。由于这张表是在一般投入产出表的基础上编制的，故称之为二阶段投入产出表，原投入产出表则为一阶段投入产出表。简单地说，二阶段投入产出表是原投入产出表的第Ⅱ象限与第Ⅲ象限叠加而成的。首先分别考察原投入产出表第Ⅱ、Ⅲ象限所反映的经济内容，然后研究如何将二者合成为二阶段投入产出表，以实现乘数分析的结构化。

原投入产出表第Ⅱ象限如表 12-3 所示。

表 12-3　　原投入产出表第Ⅱ象限内容

部门	最终产品			合计
	消费	资本形成	净出口	
部门 1	W_1	K_1	F_1	Y_1
部门 2	W_2	K_2	F_2	Y_2
⋮	⋮	⋮	⋮	⋮
部门 n	W_n	K_n	F_n	Y_n
合计	W	K	F	Y

现代经济学已很少使用国民收入这个指标了，当今核算体系取而代之的是 GDP，原投入产出表第Ⅱ象限则是从产品形态上反映了 GDP 的总量及其结构。表的主栏（左侧栏目）是国民经济的 n 个部门，表的宾栏（上方栏目）是最终产品。所谓最终产品就是以物质产品（含劳务）形态表现的一个国家在一年内所有生产活动的最终成果，其分类包括消费品、资本形成、出口品。第Ⅱ象限形成了 n 行 3 列的长方矩阵，从列向看分别表示消费、资本形成、净出口的产品部门结构，比如第一列消费列，列向各元素之和为全社会消费基金总额，每个元素则是某一部门产品作为消费品的数量。可见，消费列表现了消费基金的产品构成。第二、三列的资本形成列和净出口列，同样反映了资本形成的产品结构和净出口的产品结构。该象限从行向上看，则表示某一部门产品作为消费品、投资品、出口品的数量，即某产品作为最终产品使用的用项结构。

表 12-4 是原投入产出表第Ⅲ象限所列内容。

表 12-4　　原投入产出表第Ⅲ象限内容

初始投入＼部门	部门 1	部门 2	…	部门 n	合计
折旧	G_1	G_2	…	G_n	G
劳动者报酬	V_1	V_2	…	V_n	V
社会纯收入	M_1	M_2	…	M_n	M
合计	N_1	N_2	…	N_n	

从表 12－4 中可知，第Ⅲ象限是以价值形式反映 GDP 的总量及其结构的。表的主栏是初始投入要素的价值，包括折旧费用、付给劳动者的报酬和社会纯收入；表的宾栏是国民经济的 n 个部门。由此使第Ⅲ象限成为一个含有 3 行 n 列的长方矩阵，其中列向表示某一部门初始投入要素的价值组成，显示折旧、劳动者报酬、社会纯收入各是多少，一个部门的全部初始投入要素的价值之和就是该部门的增加值，也是部门总产值中扣除中间投入后的价值，因此也可以说，列向表示某一部门增加值的价值结构；而表的行向则反映各类初始投入要素的部门构成，即一种要素的总量中每个部门占多少。

以下将说明如何把原投入产出表第Ⅱ、Ⅲ象限合并为二阶段投入产出表。从以上说明中可知，第Ⅱ、Ⅲ象限分别描述了 GDP 的实物构成和价值构成，将二者合并生成一张表，就可以同时表现 GDP 的两个构成，形成充分揭示 GDP 结构的一张完整系统的经济表。

我们注意到，原表第Ⅱ象限中的消费列向量是第Ⅲ象限劳动者报酬行向量转移过来的，即最终实现的消费品数量是通过各生产部门劳动者用其收入在市场上的购买而形成的。如果我们想进一步表现消费问题，将消费基金全面结构化，将消费列向量与劳动者报酬行向量交叉扩展为一个矩阵表，其主宾栏对应的均是 n 个生产部门。然后，以该矩阵表为核心就形成了二阶段投入产出表，矩阵表的右侧是原表第Ⅱ象限余下的资本形成列向量、净出口列向量，矩阵表下方则是折旧行向量、社会纯收入行向量。最后形成如表 12－5 所示的二阶段投入产出表。

表 12－5　　二阶段投入产出表

最终产品 / 初始投入		消费				资本形成	净出口		合计
		部门 1	部门 2	…	部门 n				
劳动者报酬	部门 1	W_{11}	W_{12}	…	W_{1n}	K_1		F_1	Y_1
	部门 2	W_{21}	W_{22}	…	W_{2n}	K_2		F_2	Y_2
	⋮	⋮	⋮	Ⅰ	⋮	⋮	Ⅱ	⋮	⋮
	部门 n	W_{n1}	W_{n2}	…	W_{nn}	K_n		F_n	Y_n
折旧		G_1	G_2	…	G_n				
社会纯收入		M_1	M_2	…Ⅲ	M_n				
初始投入合计		N_1	N_2	…	N_n				
调整项		Z_1	Z_2	…	Z_n				
合计		Y_1	Y_2	…	Y_n				

不难看出，二阶段表与原表有许多不同的地方。主要差别是，原表是以社会总产品为考察对象，以中间产品为联系中枢；二阶段表是以国内生产总值为考察对象，以消费品（亦可以是投资品）为联系中枢。但二者所采用的原理是相同的，二阶段表同样有第Ⅰ、Ⅱ、Ⅲ三个象限，第Ⅰ象限同样是以一个 n 阶方阵为表的核心，在它的右侧第Ⅱ象限有若干列向量，在它的下方第Ⅲ象限有若干行向量。二者都是在行向合计与列向合计上完全对应相等的平衡表。这就为借用投入产出数学模型形式提供了可能。

（二）二阶段投入产出数学模型

既然二阶段投入产出表在结构形式上与原投入产出表完全相同，那么二者所对应的投入产出数学模型在数学形式和建模方法上也是完全一致的。在这里只是数学形式和技术方法相同，而模型所表达的经济内容就完全不同了。

比如建立行向模型，即利用二阶段表上的行向数量关系建立的数学模型，同样可以以第Ⅰ象限元素为分子，以表的列向合计为分母，计算类似直接消耗系数的系数矩阵。依据表上的行向数量关系建立数学关系式，并通过引入上述计算的系数矩阵，最终得到行向数学模型。同时产生类似完全消耗系数的系数矩阵以及类似列昂惕夫完全需求系数的逆矩阵。

在行向模型中，所用的技术手段和方法原理与原模型几乎没有多大差别，仅仅是所描述和研究的对象及范围发生了变化。原模型以社会总产品系统为描述对象，其研究重点是最终产品与总产品之间的变动规律，而二阶段模型以国内生产总值为描述对象，研究重点改换为投资品与国内生产总值之间的内在数量关系。由此，二阶段模型与原模型所表达的经济数量关系以及所产生的一系列经济系数均发生了根本性变化。

所谓凯恩斯乘数，其最早、最基本的形式就是投资乘数。如前所述，凯恩斯投资乘数仅是一种国民经济总量分析方法，它不具备结构分析的功能。在上一个问题的讨论中，我们给出了二阶段投入产出表的构成方法，这就为实现凯恩斯投资乘数的结构化准备了条件。以下将重点阐述利用二阶段投入产出表的数据资料建立结构式投资乘数的具体方法和步骤，并详细解释模型所表现的经济结构关系以及各种系数的经济含义。

1. 引入直接消费实现系数矩阵

类似原模型直接消耗系数的计算方法，利用二阶段表第Ⅰ象限所载矩阵$(W_{ij})_{nn}$和最终产品列向量Y计算一种新的系数矩阵C：

$$C=(W_{ij})_{nn}\hat{Y}^{-1} \tag{12-3-1}$$

式中，系数矩阵C被称为直接消费实现系数矩阵。该矩阵是包含n行n列的一个方阵，其形式为

$$C=\begin{pmatrix} c_{11} & c_{12} & \cdots & c_{1n} \\ c_{21} & c_{22} & \cdots & c_{2n} \\ \vdots & \vdots & & \vdots \\ c_{n1} & c_{n2} & \cdots & c_{nn} \end{pmatrix}$$

相应的C矩阵元素c_{ij}的计算式为

$$c_{ij}=\frac{W_{ij}}{Y_j}\quad (i,j=1,2,\cdots,n) \tag{12-3-2}$$

式中，W_{ij}表示第j部门劳动者购买第i类（部门）消费品的数量，Y_j表示第j部门最终产品量，c_{ij}则是第j部门单位最终产值购买第i类消费品的数量。由此可见，直接消费实现系数c_{ij}反映出一种消费结构，表现出第j部门最终产品售出后所获得的价值用以购买各类消费品的比例结构。

2. 建立含系数矩阵 C 的行向数学模型

依据二阶段投入产出表上的行向数量关系，建立如下数学式：

$$\sum W_{ij} + K_i + F_i = Y_i \quad (i = 1,2,\cdots,n) \tag{12-3-3}$$

式中，Y_i 表示某 i 类产品作为消费品、投资品、出口品之和即作为最终产品使用的数量。以此式为基础，引入直接消费实现系数 c_{ij}，据式（12－3－2），则有：

$$W_{ij} = c_{ij} Y_j \tag{12-3-4}$$

将式（12－3－4）代入式（12－3－3），则有：

$$\sum c_{ij} Y_j + K_i + F_i = Y_i \quad (i = 1,2,\cdots,n) \tag{12-3-5}$$

其矩阵表达式为：

$$CY + K + F = Y \tag{12-3-6}$$

经整理可得：

$$Y - CY = K + F$$
$$(I - C)Y = K + F$$

该式反映了引入直接消费实现系数之后，最终产品与投资品、出口品之间的数量关系。若不考虑出口品因素，则有：

$$K = (I - C)Y \tag{12-3-7}$$

式中，$(I-C)$ 的矩阵形式为

$$(I-C) = \begin{pmatrix} 1-c_{11} & -c_{12} & \cdots & -c_{1n} \\ -c_{21} & 1-c_{22} & \cdots & -c_{2n} \\ \vdots & \vdots & & \vdots \\ -c_{n1} & -c_{n2} & \cdots & 1-c_{nn} \end{pmatrix}$$

该矩阵的特点是，主对角线上的元素都是 $1-c_{ii}$，表示本部门一个单位最终产值中扣除消费量后用于投资品的数量，而矩阵的其余元素均为 $-c_{ij}$，其意仍是单位最终产值中的消费量，负号应理解为购买。从 $(I-C)$ 矩阵整体上看，它反映出单位最终产值用于投资的力度，因此矩阵中消费品的购买被视为负数（类似原模型中的投入），而投资活动看作正数（类似原模型中的产出）。

3. 建立含完全消费实现系数矩阵 D 的行向数学模型

正像原模型中有直接消耗系数矩阵 A 和完全消耗系数矩阵 B 一样，二阶段模型也是如此。与直接消费实现系数矩阵 C 相对应的则是完全消费实现系数矩阵 D。它们之间的数量关系亦如此（原理相同，推导省略），由于矩阵 C 表现的是部门间的直接联系，矩阵 D 表现的是完全联系，而完全联系在数量上等于直接联系加上全部的间接联系，记为

$$D = C + DC \tag{12-3-8}$$

式中，DC 即为全部的间接联系，进一步导出

$$D=(I-C)^{-1}-I \tag{12-3-9}$$

根据它们的定义和计算过程可知，直接系数 C 是依据部门最终产值计算的，分析问题的参照指标是部门最终产值；完全系数 D 是针对部门投资数量计算的，考察问题的角度应转移到部门投资品上。

我们先分析矩阵 D，其矩阵形式是

$$D=\begin{pmatrix} d_{11} & d_{12} & \cdots & d_{1n} \\ d_{21} & d_{22} & \cdots & d_{2n} \\ \vdots & \vdots & & \vdots \\ d_{n1} & d_{n2} & \cdots & d_{nn} \end{pmatrix}$$

矩阵 D 的元素 d_{ij} 的经济含义是，第 j 类（部门）投资品每增加一个单位对 i（部门）消费品的完全购买量，既包括投资品制造部门劳动者对 i 类消费品的直接购买，又包括通过各个中间环节传递的对 i 类消费品的全部间接购买。

我们再看矩阵 $(I-C)^{-1}$，设矩阵 $\overline{D}=(I-C)^{-1}$，其形式为

$$\overline{D}=\begin{pmatrix} d_{11}+1 & d_{12} & \cdots & d_{1n} \\ d_{21} & d_{22}+1 & \cdots & d_{2n} \\ \vdots & \vdots & & \vdots \\ d_{n1} & d_{n2} & \cdots & d_{nn}+1 \end{pmatrix}$$

由此可知，$\overline{D}=D+I$，矩阵 $\overline{D}$ 与矩阵 D 的差别只是在主对角线上多一个 1，即 $\overline{d}_{ii}=d_{ii}+1$，那么 $\overline{d}_{ii}$ 的经济含义是，第 i 类投资品每增加一个单位对本部门最终产值的完全需求量，既包括对本部门消费品的增加需求，还包括本部门投资品自身增加的一个单位。

最后，我们给出含完全消费实现系数矩阵 D 的行向数学模型。由式（12－3－7）可以直接导出（注意，这里未考虑进口问题，只是反映投资与消费之间的关系）

$$\because \quad K=(I-C)Y$$

$$\therefore \quad Y=(I-C)^{-1}K \tag{12-3-10}$$

该式就是含完全消费实现系数矩阵 D 的行向数学模型，其中 $(I-C)^{-1}$ 就是 $\overline{D}$ 矩阵，它包含了一个 D 矩阵。从模型中可以看出，上述对矩阵 $(I-C)^{-1}$ 的解释是完全贴切的。看模型等号右侧，既然 $(I-C)^{-1}$ 被解释为一个单位投资对最终产值的完全需求量，那么现在共有 K 个投资，二者相乘自然会得到由于投资而形成的最终产值量，即等号左侧的 Y。

三、二阶段投入产出模型的应用

依据凯恩斯乘数理论，吸收投入产出技术，将原来只能作为总量分析方法的凯恩斯乘数扩展为可用作结构分析的乘数模型，为凯恩斯乘数原理的实际应用开拓了更广阔的空间。如果说凯恩斯乘数原来仅仅是作为理论层面上的数量描述，那么，结构式凯恩斯乘数模型，就可以成为对实体经济系统开展结构分析的一种可操作的技术方法。为此，在建立

和应用结构式乘数模型时须注意如下几个问题：

1. 二阶段投入产出表的编表资料基础

二阶段表与原表的最大区别是表的第Ⅰ象限，是将原表的消费（或投资）列向量扩展为矩阵，因而这里需要较多的数据资料支持。在建立结构式投资乘数模型时，需要构造 N 阶消费矩阵。此时将主要从矩阵的列向收集数据，列向表示某部门劳动者获得的劳动者报酬用以购买各种消费品的数量，反映出该部门劳动者的消费结构。要取得关于消费结构的数据，其最原始、最基础的资料应该是统计调查。另外，还可以从有关商业销售统计报表中得到，这可作为辅助调查手段。

在建立结构式消费乘数模型时，需要构造 N 阶投资矩阵。相对于消费矩阵来说，投资矩阵具有较好的资料基础和工作基础。同样也是从矩阵的列向收集资料，去调查某部门投资活动中所使用的各种投资品，可以从部门投资项目统计中获得。我国曾有编制投资矩阵表的经历，具有一定的经验。

二阶段表的第Ⅱ、Ⅲ象限与原表相对应的栏目基本一样，只做少许调整即可，所需资料一般可以满足。

2. 二阶段投入产出表的部门分类

二阶段表是原表的进一步深化分析，通常情况下直接沿用原表的部门分类，或做少量变动就行。但需要注意的是，在构造消费矩阵时应该密切结合模型的研究任务，对部门分类做较大调整。消费矩阵的列向表示各部门劳动者的消费结构，然而消费结构的差异并不主要表现在不同部门上，而是主要表现在不同收入的阶层之间。当然，较粗的部门（行业）分类有时也能大体反映出消费结构的差别，例如农业部门的农民与工业部门的劳动者在消费构成上的不同。而过细的部门分类，却难以分辨出消费上的明显差别，例如化工部门的劳动者与冶金部门的劳动者在消费结构方面就难以辨别出会有多大的不同。因此，二阶段表的部门分类尽量兼顾收入分配中的差异和消费倾向方面的不同，部门分类宜粗不宜细。

对于投资矩阵来说，二阶段表的部门分类无须考虑这么多，直接采用原表的部门分类即可。

3. 二阶段投入产出数学模型的形式

原价值型投入产出数学模型，既有行向模型又有列向模型，这是源于价值表是一张平衡表的特性。同样，倘若二阶段投入产出表是一张平衡表，其对应的数学模型也具有行向、列向两种模型。其中能够充分表现结构式乘数效应的是行向数学模型，至于列向数学模型则不具备这一功能。因此，无须强调二阶段表一定是平衡表，只要具有行向数量关系且保证行向数学模型的建立就行，不一定要求列向数量关系与之对应而形成平衡表，如同实物表一样。当然，二阶段表若能形成平衡表，同时建立两个模型，丰富分析内容，也是可取的。

4. 二阶段投入产出表的平衡性

如前所述，二阶段投入产出表是由原投入产出表第Ⅱ、Ⅲ象限叠加而成的。又知，第Ⅱ、Ⅲ象限分别是支出法和收入法计算的 GDP，且在总量上是相等的。但是，就某一部门而言，一个部门的增加值（折旧、劳动者报酬、社会纯收入）往往不等于该部门实现的最终产品（消费、资本形成、净出口）的价值。这是由于，前者是价值构成，后者是实物运动，二者并不相干。因此，要实现二阶段投入产出表的平衡性，就必须在该表的第Ⅲ象限设立调整项 Z。它的经济解释是，某一部门实现最终产品获得的价值是否能够抵偿用以分配的增加值，如果能抵偿且有剩余则 Z_j 为正数即 $Z_j \geqslant 0$；反之则为负数 $Z_j < 0$。另外，Z_j 值的大小还与中间投入、中间产出之差有关。

5. 该乘数模型表达了投资与消费间的旁侧效应

原投入产出模型表达的是最终产品各部分对社会总产品的乘数效应，二阶段投入产出模型表达了最终产品的某部分（消费、资本形成、净出口）对最终产品整体的乘数效应，该乘数效应的本质是最终产品构成部分之间的旁侧效应。例如，投资引起消费增加，之后导致最终产品增加，这就是投资对消费的旁侧效应。另外，还有一种旁侧效应，称之为产品间的旁侧效应，它表现为最终产品列向量及其构成（消费、资本形成、净出口）列向量中各个元素间的配套作用。这一效应比较直接，同样可反映在二阶段模型中。原模型无法表现这种旁侧效应，只有二阶段模型才能做到。因为，原模型只反映了总产品对最终产品的倍加，GDP（增加值）与最终产品则是一对一的对等关系，旁侧效应被忽略了。而二阶段模型着重表现 GDP（收入法计算的）对最终产品（支出法计算的）某一部分的倍加，其本质就是一种旁侧效应。

总之，我们借用投入产出技术将总量分析的凯恩斯乘数理论推广为结构式乘数模型，提出了二阶段投入产出分析方法。但需指出的是，这一方法现在仍处于方法论研究阶段，要使它真正成为一种实际分析技术还有很多工作要做。

第四节　投入产出对称数学模型

一、问题提出

投入产出表是一张包括多种产品或部门的棋盘式表格。表中每一列数据表示产品或部门在生产中的各种投入情况，每一行数据则反映产品产出后的分配去向。对于价值表，它的列向还反映了产品的价值形成过程，而行向则表现了产品实物（以价值量计）的运动方向，这就为从产品的价值运动和实物运动两个方面统一考察国民经济系统提供了可能。由此可知，投入产出表是一个经过科学组织、精心设计、内容丰富的经济资料数据库。但是，我们并不满足于这一张平衡表，而是要利用表上的数量关系建立投入产出的数学模型。投入产出分析的创始人列昂惕夫通过引入直接消耗系数矩阵 A，从投入方向建立了数学模型，从而将中间产品、最终产品和社会总产品有机地联系在一起，揭示出了国民经济部门间更深一层的数量依存关系。假如不引入这一系数矩阵，不建立数学模型，直接从表中得到的部门间生产分配联系就比较简单化、表面化，这时的投入产出表所起的作用与传统的统计平衡表没有什么本质的区别。投入产出表之所以优越于一般平衡表，就在于它能够建立相应的数学模型，并通过数学模型揭示出人们单凭直观难以观察到的部门间的间接联系乃至全部联系。

应该注意的是，列昂惕夫数学模型是根据投入产出表的列向原则建立的。虽然这一模型描绘了多个部门的总体平衡关系，但是模型建立的立足点仅是各个产品生产单位或经济部门。这一点可以从直接消耗系数的定义和计算方法中清楚地看出，即以投入产出表第Ⅰ象限同一列元素分别为分子，以该列对应的产品总产出量为分母，计算出一列系数，形成矩阵 A 的某列元素。

在社会主义市场经济条件下，一方面，各经济部门或产品生产单位均是产品的生产者，都有着本身的经济利益，并具有相对的独立性。因此，投入产出表及其对应的列昂惕夫数学模型，对于分析大量经济问题有着十分重要的作用。不仅如此，该表和数学模型在建立平衡规划模型时，同样具有重要的意义。另一方面，各经济部门和生产单位是整个国民经济的组成部分，既要实现各个部门、产品的协调发展，又要满足产出产品的优化配置，达到有限资源的充分利用。因此，只从产品生产投入角度分析问题就不够了，有必要同时再从产品的产出分配去向观察和分析国民经济的重大比例关系。

另外，我们注意到整个投入产出表是以结构系数为核心，以反映部门间生产、技术、经济结构的联系为特征而建立的，有两种结构系数：一是由生产技术联系和价值形成联系决定的投入结构系数，二是由供求联系决定的产出结构系数。前者表明产品生产中所需各种投入的结构，后者表明产品生产的需求结构。如果我们只是以投入结构系数建立模型，放弃需求结构系数模型，显然是很不全面的。

为此，我们应该利用同一张投入产出表，既通过引入直接消耗系数矩阵 A 建立列昂惕夫数学模型，从产品投入方向研究经济部门间的相互联系，又通过引入直接分配系数矩阵 R 建立另一形式的投入产出数学模型，从产品产出方向研究产品、部门间经济数量关系。如果称含 A 系数的模型为投入产出的原数学模型，那么我们将含 R 系数的模型叫作投入产出对称数学模型。对称数学模型真正反映了社会产品再生产的实物联系及运动过程，这一特点是其他模型不可比拟的，它要比以实物量为计量单位的实物模型表现得更为全面、更为充分（行、列向可相加和建模），又比以不变价格为计量单位的价值模型表现得更为真实（完全脱离比价关系）。

二、投入产出对称数学模型的建立

（一）直接分配①系数

建立投入产出对称数学模型，首先需要引入直接分配系数矩阵。直接分配系数是这样定义的，即第 i 个部门产品分配给 j 部门作为中间产品使用的数量占该种产品总产出量的比例，用计算公式表示：

$$r_{ij}=\frac{x_{ij}}{x_i}\quad (i,j=1,2,\cdots,n) \tag{12-4-1}$$

式中，r_{ij} 为产品对产品的直接分配系数，x_{ij} 为产品分配给产品作为中间产品使用的数量，x_i 为产品的总产出量。

---

① 这里的“分配”，仅指中间产品的分配使用，含“配置”之意，它并不是泛指一般的社会分配关系，也不是再生产中分配环节的全部。

式（12－4－1）告诉我们，利用投入产出表第Ⅰ象限的某行元素作为分子，该行右端对应的总产出量为分母，计算其比值即 i 产品分配给各生产部门的分配系数。该投入产出表中有 n 种产品，即可得到 n 行分配系数，形成一个 N 阶方阵，这就是直接分配系数矩阵 R：

$$R=\begin{pmatrix} r_{11} & r_{12} & \cdots & r_{1n} \\ r_{21} & r_{22} & \cdots & r_{2n} \\ \vdots & \vdots & & \vdots \\ r_{n1} & r_{n2} & \cdots & r_{nn} \end{pmatrix}$$

直接分配系数矩阵是直接产出系数矩阵中的一部分，是直接产出系数分布在中间产品区域内的那一部分。直接产出系数是以投入产出表的行向原则计算出的全部系数，即以第Ⅰ、Ⅱ象限同行元素为分子，以同行元素的合计（总产出）为分母，计算出一行比值系数。其中，由第Ⅰ象限元素产生的系数是直接分配系数，由第Ⅱ象限元素生成的产出系数称为直接最终产出系数，记为 R_y，最终产品如果细分为消费、资本形成、净出口等项目，那么可分别计算产出系数，由此构成产出系数系列，包括 R、R_u、R_w、R_k、R_f、R_y。

引入直接分配系数之后，可以首先在价值表的第Ⅰ、Ⅲ象限中寻找数量关系。则有

$$X^TR+N=X^T \tag{12-4-2}$$

式中，N 为初始投入行向量。

以上均是以价值表为基础，定义了直接分配系数，并以此得到了有关数量关系式。

（二）完全分配系数

如同矩阵 A 具有对应的完全消耗系数矩阵 B 一样，直接分配系数矩阵 R 同样也有相应的完全分配系数矩阵。其定义的原则和计算方法同矩阵 B 有许多类似的地方。矩阵 R 只表示了两个部门或产品间的直接分配联系，而完全分配系数则要表现两个部门或产品间的完全分配联系，它们在数量上的关系，仍须遵循如下关系，即完全分配联系等于直接分配联系加全部间接的分配联系。

此关系告诉我们，完全分配系数中首先包含两种产品的直接分配系数，另外还包括了两种产品以外产品作为中间媒介传递的全部间接的分配系数。这一关系式的矩阵形式是

$$D=R+RD \tag{12-4-3}$$

式中，D 表示完全分配系数矩阵。

则有

$$D-RD=R$$
$$(I-R)D=R$$
$$D=(I-R)^{-1}R$$

或

$$D=(I-R)^{-1}[I-(I-R)]$$

得

$$D=(I-R)^{-1}-I \tag{12-4-4}$$

由此可知，完全分配系数矩阵在数量上，等于单位矩阵减去直接分配系数之差的逆矩阵再减去单位矩阵。这里得到用矩阵 R 表示的矩阵 D。

从上式的关系中可以看出，矩阵 D 与矩阵 $(I-R)^{-1}$ 之间相差一个单位矩阵 I，如果在投入产出原数学模型中，称矩阵 B 为完全消耗系数矩阵，而 $(I-A)^{-1}$ 矩阵为完全需求系数矩阵的话，那么在对称数学模型中则将与完全分配系数矩阵 D 对应的 $(I-R)^{-1}$ 矩阵，叫作完全供给系数矩阵。

（三）模型的建立

投入产出对称数学模型可依据投入产出表第Ⅰ、Ⅲ象限的数量关系建立列向模型，而以表中第Ⅰ、Ⅱ象限的数量关系建立行向模型。

1. 列向模型

引入直接分配系数后所得的列向数学模型为：

$$X^TR+N=X^T$$
$$X^T-X^TR=N$$
$$X^T(I-R)=N \tag{12-4-5}$$

由此式可知，在给出各经济部门的总产值 X 之后，通过引入直接分配系数，可计算各部门的新增加价值 N。

列向模型的另一形式为

$$X^T=N(I-R)^{-1} \tag{12-4-6}$$

式中，$(I-R)^{-1}$ 为完全供给系数矩阵。

该模型就是引入了完全分配系数之后的对称数学模型。从这一模型中，我们可赋予完全分配系数新的含义，即完全分配系数 d_{ij} 表示 i 部门的一个单位的初始投入向 j 部门提供的完全分配量。设 $(I-R)^{-1}$ 矩阵元素为 $\bar{d}_{ij}$，那么它表示 i 部门对 j 部门的完全供给系数，即包括了 i 产品需要增加本部门初始投入的部分。

2. 行向模型

投入产出表行向数量关系引入直接分配系数之后，则有

$$\hat{R}_uX+Y=X$$

则有

$$X-\hat{R}_uX=Y$$
$$(I-\hat{R}_u)X=Y \tag{12-4-7}$$

式中，$\hat{R}_u$ 表示直接物资分配系数对角矩阵。

上述模型是用直接分配系数建立起的社会总产品与最终产品的数量关系，它可以用社会总产品列向量计算最终产品列向量。该模型的逆运算形式为

$$X=(I-\hat{R}_u)^{-1}Y \tag{12-4-8}$$

它就是用最终产品计算社会总产品的对称数学模型。

三、对称模型与原模型的数量关系

投入产出这对对称数学模型不仅在模型形式上是对称的，而且模型中许多系数之间也存在着对称关系，并且它们在数量上还有着一种换算关系。

1. 直接分配系数与直接消耗系数的关系

直接分配系数与直接消耗系数是建立对称数学模型和原数学模型的两个基本系数，这两个系数集中体现了两个模型的对称关系。两个系数矩阵均为 n 阶方阵，它们的各元素均有两个下标，表示两个产品或部门，故两个矩阵的元素具有一一对应关系。同时，由于它们均是由同一张投入产出表计算出来的，所以二者一定有着相互换算的数量关系，其数量关系为：

$$\because\quad R=\hat{X}^{-1}(X)_{n\times n} \tag{12-4-9}$$

式中，$(X)_{n\times n}$为中间产品象限流量矩阵，$\hat{X}$ 为社会总产品对角矩阵。

且

$$A=(X)_{n\times n}\hat{X}^{-1}$$

$$(X)_{n\times n}=A\cdot\hat{X}$$

$$\therefore\quad R=\hat{X}^{-1}A\hat{X} \tag{12-4-10}$$

同样

$$A=\hat{X}R\hat{X}^{-1} \tag{12-4-11}$$

应指出，两个系数之所以存在这种换算关系，是由于流量数据 X_{ij} 是共同的基础，而分母 X_i、X_j 只是处在不同位置上的经济部门产值，总产品或总产值是不变的。

从以上的换算公式中可以看出，既可以在已知直接消耗系数矩阵 A 的情况下计算直接分配系数矩阵，同时又可用直接分配系数计算直接消耗系数。同一张投入产出表具有一对确定的系数矩阵，在社会总产品量 X 不变的前提下，改变其中一个系数就会引起另一系数发生变化。

2. 完全分配系数与完全消耗系数的关系

完全分配系数和完全消耗系数均是在相应的两个直接系数矩阵 R 和 A 的基础上，通过建立数学模型而得到的具有更深一层数量关系的重要系数。这两个完全系数可以将经济部门间的直接联系转换为完全的经济联系，它们在这一点上具有同等的放大功能，它们之间存在着严格的对称关系以及换算关系。

以两个不同的直接系数间的换算关系为出发点，同样可以推导出两个不同的完全系数间的换算关系。根据完全分配系数与直接分配系数，其关系为：

$\because \quad D=(I-R)^{-1}R$

$(I-R)D=R$ (12-4-12)

将两个直接系数的换算式代入上式，则有

$$(I-\hat{X}^{-1}A\hat{X})D=\hat{X}^{-1}A\hat{X}$$

等式两边同时乘以 $\hat{X}$ 得

$(\hat{X}-A\hat{X})D=A\hat{X}$

$(I-A)\hat{X}D=A\hat{X}$

$D=\hat{X}^{-1}(I-A)^{-1}A\hat{X}$ (12-4-13)

又$\because \quad B=A(I-A)^{-1}$

$\therefore \quad (I-A)^{-1}=A^{-1}B$

代入式（12-4-13），则有

$D=\hat{X}^{-1}A^{-1}BA\hat{X}$ (12-4-14)

由此得到，用投入系数矩阵 A、B 表示完全分配系数矩阵 D。且可由此式得

$B=A\hat{X}D\hat{X}^{-1}A^{-1}$

$B=\hat{X}RDR^{-1}\hat{X}^{-1}$ (12-4-15)

由此得到，用产出系数中的矩阵 R、D 表示出完全消耗系数矩阵 B。

另外，我们注意到，完全消耗系数与直接消耗系数具有如下特殊关系：

$A\cdot B=B\cdot A$ (12-4-16)

将此式代入式（12-4-14），即可简化两个完全系数间的换算式：

$D=\hat{X}^{-1}B\hat{X}$ (12-4-17)

$B=\hat{X}D\hat{X}^{-1}$ (12-4-18)

简化后的换算式表明，完全系数间的换算关系与直接系数间的关系在形式上极为相似，它们都有社会总产品量的介入。

上述各关系式正好与前一问题中出现的式子有着一一对应关系。最后应该指出一点，以上所讨论的投入系数与产出系数的对应和换算关系，均是以矩阵 A 和 R 间的关系为基础而逐步推导出来的，同时我们又知道，矩阵 A 和 R 必须是利用同一张投入产出表的数据进行计算而得，其中产品的投入结构与产出结构不能发生变动。倘若其中由于最终产品或新增加价值量的结构发生改变，使社会总产品的结构引起变化，那么就必定影响到 A 与 R 之间的换算关系，进而要影响其他系数之间的换算关系。

3. 对称模型与原模型的对应关系

对称模型与原模型的对应关系如表 12-6 所示。

表 12-6 对称模型与原模型对应关系

对应项目	原数学模型	对称数学模型
（1）引入系数	直接消耗系数矩阵 A	直接分配系数矩阵 R
（2）行向模型	$X=(I-A)^{-1}Y$	$X=(I-\hat{R}_u)^{-1}Y$
	$Y=(I-A)\ X$	$Y=(I-\hat{R}_u)\ X$
（3）列向模型	$X=(I-\hat{A}_c)^{-1}N^T$	$X^T=N(I-R)^{-1}$
	$N^T=(I-\hat{A}_c)X$	$N=X^T(I-R)$
（4）直接中间系数	直接中间投入系数	直接中间产出系数
	$A_c=(a_{c1},\ a_{c2},\ \cdots,\ a_{cn})$	$R_u=(r_{1u},\ r_{2u},\ \cdots,\ r_{nu})^{\mathrm{T}}$
（5）直接延伸系数	$A_g=(a_{g1},\ a_{g2},\ \cdots,\ a_{gn})$	$R_w=(r_{1w},\ r_{2w},\ \cdots,\ r_{nw})^{\mathrm{T}}$
	$A_v=(a_{v1},\ a_{v2},\ \cdots,\ a_{vn})$	$R_k=(r_{1k},\ r_{2k},\ \cdots,\ r_{nk})^{\mathrm{T}}$
	$A_m=(a_{m1},\ a_{m2},\ \cdots,\ a_{mn})$	$R_f=(r_{1f},\ r_{2f},\ \cdots,\ r_{nf})^{\mathrm{T}}$

原数学模型是从投入角度建立的模型，该模型假定直接消耗系数矩阵 A 不变化，同时投入系数结构亦不发生变化。但是，作为模型外生变量的最终产品是允许其结构或规模发生改变的，并由此计算出相应的社会总产品。应当注意的是，这一模型并不保证直接分配系数乃至全部产出系数都不发生改变。实际上，随着 Y 的结构变化，X 的结构同样发生变化，直接分配系数 R 必然发生改变。

同样的道理，对称数学模型是从产出角度建立的模型，它假定直接分配系数矩阵 R 不变，以及其他全部产出系数亦不变，而增加值 N 为外生变量，可以根据实际预测值给出，不受结构不变的约束，以此计算社会总产品 X，但这一模型并不考虑直接消耗系数 A 是否改变。实际上，随着 N 的结构变化，X 结构改变，矩阵 A 当然发生变化。

通过上述分析，我们得出如下结论：在原有投入产出表的基础上，只有在保证 X、Y、N 三个向量结构不改变的情况下，利用 A 不变建立的原数学模型与利用 R 不变而建立的对称数学模型所计算出的 X 是相等的，两个模型具有等效替代关系。与此相反，只要最终产品 Y 或增加值 N 的结构，其中有一个发生变动，那么两组模型就不能取得等量的计算结果，亦不具有替代的等效性。只有在投入产出表的投入与产出双向结构均为确定的情况下，它们才具有等效性。

四、投入产出对称数学模型的作用

1. 扩大信息量

如果从产品产出角度建立一个对称数学模型，就会产生出一系列直接产出系数和完全产出系数，它们同样属于派生信息，这就可以使派生信息量扩大了一倍。众所周知，编制一张投入产出表是要花费许多人力、物力和财力的，而建立数学模型并派生信息就无须再付出很大的成本，只需对基础信息做一些加工、计算和整理工作就够了。原来的一张投入产出表产生一组派生信息，而利用同一张表无须付出更多的力量即可得到二组派生信息，取得了事半功倍的效果，提高了工作效率以及对投入产出基础信息的利用率。

不仅如此，原数学模型的派生信息无法替代对称数学模型的派生信息，后者是从与前者完全不同的角度来考虑问题的，两种派生信息有着不同的内涵和作用。生产问题的研究替代不了分配问题的研究，生产是出发点，是基础，而分配是由生产到消费的再生产过程中的中间环节，尽管二者之间有着密不可分的联系，最终的平衡关系也相一致，但是它们各自的经济内容和表现形式是完全不同的，可以说是两个不同的侧面。我们只有建立包括原模型和对称模型的完整体系，才能做到不仅成功地增加有用的信息量，而且也扩大了投入产出模型的应用范围，使投入产出分析更加完整，更加系统。

2. 适合研究资源配置问题

投入产出对称数学模型是从产品产出和分配的角度建立的，因此它最适合研究物资分配问题。这一模型不仅可以从系数矩阵中表现出物质生产部门间的直接分配联系，而且还可以通过模型计算，揭示出包括全部间接分配关系的完全分配联系；不仅能分析中间产品的生产分配联系，考察最终产品的分配使用情况，而且还能将二者作为一体，进一步计算出最终产品分配与中间产品分配的内在数量关系；不仅能以价值模型研究消费、投资的分配比例及其实物构成，而且能以实物模型安排各种实物产品在全社会的分配量。社会产品分配使用问题是实现宏观控制与管理的重要方面，分配使用合理与否直接关系到再生产的进行，关系到社会经济的发展，关系到各个方面的经济利益。对称数学模型的建立，为我们进一步对分配问题进行定量化分析提供了方便，它与原数学模型一样，必定会成为国民经济综合平衡的重要工具。

3. 便于建立消除价格影响的价值模型

价格形成模型的任务是研究如何建立合理的价格体系，进行理论价格测算。价格形成模型，如采用价值型原数学模型，目前还不能很好地解决的一个重大的难题是，它无法摆脱原有价格体系的影响；若使用实物型原数学模型，则存在产品不全、所计算出的产品价格偏低等弊端。倘若利用投入产出对称数学模型来建立价格形成模型将能够较好地解决这一问题。

为了使模型包括尽可能多的物质产品，又能完全脱离原有价格体系，消除它对新建立价格体系的影响，可以考虑利用价值型投入产出对称数学模型建立价格形成模型。其原因在于，原数学模型之所以受到原有价格的影响，是由于它的直接消耗系数所致。

$$a_{ij}=\frac{x_{ij}}{x_j}=\frac{q_{ij}\cdot P_i}{Q_jP_j}=\bar{a}_{ij}\cdot\frac{P_i}{P_j} \tag{12-4-19}$$

式中，a_{ij}、$\bar{a}_{ij}$分别为价值型、实物型的直接消耗系数，P_i、P_j分别为i、j产品的单价。

由上式可看出，价值型直接消耗系数a_{ij}除了由实物型直接消耗系数$\bar{a}_{ij}$决定之外，还受到i、j产品的价格P_i、P_j数值之比的影响。由此可知，价值型a_{ij}已包含了原有价格体系的影响因素。它在模型中作为一个系数值，又直接影响了模型的计算结果，即理论价格。

对于直接分配系数

$$r_{ij}=\frac{x_{ij}}{x_i}=\frac{Q_{ij}\cdot P_i}{Q_iP_i}=\frac{Q_{ij}}{Q_i}=\bar{r}_{ij} \tag{12-4-20}$$

式中，r_{ij}、$\bar{r}_{ij}$分别为价值型、实物型直接分配系数。

显然，价值型直接分配系数r_{ij}与产品价格无关，如果价值表的部门分类与实物表的产品分类一一对应，则价值型的直接分配系数与实物型的直接分配系数相等。可见，用这一系数建立的模型可以摆脱原有价格的影响。不仅如此，分配系数的计算可排除比价变动或纯价格因素对部门间联系的影响，真正反映社会产品再生产实物联系的运动过程，便于进行经济问题中的实物量分析。

4. 可以实现从初始投入象限入手建立模型

由于价值表的初始投入象限与最终产品象限在总量上是相等的，所以我们考虑通过对称数学模型的列向模型来实现：

$$X^T=N(I-R)^{-1}$$

或

$$X=(I-R^T)^{-1}N^T \tag{12-4-21}$$

模型中 N 是初始投入行向量，它的各元素为部门增加值，包括折旧、劳动者报酬和盈利等。这一指标可采用生产法或收入法加以计算，在现行统计中一般有较完整的资料，便于对未来年度的 N_j 进行预测，这就为模型应用提供了方便。

在应用这一模型时，需要注意两点：其一，该模型不同于通过原数学模型建立的列向模型，它们在经济内容、数学形式上均不相同；其二，要考虑模型替代的等效性问题以及对称模型的应用条件。

5. 用来研究动态、存量等专项问题

应该指出，以上谈到的对称数学模型的用途和作用均为它的直接应用。除此之外还应看到，该模型与原数学模型一样，可以与其他数学模型相结合或加以某些变化，用以研究社会经济的一些专门问题。例如，它与动态模型相结合，就可以建立包括时间因素的反映若干年度的动态规划模型；它与最优模型相结合，就能得到最优配置规划模型。该模型的对偶问题则有另外不同的含义。它与 CGE 模型或大道定理模型相结合，会对这两个模型做必要补充，使其更为完善。同样，对称数学模型也可以变化为劳动力模型，用以研究劳动力在不同部门的分配；也可以改造为固定资产投资模型，用来研究固定资产分配、投资分配问题。此外，对于环境保护、地区和地区间模型、生产力布局等问题，同样可以利用对称数学模型进行研究。

思考题

1. 如何正确评价投入产出分析？
2. 应用投入产出分析的局限性有哪些？
3. 投入占用产出模型的特点及主要贡献是什么？
4. 怎样认识投入产出对称数学模型？
5. 二阶段投入产出模型的原理是什么？

参考文献

1. 列昂惕夫. 投入产出经济学. 北京：商务印书馆，1980.

2. 钟契夫. 投入产出分析. 北京：中国财政经济出版社，1993.

3. 钟契夫，陈锡康. 投入产出分析. 北京：中国财政经济出版社，1987.

4. 刘起运. 宏观经济数量分析方法和模型. 北京：高等教育出版社，2002.

5. 许宪春，刘起运. 中国投入产出分析应用论文精粹. 北京：中国统计出版社，2004.

6. 李强，刘起运. 当代中国投入产出实践与研究. 北京：中国统计出版社，1999.

7. 李强. 当代中国投入产出应用与发展. 北京：中国统计出版社，1992.

8. 国家统计局. 中国国民经济核算体系（2002）. 北京：中国统计出版社，2003.

9. 国家统计局. 中国国民经济核算体系（试行方案）. 北京：中国统计出版社，1992.

10. 联合国，等. 国民经济核算体系（1993）. 北京：中国统计出版社，1995.

11. 国家统计局国民经济核算司. 全国投入产出调查培训手册（2002）. 北京：中国统计出版社，2002.

12. 国家统计局国民经济核算司. 中国投入产出表（延长表）编制方法. 北京：中国统计出版社，1997.

13. 苏汝劼，夏明. 国民经济核算概论. 北京：中国人民大学出版社，2004.

14. 袁寿庄，等. 国民经济核算原理. 北京：中国人民大学出版社，1996.

15. 邵汉青，钟契夫. 投入产出方法. 北京：中国人民大学出版社，1984.

16. 许宪春. 中国国民经济核算体系改革与发展. 北京：经济科学出版社，1999.

17. 钱伯海. 国民经济核算通论. 北京：中国统计出版社，1992.

18. 魏权龄，刘起运，等. 数量经济学. 北京：中国人民大学出版社，1998.

19. 刘起运，程卫平. 宏观经济预测与规划. 北京：中国物价出版社，1998.

20. 许宪春，刘起运. 中国投入产出理论与实践（2001). 北京：中国统计出版社，2002.

21. 刘起运. 经济系统规划方法和模型. 北京：中国统计出版社，1993.

第一版后记

投入产出分析作为一种行之有效的经济数量分析方法，在国内外均被广泛应用于经济分析的诸多方面。中国投入产出表编制与应用工作也走过了30年的历程，虽然起步晚，但发展迅速，投入产出分析的基本理论、分析方法和应用领域不断得到改进和发展，取得了许多可喜的研究成果。为了适应投入产出分析发展的需要，也为了与我国国民经济核算体系改革的最新成果（《中国国民经济核算体系（2002）》）相衔接，我们编写了本书。

本书是财经、管理各专业的本科教材，部分章节可供研究生教学使用，也可作为统计部门相关工作人员及其他初学者的参考资料。本书是在钟契夫教授主编的《投入产出分析（修订本）》的基础上进行删减，并且融入了我们长期教学经验和投入产出理论的研究与实践形成的最新成果。书中遵循从简单到复杂、由浅入深、循序渐进的原则，强调基本理论与模型应用并重，以便初学者准确理解投入产出分析的基本原理，牢固掌握模型的应用技术。

本书体系由刘起运教授设计，并多次组织相关专家进行深入讨论。教材各章的编写分工为：第一章、第十二章由刘起运教授负责编写；第二章、第三章、第五章、第六章和第九章由陈璋教授负责编写；第四章、第七章、第八章、第十章和第十一章由苏汝劼副教授负责编写。全书最后由刘起运教授总纂定稿。中国人民大学国民经济管理系硕士研究生张晓娣、曲闻、杨云霄、裴先颖和宋丽曼承担了部分资料搜集和文字录入工作，在此表示感谢。

由于投入产出分析的理论和实践仍处于不断发展和完善之中，加之我们水平和能力所限，错误和不足之处敬请批评指正。

编　者

2006年5月

图书在版编目（CIP）数据

投入产出分析/刘起运，陈璋，苏汝劼编著. --3版. --北京：中国人民大学出版社，2020.8
21世纪国民经济管理学系列教材
ISBN 978-7-300-28348-7

Ⅰ. ①投… Ⅱ. ①刘…②陈…③苏… Ⅲ. ①投入产出分析-教材 Ⅳ. ①F223

中国版本图书馆CIP数据核字（2020）第121116号

21世纪国民经济管理学系列教材
投入产出分析（第三版）
刘起运 陈 璋 苏汝劼 编著
Touru Chanchu Fenxi

出版发行	中国人民大学出版社		
社　　址	北京中关村大街31号	**邮政编码**	100080
电　　话	010－62511242（总编室）		010－62511770（质管部）
	010－82501766（邮购部）		010－62514148（门市部）
	010－62511173（发行公司）		010－62515275（盗版举报）
网　　址	http://www.crup.com.cn		
经　　销	新华书店		
印　　刷	北京溢漾印刷有限公司	**版　　次**	2006年11月第1版
开　　本	787 mm×1092 mm　1/16		2020年8月第3版
印　　张	16.25	**印　　次**	2025年6月第2次印刷
字　　数	377 000	**定　　价**	48.00元

中国人民大学出版社　管理分社

教师教学服务说明

中国人民大学出版社管理分社以出版工商管理和公共管理类精品图书为宗旨。为更好地服务一线教师，我们着力建设了一批数字化、立体化的网络教学资源。教师可以通过以下方式获得免费下载教学资源的权限：

★ 在中国人民大学出版社网站 www.crup.com.cn 进行注册，注册后进入"会员中心"，在左侧点击"我的教师认证"，填写相关信息，提交后等待审核。我们将在一个工作日内为您开通相关资源的下载权限。

★ 如您急需教学资源或需要其他帮助，请加入教师 QQ 群或在工作时间与我们联络。

中国人民大学出版社　管理分社

教师 QQ 群：648333426（工商管理）　114970332（财会）　648117133（公共管理）
教师群仅限教师加入，入群请备注（学校＋姓名）

联系电话：010-62515782，82501868，82501048，62514760

电子邮箱：glcbfs@crup.com.cn

通讯地址：北京市海淀区中关村大街甲 59 号文化大厦 1501 室（100872）

管理书社　　人大社财会　　公共管理与政治学悦读坊